2023年版

開発協力白書

日本の国際協力

外務省

巻 頭 言

　世界は今、歴史の転換点にあります。ロシアによるウクライナ侵略、中東情勢、気候変動や感染症を始めとするグローバルな課題といった複合的な危機に直面している一方で、「グローバル・サウス」と呼ばれる開発途上国・新興国の重要性が増しています。

　日本は責任ある主要国として、全ての人が平和を享受できるよう、法の支配に基づく自由で開かれた国際秩序を維持・強化し、「誰一人取り残さない」というSDGsの理念を踏まえつつ、「人間の尊厳」が守られる安全・安心な世界を実現するための外交を推進していかなければなりません。

　そのためには、外交の最も重要なツールの一つであるODAの一層戦略的・効果的な実施が重要です。2023年6月に開発協力大綱を8年ぶりに改定し、開発途上国の課題解決と同時に、対話と協働を通じた開発途上国との社会的価値の「共創」により、日本の社会経済面での成長等の国益実現にも資するようなODAを推進していくことを表明しました。

　2024年は、日本がODAを開始してから70年の節目に当たります。国際社会の平和と繁栄、日本の国益の双方の実現に貢献すべく、ODAの実施に当たり、次の3点に重点的に取り組みます。

　第一に、新しい時代における「質の高い成長」の実現のための取組の推進です。新たな開発協力大綱の下、日本の強みをいかした魅力的なメニューを提案するオファー型協力や民間資金動員型ODA等を開始し、官民が連携する形で開発途上国の質の高い成長を実現し、同時に日本の課題解決や経済成長につなげます。

　第二に、自由で開かれた世界の持続可能な発展に向けた貢献です。「自由で開かれたインド太平洋」のための新たなプランの推進に向けたODAの取組として、法制度整備支援や平和構築、連結性強化、強靱性・持続可能性等の実現に資する取組を進めます。また、力や威圧による一方的な現状変更の試みを許さず、法の支配に基づく自由で開かれた国際秩序の維持・強化に取り組む決意を力強く示すべく、日・ウクライナ経済復興推進会議の成果も活用し、ウクライナおよび周辺国への幅広い支援に引き続き取り組みます。さらに、ガザ地区における人道危機を始め、脆弱な状況下に置かれている人々への迅速な支援も実施していきます。

　第三に、複雑化・深刻化する地球規模課題への国際的取組の主導です。人間の安全保障の理念に立脚し、人類が共通して直面する課題やSDGs達成に向け、食料・エネルギー、気候変動・環境、国際保健、難民・避難民、女性・平和・安全保障（いわゆるWPS）等の

分野にしっかり取り組みます。人間中心の開発協力によって日本が培ってきた国際的な信頼は、日本の外交力の源泉となる重要な資産です。こうした信頼に基づき、多様な課題を抱える脆弱国に寄り添い、「人間の尊厳」を守る、日本らしい、きめ細かな開発協力を進めます。その際には、二国間協力と国際機関への拠出を戦略的・機動的に活用し、強力かつ迅速な取組を実施していきます。

　これらの取組を力強く進める上では、時代の変化を踏まえ、ODAの一層の戦略的・効果的な活用に加え、その基盤の拡充と強化を図っていくことも不可欠です。同時に、ODAは公的資金を原資とした、国民の理解と協力に支えられている外交ツールであることは言うまでもありません。ODAが国民の平和と安定を確保し、国民生活の維持や日本の経済成長に寄与していることを丁寧に説明していきます。そして、ODAの開発効果を最大化させるために、民間企業、公的金融機関、国際機関、NGO、地方自治体などとの連携を一層強化していきます。日本を含む世界全体は相互につながっており、開発協力を通じて、自由で開かれた秩序の下で、平和で安定し、繁栄した国際社会の構築に一層積極的に貢献していくことは、日本の国益に直結するものです。

　2023年版開発協力白書は、日本の開発協力の1年間の実施状況を国民の皆様にご報告するものです。開発協力の実施には、国民の理解と支持が不可欠であり、皆様からの声に耳を傾け、一層の戦略的・効果的な実施に努めていきます。本書が一人でも多くの方々に読まれ、日本の開発協力の取組や意義に対するご理解の一助となることを願っています。

2024年3月

外務大臣
上川陽子

はじめに：日本の国際協力の意義

　日本は、戦後、当時の先進国や国際機関からの援助を受けながら復興・経済成長を果たし、累計で190か国・地域に対して様々な支援を行ってきました。2022年の日本の政府開発援助（ODA：Official Development Assistance）実績は、米国、ドイツに次ぐ第3位であり、日本は、国際社会で責任のある国としての役割を果たしています。

　現在、世界は、ロシアによるウクライナ侵略や昨今の中東情勢、気候変動や感染症を始めとする地球規模課題など、複合的な危機に直面しています。世界のどこかで起きた危機は、必ずしも「対岸の火事」ではなく、日本にとっても大きな影響を及ぼすことがあります。一国では解決できないこれらの課題に対し、日本が、国際社会の責任ある主要国として役割を果たしていくことは、日本の平和と繁栄に資するものです。また、エネルギーや食料の多くを輸入し、多くの企業が海外での経済活動に関与している日本の状況を踏まえれば、地域の安定化やグローバルな課題に対応するODAは、こうした活動を支えるための不可欠な貢献といえます。

　この考えにのっとり、2023年6月に閣議決定した新たな開発協力大綱において、日本は開発協力の目的を、（1）開発途上国との対等なパートナーシップに基づき、開発途上国の開発課題や人類共通の地球規模課題の解決に共に対処し、法の支配に基づく自由で開かれた国際秩序の下、平和で安定し、繁栄した国際社会の形成に一層積極的に貢献すること、（2）同時に、日本と世界にとって望ましい国際環境を創出し、信頼に基づく対外関係の維持・強化を図りつつ、日本とその国民の平和と安全を確保し、経済成長を通じてさらなる繁栄を実現するといった日本の国益の実現に貢献すること、としています。

野口記念医学研究所がデザインされたガーナの記念切手。日本は、同研究所への支援を通じ、ガーナにおける医学研究分野の人材育成に貢献している。

　また、新たな開発協力大綱では、オファー型協力の強化を打ち出しました。これは外交政策上、戦略的に取り組むべき分野において、ODAを中核としつつ、日本の開発協力の強みをいかした魅力的な協力メニューを積極的に提案し、対話と協働を通じて案件形成を行うものです。これにより、日本と相手国の双方の課題解決と同時に、

ODAを活用したモロッコにおける太陽光発電システムの実証試験。住友電気工業株式会社が開発した集光型太陽光発電システムの優位性が証明され、モロッコ政府との、より大規模な実証プロジェクトの直接契約につながっている。

2023年2月に発生したトルコ南東部を震源とする大地震で、トルコに派遣された日本の国際緊急援助隊（JDR）・医療チームへの感謝のメッセージを掲げるこどもたち（写真：JICA）

日本の経済成長にもつなげることを目指していく取組になります。

　2024年に70年の節目を迎える開発協力は、現地の人々に喜ばれ、開発途上国との良好な二国間関係の構築や、国際的な場における日本への信頼の向上にも大きく寄与してきました。日本の協力に対する謝意や信頼の表れとして、開発途上国は日本の協力を自国の紙幣や切手のデザインに採用したりしています。また、能登半島地震や東日本大震災等の災害にあたっては、開発途上国を含め世界の国々より、多くのお見舞いや支援が届けられました。日本は、国連加盟国中最多の12回にわたり国連安全保障理事会非常任理事国に選出されていることを始め、国際選挙において、開発途上国を含む世界の国々から多大な支持を得ています。これらは、ODAの戦略的活用を含む外交努力の結実であり、国際社会の日本への信頼と期待の高さといえます。パワーバランスの変化により不確実性を増す国家間競争の時代において、法の支配に基づく国際秩序を守り抜くためにも、開発途上国を含む各国との関係強化は一層重要になっています。

　グローバル化に伴い日本企業の海外進出も増加しています。しかし、開発途上国においては、インフラの未整備や技術系人材の不足、税制・法制度の不透明さなど、ビジネス展開に課題があることも事実です。このような課題の解決や、事業開始に向けた調査・実証事業、日本の技術の活用促進等にもODAは活用されており、これからも日本企業の開発途上国でのビジネス展開を下支えしていきます。

　国際社会の相互依存は深まり、一国の努力だけでは解決し得ない地球規模課題は一層深刻化、複雑化しています。世界が抱えている課題を解決することが、日本の平和と安全、そして繁栄につながるものとなるよう、日本はこれからも、ODAを適切かつ透明性をもって活用し、世界の様々な主体と協力しながら、一層戦略的・効果的な開発協力を行っていきます。

ルーマニア
シェルター居住者　ヴァレンチーナ・シェフチェンコさん（写真：GNJP）

「ウクライナのザポリッジャ原子力発電所に近いニコポリから一人で逃げてきました。ヘルソン州のカホフカ水力発電所ダム決壊の影響も不安ですし、ロシア軍の占領地に義理の妹が残っていることも心配ですが、ルーマニアでは人々が温かく迎えてくれて、シェルターにはシャワーもあり洗濯もできるので安心できます。新年やクリスマスなどをお祝いできるのも嬉しいです。」（特定非営利活動法人グッドネーバーズ・ジャパン（GNJP）実施の案件。概要については111ページを参照）

ドミニカ共和国
JICA帰国研修員　ヤンケル・セナさん（写真中央）

「私はJICA開発大学院連携プログラムの研修員として大分大学医学部に留学し、博士課程を修了しました。同大学の恩師の『一所懸命勉強して、それを皆のために役立てて』という言葉を胸に、がん医療の分野で習得した日本の最先端の知識を自分の国に還元したいと思っています。」

開発協力大綱と日本の開発協力

　日本の開発協力は、開発協力大綱 注1 （2023年6月9日閣議決定で改定）をその根幹としています。開発協力大綱は、開発途上国との対等なパートナーシップに基づき、開発途上国の開発課題や人類共通の地球規模課題の解決に共に対処し、法の支配に基づく自由で開かれた国際秩序の下、平和で安定し、繁栄した国際社会の形成に積極的に貢献すること、日本と世界にとって望ましい国際環境を創出し、信頼に基づく対外関係の維持・強化を図りつつ、日本とその国民の平和と安全を確保し、経済成長を通じてさらなる繁栄を実現するといった日本の国益の実現に貢献すること、という日本の開発協力の目的を明記しています。外交政策上の最も重要な手段の一つとして、これまで以上に政府開発援助（ODA：Official Development Assistance）を戦略的かつ効果的に活用していくことが求められています（開発協力大綱の改定については、2ページの第Ⅰ部1を参照）。

1　開発協力大綱が掲げる基本方針

　これらの目的のため、開発協力大綱では「平和と繁栄への貢献」、「新しい時代の『人間の安全保障』」、「開発途上国との対話と協働を通じた社会的価値の共創」、「包摂性、透明性および公正性に基づく国際的なルール・指針の普及と実践の主導」の4つを開発協力の基本方針としています。

2　開発協力大綱が掲げる重点課題

　これらの基本方針にのっとり、「新しい時代の『質の高い成長』とそれを通じた貧困撲滅」、「平和・安全・安定な社会の実現、法の支配に基づく自由で開かれた国際秩序の維持・強化」、「複雑化・深刻化する地球規模課題への国際的取組の主導」の3つの重点政策に取り組むこととしています。

日本のODA

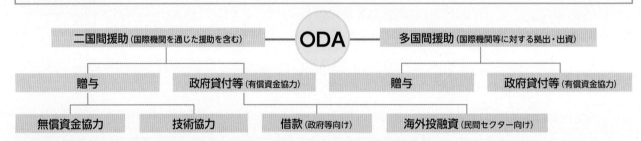

●ODAとは？

　開発協力とは、「開発途上地域の開発を主たる目的とする政府および政府関係機関による国際協力活動」（開発協力大綱）のことで、そのための公的資金をODAといいます。政府または政府の実施機関はODAによって、平和構築やガバナンス、基本的人権の推進、人道支援等を含む「開発」のため、開発途上地域、国際機関または民間セクターに対し、資金協力や技術の提供を行います。

　その対象は、経済協力開発機構（OECD：Organisation for Economic Co-operation and Development）の開発援助委員会（DAC：Development Assistance Committee）が作成するリスト（22ページの図表Ⅱ-10を参照）に掲載されています。

●ODAにはどのような種類があるか？

　ODAは、贈与と政府貸付等（有償資金協力）に分けることができます。また、開発途上地域を直接支援する二国間援助と、国際機関等に対して拠出・出資する多国間援助があります。

　二国間援助における贈与は、開発途上地域に対して無償で提供される協力のことで、日本が実施しているスキームとしては、返済義務を課さず、開発途上地域に社会・経済の開発のために必要な資金を贈与する無償資金協力と、日本の知識・技術・経験をいかし、開発途上地域の社会・経済の開発の担い手となる人材の育成を行う技術協力があります。なお、国際機関に対する拠出・出資のうち、対象国・事業を指定した拠出は、統計上、二国間援助の実績に含まれます（13ページの図表Ⅱ-1を参照）。

　また、日本が実施する二国間援助の政府貸付等（有償資金協力）には、低金利かつ返済期間の長い緩やかな貸付条件で開発途上地域に必要な資金を貸し付ける借款と、開発途上地域での事業実施を担う民間セクターの法人等に対して融資・出資を行う海外投融資があります。

　多国間援助には、国連開発計画（UNDP）、国連児童基金（UNICEF）などの国連機関、国際機関および世界銀行などの国際金融機関等への拠出・出資などがあり、多くは贈与として実施していますが、国際金融機関向けでは近年は政府貸付等（有償資金協力）で実施することもあります。

　外務省ホームページ 注2 ではODAに関する様々な情報を掲載しています。

注1　開発協力大綱　https://www.mofa.go.jp/mofaj/gaiko/oda/files/100514690.pdf　viiページの二次元コードからもアクセスできます。
注2　ODAに関する情報　https://www.mofa.go.jp/mofaj/gaiko/oda/index.html　viiページの二次元コードからもアクセスできます。

開発協力大綱はこちら。

https://www.mofa.go.jp/mofaj/gaiko/oda/files/100514690.pdf

2023年版開発協力白書および過去の白書は外務省ホームページでもご覧頂けます。

https://www.mofa.go.jp/mofaj/gaiko/oda/shiryo/hakusyo.html

ODAに関する情報はこちら。

https://www.mofa.go.jp/mofaj/gaiko/oda/index.html

ODAに関する統計や諸外国の経済協力の概要はこちら（開発協力参考資料集）。

https://www.mofa.go.jp/mofaj/gaiko/oda/shiryo/hakusyo.html#section4

ODAの受取国別の情報はこちら（政府開発援助（ODA）国別データ集）。

https://www.mofa.go.jp/mofaj/gaiko/oda/shiryo/kuni.html

ODAメールマガジンの詳細はこちら。

https://www.mofa.go.jp/mofaj/gaiko/oda/mail/index.html

【表紙写真説明】

パラオにおける草の根技術協力「リサイクルセンターにおけるベラウ・エコ・グラス（廃ガラスを活用したガラス工房）の事業軌道化」で、技術協力を行う専門家と現地スタッフ（写真：JICA）

【裏表紙写真説明】

パキスタンでの「オルタナティブ教育推進プロジェクト」で作成した教材を抱えて笑顔を浮かべるこどもたち（写真：JICA）

ODAマンについて、詳しくは外務省ホームページ（https://www.mofa.go.jp/mofaj/gaiko/oda/press/event/page22_001008.html）を参照。

本書は、原則として、2023年1月1日から12月31日までに日本が実施した開発協力の内容を記録するものです。ただし、一部の事項については2024年2月までの動きも記載しています。なお、本文中に登場する人物の肩書きは全て作成時のものです。

スリランカ 「力を合わせて」
撮影者　特定非営利活動法人グッド

ナイジェリア 「おいしくて栄養満点！」
撮影者　一般財団法人ササカワ・アフリカ財団（SAA）
モセス・ノンゴアセ

写真特集（1）
～国際協力の現場から～

グローバルフェスタ JAPAN2023 フォトコンテストの作品から紹介しています。
（詳細は153ページをご覧ください。）

ボリビア 「未来の柔道家」
撮影者　小泉陽菜

カンボジア 「私はあなたのために。あなたは私のために。」
撮影者　式美樹

トルコ 「同じ道を共に歩もう」
撮影者　特定非営利活動法人ピースウィンズ・ジャパン

パラオ 「南の島の楽しい体育の授業」
撮影者　伊藤洋美

フィリピン 「天まで届け！太鼓の音色は国境を越える」
撮影者　NPO法人DAREDEMO HERO

マラウイ 「言葉を超えて」
撮影者　特定非営利活動法人ISAPH　佐藤優

キルギス 「幸せの一針」
撮影者　こぶた舎/ジェベックジョル　信田陽吉

バングラデシュ 「カチプール・メグナ・グムティ第2橋建設及び
既存橋改修事業」（円借款）
首都ダッカと第二の都市チョットグラムを分断する大河川上にかかるメグナ橋。既存橋の改修や第2橋の新設により、経済回廊の交通渋滞の緩和と安全性が向上した。（写真：カチプール・メグナ・グムティ第2橋建設及び既存橋改修事業関係企業）

ヨルダン 「ムワッカル太陽光発電事業」
（海外投融資）
難民受入れホストコミュニティの電力需要への対応と輸入に頼らない電源開発が急務のヨルダンに対し、再生可能エネルギーの電源開発を支援し、気候変動の影響緩和にも貢献している。

写真特集（2）
～国際協力の現場から～

日本は、開発途上国に暮らす人々の生活や経済活動を支え、国の発展の基盤となる、質の高いインフラ整備に取り組んでいます。

タジキスタン 「ハトロン州ピアンジ県給水改善計画」
（無償資金協力）
村落給水設備の改修・新設・拡張などを支援したことにより、安全で安定した水の供給が図られ、対象地域住民の衛生状況が改善されるとともに、児童・女性の水汲み労働の軽減が実現した。（写真：JICA）

インド 「デリー高速輸送システム建設事業」
（円借款）
日本企業が参画したデリー高速輸送システム建設事業（デリーメトロ）では安全帽・安全靴の着用や資機材の整理整頓などを徹底した。工事の安全対策の意識はインド全体に波及している。（写真：デリーメトロ公社）

チュニジア 「南部地下水淡水化計画」
（無償資金協力）

塩分濃度の高い地下水を日本の環境技術を活用して淡水化するプラント内部の様子。降水量が減少するチュニジアで、地域住民の飲料水確保を可能にした。（写真：一般財団法人日本国際協力システム）

ケニア 「モンバサ港開発事業」
（円借款）

東アフリカ地域最大の国際貿易港であるモンバサ港全景。日本はコンテナターミナルの建設などを支援し、地域全体の貿易促進に寄与している。（写真：東洋建設株式会社）

パプアニューギニア 「ナザブ"トモダチ"空港整備事業」（円借款）

旅客ターミナル、滑走路、誘導路、管制塔などの新設や改良により、島嶼国パプアニューギニアに不可欠な航空輸送を大きく改善した。同国マラペ首相の発案で、両国の友情の証としてナザブ・トモダチ国際空港への名称変更が決定した。（写真：JICA）

パラグアイ 「東部輸出回廊整備事業」
（円借款）

河沿岸に位置する港への接続道路の舗装、橋梁の架け替えにより、河川・道路輸送に依存するパラグアイの輸送能力が向上した。（写真：パラグアイ公共事業通信省）

インドネシア 「ジャカルタ都市高速鉄道事業」
（円借款）

インドネシア初の大量高速輸送（MRT）は、交通混雑による経済的損失が深刻なジャカルタ首都圏の渋滞緩和に寄与することが期待される。（写真：JICA）

第I部

開発協力大綱の改定とG7広島サミット ························· 1

1 開発協力大綱の改定 ···················· 2

 (1) 大綱改定の背景 ······················ 2

 (2) 見直しのポイント ···················· 3

 (3) オファー型協力の推進に向けて ·········· 4

2 G7広島サミット—開発分野における議論と成果 ·········· 6

第II部

実績から見た日本の政府開発援助と他ドナーの援助動向 ······ 11

1 実績から見た日本の政府開発援助 ·········· 12

2 実績から見た主要ドナーの政府開発援助概要 ·········· 18

3 新興ドナーや民間主体による「途上国支援」の増加 ·········· 21

第III部

課題別の取組 ···················· 23

1 新しい時代の「質の高い成長」とそれを通じた貧困撲滅 ·········· 24

 (1) 経済社会の自律性・強靱性の強化 ·········· 24

 (2) デジタル・情報通信技術・科学技術 ·········· 33

 (3) 質の高いインフラ ···················· 38

 (4) 債務問題への取組 ···················· 41

2 平和・安全・安定な社会の実現、法の支配に基づく自由で開かれた国際秩序の維持・強化 ···· 45

 (1) 平和構築支援と難民・避難民支援 ·········· 45

 世界の現場で活躍する国際機関日本人職員〜難民・避難民支援の現場から〜 ···· 50

 (2) 社会の安全・安定の確保 ·········· 52

 (3) 法制度整備支援、民主化支援 ·········· 55

 (4) 自然災害時の人道支援 ·········· 58

3 複雑化・深刻化する地球規模課題への国際的取組の主導 ·········· 61

 (1) 気候変動・環境 ···················· 61

 (2) 保健・医療 ···················· 67

 (3) 水・衛生 ···················· 74

 (4) 防災の主流化と持続可能な都市の実現 ·········· 76

 (5) 万人のための質の高い教育 ·········· 78

(6) ジェンダー主流化・包摂的な社会 ……………………………………………… 81

(7) 文化・スポーツ ………………………………………………………………… 86

第IV部

地域別の取組 ……………………………………………………………… 89

1 東アジア地域 …………………………………………………………………… 90

2 南西アジア地域 ………………………………………………………………… 96

3 大洋州地域 ……………………………………………………………………… 99

4 中南米地域 ……………………………………………………………………… 101

5 欧州地域 ………………………………………………………………………… 105

ウクライナおよび周辺国での日本の取組 ………………………………………… 110

6 中央アジア・コーカサス地域 ………………………………………………… 112

7 中東・北アフリカ地域 ………………………………………………………… 114

8 アフリカ地域 …………………………………………………………………… 118

第V部

効果的・戦略的な開発協力の推進 …………………………………… 127

1 共創を実現するための多様なパートナーとの連帯 ………………………… 128

(1) 民間企業との連携 ……………………………………………………………… 128

(2) 諸外国・国際機関との連携 …………………………………………………… 131

(3) 日本のNGOとの連携 ………………………………………………………… 133

(4) 地方自治体等との連携 ………………………………………………………… 137

(5) 大学・研究機関等との連携 …………………………………………………… 137

(6) 日本への関心・理解が深い人、在外日系人等との連携 …………………… 139

2 戦略性の強化ときめ細やかな制度設計 ……………………………………… 142

(1) 政策と実施の一貫性の強化 …………………………………………………… 142

(2) 日本の強みをいかした協力ときめ細やかな制度設計 ……………………… 143

3 開発協力の適正性確保のための取組 ………………………………………… 147

(1) 不正行為の防止 ………………………………………………………………… 147

(2) 国際協力事業関係者の安全対策 ……………………………………………… 147

(3) 開発協力における性的搾取・虐待などに関する取組 ……………………… 148

4 開発協力人材・知的基盤の強化、発信に向けた取組 ……………………… 149

(1) 開発協力人材・知的基盤の強化 ……………………………………………… 149

(2) 情報公開、国民の理解と支持の促進に向けた取組 ………………………… 151

第I部

第II部

第III部

第IV部

第V部

資料編

国際協力の現場から

1 ABEイニシアティブ修了生が結んだルワンダと日本企業の避雷技術　36

2 地震多発国トルコにおける日本発の防災教育の取組
〜トルコ版「ぼうさい甲子園」で学びを広げる〜　60

3 東京大学がインド工科大学ハイデラバード校の設計に協力
〜高度な理系人材育成の拠点整備〜　80

4 北九州市の「配管網のブロック化」のノウハウでカンボジアにおける安全な水の供給に貢献　一般公募　138

5 帰国留学生のネットワーク化
〜モンゴルの若手行政官たちを開発課題の解決に貢献するリーダーに育てる〜　140

6 国際機関で活躍する日本人職員の声
〜気候変動下での飢餓撲滅を目指して〜　150

匠の技術、世界へ

1 「近代養蜂発祥の地」岐阜の企業がタンザニアの蜂蜜収穫量の増加に貢献　一般公募　27

2 福岡発のごみ埋立て技術でエチオピアの廃棄物管理を改善
〜現地の人々と一緒に作業〜　66

3 日本の中小企業の技術でマレーシアのパーム油産業に貢献　95

4 和紙原料「みつまた」の栽培・加工技術を原産地ネパールで日本企業が普及　135

開発協力トピックス

1 「自由で開かれたインド太平洋（FOIP）」のための新たなプラン　42

2 第2回グローバル難民フォーラム　〜共催国日本の取組〜　49

3 人間の安全保障　69

4 持続可能な開発目標（SDGs）の推進　〜中間年における日本の取組〜　88

5 ODA広報　〜ODAをもっと身近に感じてもらうために〜　152

一般公募　のコラムは、外務省のX（旧Twitter）・Facebook・ODAメールマガジンなどで募集を呼びかけ、応募いただいた題材の中から選出し、作成したものです。

1　日本の技術をいかしてムンバイ都市圏をつなぐインフラ整備　　40
インド　　ムンバイ湾横断道路建設計画

2　新型コロナウイルス感染症流行下の選挙：政治参加の促進と感染症対策の両立　　57
東ティモール　　東ティモールにおけるコロナ禍の選挙実施体制強化計画

3　安全かつ効率的な予防接種体制の確立に向けて～パンデミックの予防・備え・対応（PPR）強化～　　74
キリバス、パラオ、フィジー、マーシャル諸島、ミクロネシア連邦　　太平洋島嶼国における予防接種プログラム強化計画（UNICEF/WHO連携）

4　安全・安価な水を、より多くの住民へ安定供給　　76
南スーダン　　ジュバ市水供給改善計画

5　包摂的な社会を目指して　　86
ケニア　　障害児のための総合ケアセンター建設計画

6　人材育成を通じてアパレル産業の市場拡大を目指す　　98
パキスタン　　アパレル産業技能向上・マーケット多様化プロジェクト

7　地域コミュニティ主体で沿岸資源を守る　　100
バヌアツ　　豊かな前浜プロジェクトフェーズ3

8　自然災害のリスク軽減を目指して　　104
ホンジュラス　　首都圏斜面災害対策管理プロジェクト

9　地域ニーズに応えるきめ細かな支援　　109
北マケドニア　　保健・医療分野における草の根・人間の安全保障無償資金協力プロジェクト（計20件）

10　雪崩から市民を守る道路防災　　113
キルギス　　ビシュケク－オシュ道路雪崩対策計画

11　自立支援を通じてシリア難民の尊厳を守る～UNHCRの支援～ 一般公募　　115
ヨルダン　　ヨルダンにおける難民保護

12　住民と共に行う地域の強靱性強化　　122
ウガンダ　　ウガンダ北部における道路インフラ整備・地域の緑化を通した強靱なコミュニティづくり

13　難民のこどもに医療支援を届ける　　133
レバノン　　レバノンのパレスチナ難民キャンプにおける医療・保健、心理社会的支援

14　育て、日系社会の若手起業家　　141
ボリビア、コロンビア、パラグアイ、ペルー、メキシコ　　中南米地域日系社会の若手起業家育成セミナー

15　農家の人たちの生計向上を目指す！　　146
フィリピン　　JICA海外協力隊（民間連携）職種：コミュニティ開発

第Ⅰ部

第Ⅱ部

第Ⅲ部

第Ⅳ部

第Ⅴ部

資料編

図表

第Ⅰ部　開発協力大綱の改定とG7広島サミット

図表Ⅰ　オファー型協力 ··· 4

第Ⅱ部　実績から見た日本の政府開発援助と他ドナーの援助動向

図表Ⅱ-1　2022年の日本の政府開発援助実績 ····································· 13
図表Ⅱ-2　日本の二国間政府開発援助実績の地域別配分の推移 ········· 14
図表Ⅱ-3　主要DAC諸国の政府開発援助実績の推移 ························· 15
図表Ⅱ-4　DAC諸国における政府開発援助実績の国民1人当たりの負担額（2022年）······ 16
図表Ⅱ-5　DAC諸国における政府開発援助実績の対国民総所得（GNI）比（2022年）······ 16
図表Ⅱ-6　日本の政府開発援助実績の対国民総所得（GNI比）の推移 ····· 17
図表Ⅱ-7　主要DAC諸国の二国間ODAの分野別配分（2022年）······ 19
図表Ⅱ-8　地域別実績における主要DAC諸国（2022年）··············· 19
図表Ⅱ-9　DAC諸国の援助形態別実績（2022年）························ 20
図表Ⅱ-10　ODA対象国・地域に関するDACリスト ····················· 22

第Ⅳ部　地域別の取組

図表Ⅳ　二国間政府開発援助の地域別実績（2022年）··················· 123

第Ⅴ部　効果的・戦略的な開発協力の推進

図表Ⅴ-1　ODAを活用した官民連携支援スキーム ······················· 129
図表Ⅴ-2　PDCAサイクル ·· 143
図表Ⅴ-3　日本人が国際機関職員になるための主な方法 ··············· 151

資料編 ·· 155

参考統計

1　2023年度政府開発援助予算（当初予算）··············· 156
（1）政府開発援助予算の内訳 ·· 156
（2）政府開発援助一般会計予算（政府全体）······················· 156
（3）政府開発援助事業予算（区分ごと）内訳（政府全体）········ 157
（4）政府開発援助事業予算の財源と援助形態別歳出項目 ········· 158
（5）省庁別政府開発援助予算推移（一般会計予算）··············· 159
（6）省庁別政府開発援助予算推移（事業予算）····················· 159

2　2022年の日本の政府開発援助実績 ···················· 160
（1）政府開発援助の援助形態別・通貨別実績（2022年）········· 160
（2）二国間政府開発援助分野別配分（2022年）··················· 161

巻末資料

索引 ··· 162

第I部

開発協力大綱の改定と
G7広島サミット

2023年5月、岸田総理大臣が議長を務めるG7広島サミットに参加するG7首脳および招待国首脳・国際機関の長

① 開発協力大綱の改定 ·· 2
② G7広島サミット—開発分野における議論と成果 ··· 6

第 I 部　開発協力大綱の改定とG7広島サミット

世界が歴史的な転換点にあり、複合的危機に直面する中、価値観の相違を乗り越えて国際社会が協力することの重要性が増していると同時に、法の支配に基づく自由で開かれた国際秩序に根差した、平和で安定し、繁栄した国際社会の構築は、日本の国益にも直結します。そのためにも、日本の外交の最も重要なツールの一つである開発協力が果たすべき役割は益々重要になっています。

こうした大きな状況変化を踏まえて、日本は、2022年9月に、日本の開発協力政策の基本方針を示す開発協力大綱の改定を発表し、2023年6月、8年ぶりに新たな開発協力大綱を閣議決定しました。

また、日本が議長国として5月に開催したG7広島サミットにおいて、岸田総理大臣は、開発を含む国際社会が直面する重要な課題への対応に関する議論を主導しました。

1　開発協力大綱の改定

開発協力大綱は、日本の開発協力政策の根幹となる政策文書です。1992年に前身となるODA大綱が策定され、2015年改定時には、開発協力大綱に名称が変更され、2023年6月9日に新たな開発協力大綱が閣議決定されました。

(1) 大綱改定の背景

2015年2月の大綱改定以降、持続可能な開発目標（SDGs）が採択され、気候変動に関するパリ協定が発効するなど、国際的な協力を通じて地球規模課題に取り組む動きが進展しました。その一方で、ポスト冷戦期の平和と繁栄を支えた自由で開かれた国際秩序は厳しい挑戦を受け、国際社会は分断と対立の様相を一層深めています。感染症の世界的な拡大や国際情勢の急激な変動によるサプライチェーンの分断、急速なデジタル化の進展によるサイバーセキュリティの問題や、経済的依存を利用した威圧の試みなど、経済と安全保障が直結して各国に影響を及ぼすようになっています。

世界がこうした不確実性に晒（さら）される中、開発途上国は安定的な発展を見通すことが困難になっています。貧困削減は遠のき、感染症を含む保健課題や気候変動・環境問題は深刻化し、世界中で難民・避難民が発生し、食料危機やエネルギー危機が人道状況の悪化に拍車をかけるなど、人間の安全保障の理念に沿った対応が急務な状況です。開発協力の果たす役割はますます重要になっており、経済界、市民社会をはじめとする多様なアクターが連帯して対応することが求められています。

その一方で、一部の開発途上国で債務問題が深刻化するなど、国際社会全体において透明かつ公正で国際的なルールに基づいた開発協力が一層求められています。また、SDGsの達成に向けた資金ギャップが拡大しており、民間企業、公的金融機関、国際機関、市民社会を始めとする多様なアクターとの連携や、新たな資金動員に向けた取組の重要性が増しています。

今回の改定は、2015年の策定時からのこうした大きな情勢の変化を踏まえ、外交の最も重要なツールの一つである開発協力をこれまで以上に効果的・戦略的に実施し、開発途上国の課題解決と同時に、日本の経済社会面での成長などにも資するODAを推進していくことを目指すものです。

新しい大綱は、今後10年ほどを見据えた日本の開

「開発協力大綱の改定に関する有識者懇談会」報告書を林外務大臣（当時）に提出する中西 寛（ひろし）懇談会座長（京都大学大学院法学研究科教授）

発協力の方向性を示しています。改定にあたっては、開発協力大綱の改定に関する有識者懇談会による提言、経済界や市民社会など各界との意見交換、各地での一般市民意見交換会、そしてパブリックコメントなど、幅広く有識者や国民の皆様の声を頂き検討を重ねました。

(2) 見直しのポイント

ア　基本方針

新しい時代の「人間の安全保障」を指導理念として掲げて、一人ひとりが尊厳を持って幸福に生きることができるよう、個人の保護と能力強化といった「人への投資」に取り組むとともに、多様な主体が共通の目標をもって「連帯」することを柱に据えて、人間の主体性を中心に置いた開発協力を行っていくことを基本方針の一つとしています。

また、開発途上国を中核とする様々な主体を巻き込み、新たな解決策や社会的価値を共に創り上げる「共創」を新たに掲げ、対等なパートナーシップの下で、お互いの強みをいかし、対話と協働を通じて新たな解決策を共に作り上げていくこと、そうして生み出した新たな解決策や社会的価値を日本に環流させることで、日本と開発途上国の次世代を担う人材を育て、日本の経済・社会課題の解決や経済成長にもつなげていくことを目指していくとしています。

開発協力の担い手として、伝統的なドナーのみならず、より多様な主体による開発途上国支援が増加する中で、包摂性、透明性、公正性に基づく開発協力の国際的なルール・指針の普及と実践を主導し、開発途上国の自立性・持続性を損なうことない協力を実現していくことも、基本方針として明記しました。

イ　重点政策

新しい開発協力大綱では、3つの重点政策を掲げています。

まず、「新しい時代の『質の高い成長』とそれを通じた貧困撲滅」を挙げています。複合的危機の時代において、包摂性、持続可能性、強靱性を兼ね備えた「質の高い成長」がますます重要になっていることを踏まえ、経済成長の基礎・原動力確保のための協力を行うとともに、開発途上国が直面する課題である、食料・エネルギー安全保障などの経済社会の自律性・強

靱性の強化や、デジタルなどの新たな課題への取組を強化していくことを挙げています。さらに、開発途上国の膨大なインフラ需要を踏まえて、安全管理、防災・強靱化技術、気候変動・環境への対応といった技術力・知見をいかしたハード面での協力と、制度整備や運営・維持管理への関与、人材育成といったソフト面での協力を組み合わせて、官民が連携する形で、「質の高いインフラ」整備を推進することとしています。

次に、「質の高い成長」の前提となる、「平和・安全・安定な社会の実現、法の支配に基づく自由で開かれた国際秩序の維持・強化」を挙げ、「自由で開かれたインド太平洋（FOIP）」のビジョンの下で、開発途上国が力や威圧の影響を受けず、経済成長の果実を享受できるよう、法制度整備支援、グッド・ガバナンスの実現、人道支援・平和構築、海洋保安能力強化等の協力を推進し、法の支配に基づく自由で開かれた国際秩序の維持・強化に開発途上国と共に取り組んでいくこととしています。

そして、「複雑化・深刻化する地球規模課題への国際的取組の主導」を挙げています。特に、開発途上国が直面する喫緊の課題である、気候変動・環境、国際保健、防災、教育といった分野の取組を加速化すること、そして、2030年以降の開発目標に関する国際的な議論にも積極的に貢献していくこととしています。

ウ　実施

こうした重点政策等を力強く推進していく方策として、実施面では3つの進化したアプローチを掲げています。

1つ目には、「共創を実現するための連帯」として、民間企業、公的金融機関等、他ドナー、国際機関、市民社会、地方自治体、大学・研究機関、知日派・親日派人材、日系人など、様々なパートナーとの連帯を強化することを示しています。

SDGsへの取組と企業価値が連動し得るようになったことで、多くの民間企業や投資家が開発課題により積極的に取り組み、持続可能な社会を実現するための取組を進めるようになる中で、開発途上国にとっても民間資金の重要性は高まっています。これを踏まえ、民間資金の動員促進、官民資金の相乗効果を生み出す新たなODAスキームを導入するとしています。

また、現地のニーズに寄り添った迅速な協力が得意

なNGOを始めとする市民社会や、基礎的行政サービスの提供主体としての知見を有する地方自治体、大学・研究機関など、様々な主体が強みを持ち寄り、対話と協働により解決策を創り出していくことも重要です。

2つ目には、「戦略性の一層の強化」を挙げ、日本の強みをいかした協力メニューを積極的に提案するオファー型協力を新たに打ち出し、戦略性を強化していきます。オファー型協力は、相手国との対話・協働の場において、外交政策上、戦略的に取り組むべき分野の開発協力目標と、それを実現するための開発シナリオと協力メニューを協働で策定し、日本の強みをいかし、かつ、相手国にとっても魅力的な形で積極的に提案し、案件を形成していきます。その際、様々な主体との連携を通じて、互いの強みを持ち寄り様々な協力を組み合わせることで、開発効果を最大化していきます。

日本の外交政策を踏まえて、ODAに係る資源と人材を集中的に投下し、戦略的に取り組む分野を選定・公表することにより、案件実施の予見可能性を高めることで、民間企業を始めとする様々な主体のODA事業への参画を促すことを念頭に置いています（図表Ⅰ）。これにより、日本の開発協力の能動性・戦略性を高め、開発途上国の課題解決と同時に、日本の課題解決や経済成長等にもつなげることを目指すものです。

3つ目には、「目的に合致したきめ細やかな制度設計」として、柔軟性、効率性、迅速性をキーワードに、不断の制度改革を行っていくことを掲げています。オファー型協力による包括的な協力パッケージの提案や所得水準が相対的に高い国々への無償資金協力・技術協力の戦略的活用、緊急人道支援の支援手法の改善などを打ち出しています。特に、民間企業との連携にあたっては迅速性が重要であり、無償資金協力については案件形成のプロセスの期間短縮を追求するとともに、技術協力については機動的な採択を推進していく考えを示しています。

(3) オファー型協力の推進に向けて

新たに打ち出したオファー型協力の推進に向けて、9月に、外交政策上、戦略的に取り組む分野と協力の進め方を示した戦略文書「パートナーとの共創のためのオファー型協力」 注1 を公表しました。戦略文書では、（ⅰ）気候変動への対応・GX（グリーントランスフォーメーション）、（ⅱ）経済強靱化、（ⅲ）デジタル化の促進・DX（デジタルトランスフォーメーション）を、日本の外交政策を踏まえて資源と人材を集中的に投下し、戦略的に取り組む分野としています。今後は、この戦略文書に基づき、相手国との間で政策対話などを通じ相手国に対し分野ごとの開発協力目標、開発シナリオ、協力メニューを協働で策定していきます。協力メニューについては、日本からの中長期的な投入資源量（資金面・人的投資面の目安、日本の技術協力・資金協力の概要等）を示しつつ、相手国側が政策面で取り組む内容等についても議論し、必要に応じ、包括的に合意していきます。各国ごとに日本と開発途上国の双方の関係するステークホルダーとの対話の場（プラットフォーム）を設定します。これらの取組を通じ、様々なステークホルダーとの共創によって、策定した開発協力目標の実現を図っていくことで、開発途上国の課題を解決すると同時に、日本の課題解決や経済成長にもつなげていきます。

12月、岸田総理大臣はカンボジアのフン・マネット首相との首脳会談において、カンボジアのデジタル経

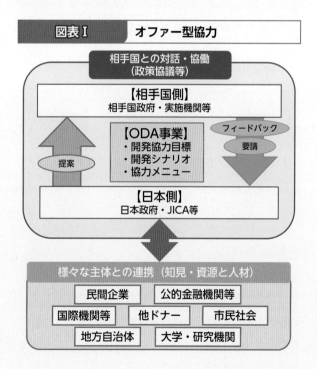

図表Ⅰ　オファー型協力

相手国との対話・協働
（政策協議等）

【相手国側】
相手国政府・実施機関等

【ODA事業】
・開発協力目標
・開発シナリオ
・協力メニュー

フィードバック
要請
提案

【日本側】
日本政府・JICA等

様々な主体との連携（知見・資源と人材）

民間企業	公的金融機関等
国際機関等	他ドナー	市民社会
地方自治体	大学・研究機関

注1　オファー型協力を通じて戦略的に取り組む分野と協力の進め方「パートナーとの共創のためのオファー型協力」
https://www.mofa.go.jp/mofaj/files/100553362.pdf

12月、カンボジアのフン・マネット首相との間で日・カンボジア二国間協力関連文書等の交換式を執り行う岸田総理大臣（写真：内閣広報室）

済社会の発展支援を行うオファー型協力のメニュー 注2 に合意し、デジタル分野において引き続き協力を強化していくことで一致しました。

　オファー型協力の推進を含め、大綱に示される方向性に沿って、ODAを進化させるべく、制度改善に不断に取り組んでいきます。

注2 カンボジアに対するデジタル分野におけるオファー型協力メニュー詳細は、外務省ホームページ（https://www.mofa.go.jp/mofaj/files/100597089.pdf）を参照。

岸田総理大臣およびG7首脳は、原爆死没者慰霊碑に献花を行い、黙祷を捧げた。

2023年5月、日本は、G7広島サミットを議長国として開催しました。サミットでは、分断と対立ではなく協調の国際社会の実現に向けて、第一に、法の支配に基づく自由で開かれた国際秩序を守り抜くこと、第二に、G7を超えた国際的なパートナーへの関与を強化することという二つの視点を重視しました。

特に第二の視点に関しては、「グローバル・サウス」と呼ばれる新興国・途上国が存在感を高める中で、食料、開発、保健、気候変動・エネルギー、環境といった国際社会が直面する諸課題については、G7だけでは対応できず、グローバル・サウスと呼ばれる国々を始めとする国際社会との協力が一層重要になっているとの考えから、日本は8つの国 注3 と7つの国際機関 注4 を招待し、これらの諸課題につき議論を行いました。

岸田総理大臣からは、2023年は持続可能な開発目標（SDGs）達成に向けた中間年であるが、その達成に向けた資金ギャップはむしろ拡大していることを指摘し、SDGs達成に向けた着実な進捗を得るべく、開発協力の効果的活用や民間資金の動員に向けた取組を推進したいと述べ、日本は、新たな時代の人間の安全保障の理念に立脚し、脆弱な人々を支援する取組を重視していることを強調しました。また、2022年にG7は世界のインフラ投資ギャップを埋めるために「グローバル・インフラ投資パートナーシップ（PGII）」を立ち上げ、2027年までに最大6,000億ドルの官民資金を動員していくことを表明し、引き続きこの取組を強力に進めている旨述べました。さらに、国際開発金融機関（MDBs）の改革については、貧困削減といった従来の開発目標を維持しつつ、地球規模課題への対応を強化する必要がある旨述べました。加えて、全ての債権国・債務国に対し、国際ルール・スタン

注3 オーストラリア、ブラジル、コモロ（アフリカ連合（AU）議長国）、クック諸島（太平洋諸島フォーラム（PIF）議長国）、インド（G20議長国）、インドネシア（ASEAN議長国）、韓国、ベトナム。

注4 国連、国際原子力機関（IEA）、国際通貨基金（IMF）、経済協力開発機構（OECD）、世界銀行、世界保健機関（WHO）、世界貿易機関（WTO）。

ダードを遵守し、透明で公正な開発金融を促進していくよう呼びかけました。さらに、岸田総理大臣は、悪化する人道危機に対処するために、日本として2023年に17億ドル以上の人道支援を行っていることを明らかにし、G7としては、210億ドル以上のコミットメントを表明しました。

また、12月には、日本議長年を総括するG7首脳テレビ会議を開催しました。会議後に発出された首脳声明には、開発分野を含め、広島サミットの成果のフォローアップが記載されました。

■ 分野別課題

（食料）

食料に関しては、世界の食料安全保障が途上国を中心に2022年来急激に悪化し、食料システムの脆弱性への危機感が高まっている中、喫緊の食料危機への対処と強靭な食料安全保障の確立が急務であることにつき参加国・機関間で認識を共有しました。こうした議論を踏まえ、G7と招待国の首脳は、共同で「強靭なグローバル食料安全保障に関する広島行動声明 注5 」を

発出し、世界的な食料危機への対応と、強靭で持続可能かつ包摂的な農業・食料システムの構築に向けて、具体的な行動を示し、共に取り組んでいくことで一致しました。

（保健）

保健に関しては、（ⅰ）公衆衛生危機対応のためのグローバルヘルス・アーキテクチャー（GHA）の構築・強化、（ⅱ）より強靭、より公平、より持続可能なユニバーサル・ヘルス・カバレッジ（UHC）達成への貢献、（ⅲ）様々な健康課題に対応するためのヘルス・イノベーションの促進の3つの柱を軸にして、議論が行われました。新型コロナウイルス感染症の教訓を踏まえ、将来のパンデミックへの予防・備え・対応（PPR）を強化する観点から、G7として、「感染症危機対応医薬品等（MCM）への公平なアクセスのための広島ビジョン 注6 」を発出しました。岸田総理大臣は、この「広島ビジョン」で示した原則に基づき、「MCMに関するデリバリー・パートナーシップ（MCDP）」を立ち上げることを紹介し、連携を呼び

セッション6「複合的危機への連携した対応」で議長を務める岸田総理大臣

注5 　強靭なグローバル食料安全保障に関する広島行動声明　https://www.mofa.go.jp/mofaj/files/100506872.pdf
注6 　感染症危機対応医薬品等（MCM）への公平なアクセスのための広島ビジョン　https://www.mofa.go.jp/mofaj/files/100506758.pdf

かけました。また、ユニバーサル・ヘルス・カバレッジ（UHC）の達成を念頭に、G7全体で官民合わせて480億ドル以上の資金貢献を表明しました。このうち、日本としては、政府からグローバルヘルス技術振興基金（GHIT）への2億ドルのプレッジ（供与の約束）を含め、2022年から2025年までに官民合わせて75億ドル規模の貢献を行う考えを示しました。

さらに9月の国連総会ハイレベルウィークでは、「G7保健フォローアップ・サイドイベント」を開催し、岸田総理大臣やG7を始めとする各国、関係機関が参加しました。イベントでは、民間資金や知見を国際保健に活用するインパクト投資イニシアティブの立ち上げや、PPRに必要な資金を機動的・効果的に動員できる新たな円借款制度の創設、MCDPの推進を強調しました。

（ジェンダー）

ジェンダーに関しては、G7首脳は、首脳コミュニケにおいて、ジェンダー主流化を推進すべく、政治と安全保障、経済と社会の領域を橋渡しする「ネクサス」を作り出すことによって、ジェンダー平等を促進するための、継続的で全体的かつ包括的なアプローチを採ることの重要性を提唱し、専門家が作成した「G7ファクトシート：ネクサス・アプローチを通じたジェンダー主流化の促進」を歓迎しました。また、外交、持続可能な開発政策、ODAの実施におけるネクサス・アプローチの重要性を強調したほか、今後数年間にわたり、ジェンダー平等ならびに女性および女児のエンパワーメントを促進するG7の二国間ODAの割合を、共同で増加させるためにあらゆる努力をするというコミットメントを再確認しました。

（気候変動・エネルギー・環境）

気候・エネルギーに関しては、持続可能な世界を目指し、気候変動、生物多様性の損失、汚染といった課題に一体的に取り組む必要があるとの認識を共有した上で、「気候危機」とも呼ぶべき世界共通の待ったなしの課題である気候変動について、G7も太平洋島嶼国も、アフリカやその他の地域の国々も一緒に取り組む必要があることを確認しました。また、エネルギー安全保障、気候危機、地政学リスクを一体的に捉え、再生可能エネルギーや省エネルギーの活用を最大限導入しつつ、経済成長を阻害しないよう、各国の事情に応じ、あらゆる技術やエネルギー源を活用する多様な道筋の下で、ネット・ゼロという共通のゴールを目指すことの重要性についても、共通の認識を確認しました。加えて、岸田総理大臣から、「アジア・ゼロエミッション共同体（AZEC）」構想 注7 の実現を通じ、パートナー国の経済成長を損なうことなくエネルギー移行を支援していく旨発信しました。さらに、G7首脳で発出した「クリーン・エネルギー経済行動計画」に示された、「RISE（強靭で包摂的なサプライチェーンの強化）に向けたパートナーシップ」 注8 の策定を始めとする具体的行動を通じて、クリーン・エネルギー移行に不可欠なクリーン・エネルギー関連製品および重要鉱物のサプライチェーンを強靭化する必要性について確認しました。気候資金の動員が極めて重要であり、気候変動に脆弱な国や人々が取り残されないような支援が必要であることについても一致しました。

環境問題に関しては、プラスチック汚染対策、海洋汚染対策、生物多様性保全、森林減少・劣化対策などの具体的な取組を進めていくための連携の強化を確認しました。プラスチック汚染対策については、2040年までに追加的なプラスチック汚染をゼロにする野心を持って、プラスチック汚染を終わらせることにコミットすることが表明されました。生物多様性の保全については、2022年12月の生物多様性条約（CBD）の第15回締約国会議（COP15）における「昆明・モントリオール生物多様性枠組」（GBF）の採択を歓迎し、その迅速かつ完全な実施と各ゴールおよびターゲットを達成すること、ならびに、持続可能な森林経営と木材利用を促進することが表明されました。

（ウクライナ）

G7広島サミットには、ゼレンスキー・ウクライナ大統領も対面で参加し、ウクライナの復旧・復興支援に関して、率直な意見交換が行われました。この中で岸田総理大臣は、中長期的なウクライナの復旧・復興

注7 岸田総理大臣が2022年1月の施政方針演説にて、アジア各国と脱炭素化を進めるとの理念を共有し、エネルギー移行を進めるために協力することを目的として提唱。2023年3月のAZEC閣僚会合にて協力枠組みとしてAZECを立ち上げ、同年12月には初のAZEC首脳会合を開催した。AZECパートナー国は、インドネシア、オーストラリア、カンボジア、シンガポール、タイ、日本、フィリピン、ブルネイ、ベトナム、マレーシア、ラオス。

注8 2023年10月、モロッコのマラケシュで開催された世界銀行・IMF年次総会の際に立ち上げられた。

セッション8「ウクライナ」に参加するG7およびウクライナの首脳

に関して、官民一体となった取組が不可欠である旨述べました。G7首脳は「ウクライナに関するG7首脳声明」を発出し、ウクライナのエネルギー・インフラの復旧および改善に対する継続的な支援を改めて表明したほか、人道的地雷処理、がれきおよび汚染管理に関する経験、知見および専門知識の共有などを通じて、ウクライナの持続可能で強靱な復旧およびグリーンな復興を支援する用意があることを表明しました。また、多数国間投資保証機関（MIGA）におけるウクライナ復興・経済支援（SURE）信託基金の設立や、日本のJBICが主導した「ウクライナ投資プラットフォーム」立ち上げ等を含む、世界銀行グループ、欧州復興開発銀行（EBRD）、欧州投資銀行（EIB）および開発金融機関（DFI）によるマンデートに従った取組を歓迎しました。

また、12月に開催されたG7首脳テレビ会議には、同様にゼレンスキー大統領が冒頭部分に参加しました。岸田総理大臣は、公正かつ永続的な平和を実現するべく、G7は引き続き結束して対露制裁とウクライナ支援を強力に推進していくとの決意を示しました。また、日本として新たに人道および復旧・復興支援を含む10億ドル規模の追加支援を決定した旨述べ、今後この追加支援と世銀融資への信用補完を合わせて総額45億ドル規模の支援を行っていく用意がある旨表明しました。さらに、岸田総理大臣は、中長期的観点からのウクライナの復旧・復興支援も重要である旨指摘するとともに、日本は民間セクターの関与も得て2024年2月に日・ウクライナ経済復興推進会議を開催し、官民一体の支援の重要性を示していく旨紹介しました。

■ グローバル・インフラ投資パートナーシップ（PGII）サイドイベントの開催

日本は、米国、EUと共に、G7および招待国首脳等に加えて、民間セクターの参加者や世界銀行総裁の参加も得て、PGIIに関するサイドイベントを開催しました。サイドイベントでは、G7が多様な主体と連携しながら、パートナー国のインフラへの投資において民間資金の動員に取り組むことが表明されました。岸田総理大臣からは、PGIIの取組や同パートナーシップの下での日本の取組を紹介するとともに、日本は、5年間で650億ドル以上のインフラ支援と民間資金の動員に向けて、アジア、アフリカ、大洋州を含め世界各地でインフラ投資を進めてきていること、質の高いインフラ投資がさらに促進されるよう取り組んでいくことを表明しました。サイドイベント終了後には、同パートナーシップのこれまでの進展等を示すファクトシート　注9　が発出されました。

同ファクトシートには、海外投融資の取組の一環として、気候変動の緩和（再生可能エネルギー・植林・EV事業等）・適応（農業・上下水道等）に貢献する事業へ15億ドルを上限に融資する「気候変動対策推進ファシリティ」（ACCESS）、農業分野での気候変動の適応や、小規模農家等の脆弱層の所得や農業生産性の向上等に貢献する事業へ10億ドルを上限に融資する「食料安全保障対応ファシリティ」（SAFE）、中小零細企業、低所得者層、女性のいずれかの正規金融へのアクセス改善に寄与する事業へ15億ドルを上限に融資する「金融包摂促進ファシリティ」（FAFI）の創設が含まれており、日本のPGIIの下での取組の一つとして、総額40億ドルの融資枠が創設されています。

ベトナムにおける海外投融資「ニントゥアン省陸上風力発電事業」

注9　G7グローバル・インフラ投資パートナーシップに関するファクトシート　https://www.mofa.go.jp/mofaj/files/100506927.pdf

第II部

実績から見た日本の政府開発援助と他ドナーの援助動向

タジキスタンにおける無償資金協力「ドゥシャンベーボフタル道路におけるキジルカラーボフタル間道路改修計画」の施工現場で、現地作業員にコンクリート打設作業を指導する日本人技術者（写真：JICA）

❶ 実績から見た日本の政府開発援助‥‥‥‥‥‥‥‥‥‥‥‥‥‥‥‥‥‥‥‥‥‥‥‥‥‥ 12
❷ 実績から見た主要ドナーの政府開発援助概要‥‥‥‥‥‥‥‥‥‥‥‥‥‥‥‥‥‥‥‥ 18
❸ 新興ドナーや民間主体による「途上国支援」の増加‥‥‥‥‥‥‥‥‥‥‥‥‥‥‥‥ 21

第II部 実績から見た日本の政府開発援助と他ドナーの援助動向

1 実績から見た日本の政府開発援助

2022年の日本の政府開発援助（ODA）の実績 注1 は、2018年から導入された贈与相当額計上方式（Grant Equivalent System：GE方式）注2 では、約174億9,994万ドル（約2兆3,000億円）となりました。この結果、経済協力開発機構（OECD）の開発援助委員会（DAC）諸国における日本の順位は米国、ドイツに次ぎ第3位 注3 となりました。

内訳は、二国間ODAが全体の約85.0%、国際機関等に対するODAが約15.0%です。二国間ODAは、日本と被援助国との関係強化に貢献することが期待されます。また、国際機関等に対するODAでは、専門性や政治的中立性を持った国際機関等を通じて、直接日本政府が二国間で行う援助が届きにくい国・地域への支援も可能になります。日本は、これらの支援を柔軟に使い分けるとともに相互の連携を図りつつ、「日本の顔」が見える支援を積極的に行っていきます。

二国間ODAを援助手法別に見ると、GE方式では、無償で供与された資金の実績は約32億5,786万ドル（約4,282億円）で、ODA実績全体の約18.6%となっています。うち、国際機関等を通じた贈与は、約22億9,302万ドル（約3,014億円）でODA全体の

約13.1%です。技術協力は約23億6,231万ドル（約3,105億円）で、ODA全体の約13.5%を占めています。政府貸付等については、貸付実行額は約140億2,044万ドル（約1兆8,427億円）、政府貸付等の贈与相当額は約92億5,738万ドル（約1兆2,167億円）で、ODA全体の約52.9%を占めています。

地域別の二国間ODAの実績値（「開発途上地域」指定国 注4 向け援助を含む）を構成比（支出の総額）順に記載すると次のとおりです 注5 （詳細は14ページの図表II-2および123ページの図表IVを参照）。

◆アジア：56.0%（約109億9,736万ドル）
◆中東・北アフリカ：12.0%（約23億5,431万ドル）
◆サブサハラ・アフリカ：8.5%（約16億7,734万ドル）
◆中南米：4.6%（約9億1,127万ドル）
◆大洋州：1.3%（約2億4,874万ドル）
◆欧州：4.2%（約8億1,947万ドル）
◆複数地域にまたがる援助：13.4%（約26億3,214万ドル）

注1 2023年DACメンバーのODA実績確定値は2024年末以降に公表される予定。

注2 政府貸付等について、贈与に相当する額をODA実績に計上するもの。贈与相当額は、支出額、利率、償還期間などの供与条件を定式にあてはめて算出され、供与条件が緩やかであるほど額が大きくなる。2017年までDACの標準であった純額方式（供与額を全額計上する一方、返済された額はマイナス計上）に比べ、日本の政府貸付等の実態がより正確に評価される計上方式と言える。

注3 OECDデータベース（OECD.Stat）（2023年12月）。

注4 「開発途上地域」指定国とは、JICA法第3条（機構の目的）を踏まえ、ODA対象国・地域に関するDACリストから卒業した国に対して、「開発途上地域」に当たると整理を行い、継続支援している国。2022年のODA実績においては、アラブ首長国連邦、アンティグア・バーブーダ、ウルグアイ、オマーン、クウェート、クック諸島、サウジアラビア、セーシェル、セントクリストファー・ネービス、チリ、トリニダード・トバゴ、バハマ、バルバドス、バーレーン、ブルネイが該当する。

注5 支出総額ベース。

図表II-1	2022年の日本の政府開発援助実績

2022年（暦年）	ドル・ベース（百万ドル）			円ベース（億円）		
援助形態	実績	前年実績	増減率(%)	実績	前年実績	増減率(%)
無償資金協力	961.73	1,158.77	-17.0	1,263.99	1,271.92	-0.6
債務救済	3.10	−	100.0	4.08	−	100.0
国際機関等経由	2,293.02	2,100.17	9.2	3,013.68	2,305.26	30.7
技術協力	2,362.31	2,423.12	-2.5	3,104.74	2,659.75	16.7
贈与計（A）	5,620.17	5,682.06	-1.1	7,386.49	6,236.93	18.4
政府貸付等（貸付実行額：総額）（B）	14,020.44	12,126.28	15.6	18,426.82	13,310.45	38.4
（回収額）（C）	5,515.65	6,186.02	-10.8	7,249.12	6,790.10	6.8
（純額）（D）＝（B）−（C）	8,504.79	5,940.26	43.2	11,177.70	6,520.34	71.4
（贈与相当額）（E）	9,257.38	8,035.91	15.2	12,166.82	8,820.64	37.9
二国間政府開発援助計（総額ベース）（A）＋（B）	19,640.60	17,808.34	10.3	25,813.31	19,547.38	32.1
二国間政府開発援助計（純額ベース）（A）＋（D）	14,124.96	11,622.32	21.5	18,564.19	12,757.27	45.5
二国間政府開発援助計（贈与相当額ベース）（A）＋（E）	14,877.55	13,717.97	8.5	19,553.31	15,057.58	29.9
国際機関向け贈与（F）	2,622.39	3,474.15	-24.5	3,446.56	3,813.41	-9.6
国際機関向け政府貸付等（貸付実行額）（G）	−	670.53	-100.0	−	736.01	-100.0
国際機関向け政府貸付等（贈与相当額）（H）	−	443.74	-100.0	−	487.08	-100.0
国際機関向け拠出・出資等計（総額・純額ベース）(I)=(F)+(G)	2,622.39	4,144.68	-36.7	3,446.56	4,549.42	-24.2
国際機関向け拠出・出資等計（贈与相当額ベース）(J)=(F)+(H)	2,622.39	3,917.90	-33.1	3,446.56	4,300.49	-19.9
政府開発援助計（支出総額）（A）＋（B）＋(I)	22,262.99	21,953.02	1.4	29,259.87	24,096.80	21.4
政府開発援助計（支出純額）（A）＋（D）＋(I)	16,747.35	15,767.00	6.2	22,010.75	17,306.70	27.2
政府開発援助計（贈与相当額）（A）＋（E）＋(J)	17,499.94	17,635.87	-0.8	22,999.87	19,358.07	18.8
名目GNI値（単位：10億ドル、10億円）	4,502.22	5,248.00	-14.2	591,719.70	576,048.00	2.7
対GNI比（％）（純額ベース）	0.37	0.30		0.37	0.30	
対GNI比（％）（贈与相当額ベース）	0.39	0.34		0.39	0.34	

(注)
・四捨五入の関係上、合計が一致しないことがある。
・[−]は、実績が全くないことを示す。
・換算率：2021年＝109.7653円／ドル、2022年＝131.4283円／ドル（OECD−DAC指定レート）。
・ここでいう「無償資金協力」は、日本が実施している援助形態としての無償資金協力ではない。

・「開発途上地域」指定国向け援助を除く（「開発途上地域」指定国向け援助を含めた実績については160ページの「参考統計2（1）政府開発援助の援助形態別・通貨別実績（2022年）」を参照）。
・「開発途上地域」指定国とは、JICA法第3条（機構の目的）を踏まえ、ODA対象国・地域に関するDACリストから卒業した国に対して、「開発途上地域」に当たると整理を行い、継続支援している国。2022年のODA実績においては、アラブ首長国連邦、アンティグア・バーブーダ、ウルグアイ、オマーン、クウェート、クック諸島、サウジアラビア、セーシェル、セントクリストファー・ネービス、チリ、トリニダード・トバゴ、バハマ、バルバドス、バーレーン、ブルネイが該当する。
・債務救済は、商業上の債務の免除であり、債務繰延は含まない。

支出総額ベース

凡例：アジア　中東・北アフリカ　サブサハラ・アフリカ　中南米　大洋州　欧州　複数地域にまたがる援助等

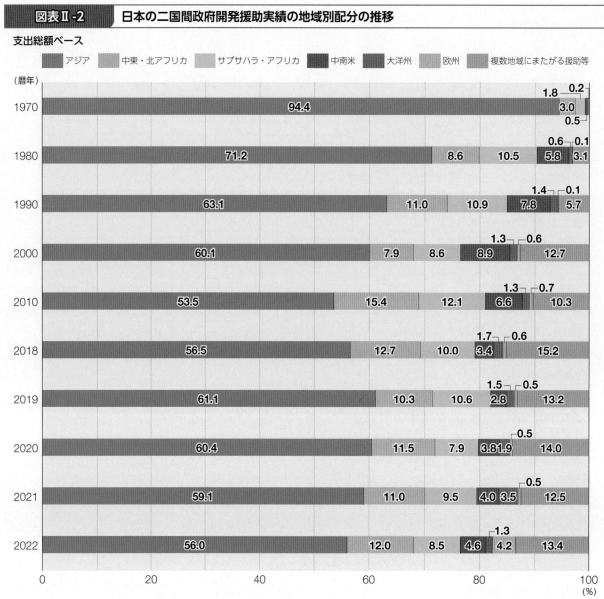

（暦年）

	アジア	中東・北アフリカ	サブサハラ・アフリカ	中南米	大洋州	欧州	複数地域にまたがる援助等
1970	94.4			1.8	3.0	0.2	0.5
1980	71.2	8.6	10.5	5.8	3.1	0.6	0.1
1990	63.1	11.0	10.9	7.8	5.7	1.4	0.1
2000	60.1	7.9	8.6	8.9	12.7	1.3	0.6
2010	53.5	15.4	12.1	6.6	10.3	1.3	0.7
2018	56.5	12.7	10.0	3.4	15.2	1.7	0.6
2019	61.1	10.3	10.6	2.8	13.2	1.5	0.5
2020	60.4	11.5	7.9	3.8	1.9	14.0	0.5
2021	59.1	11.0	9.5	4.0	3.5	12.5	0.5
2022	56.0	12.0	8.5	4.6	4.2	13.4	1.3

0　　　　20　　　　40　　　　60　　　　80　　　　100
(%)

出典：OECDデータベース（OECD.Stat）（2023年12月）
（注）
・複数地域にまたがる援助等とは、地域・国を特定しない国際機関等経由贈与や調査・研究等の技術協力など、地域分類が不可能なもの。
・四捨五入の関係で合計が100％とならないことがある。

図表 II-3　　主要DAC諸国の政府開発援助実績の推移

OECD［支出純額ベース（2017年まで）／贈与相当額ベース（2018年から）］

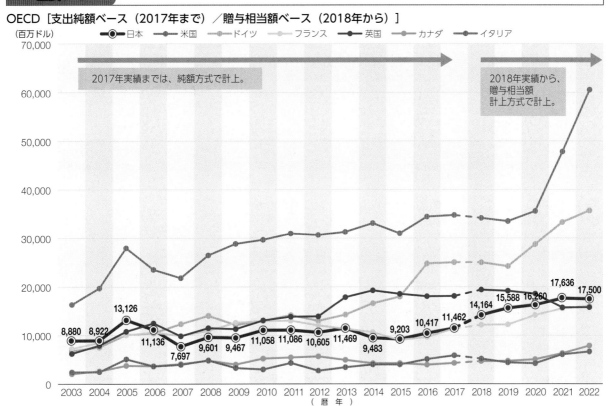

出典：OECDデータベース（OECD.Stat）（2023年12月）

支出総額ベース

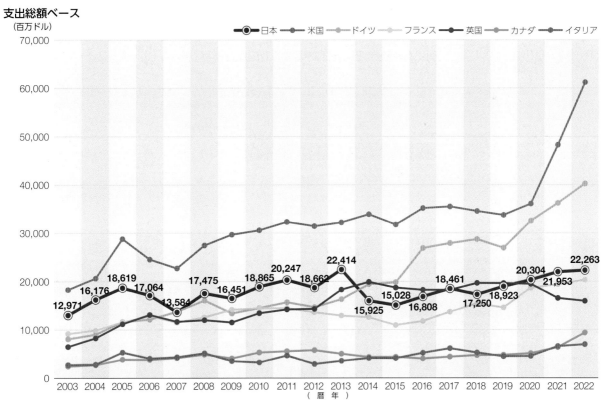

出典：OECDデータベース（OECD.Stat）（2023年12月）

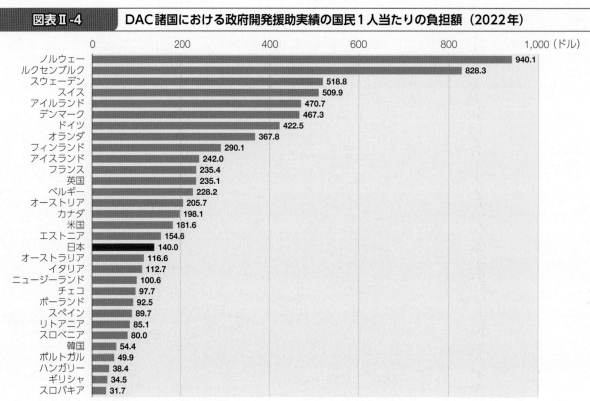

図表II-4　DAC諸国における政府開発援助実績の国民1人当たりの負担額（2022年）

国名	金額（ドル）
ノルウェー	940.1
ルクセンブルク	828.3
スウェーデン	518.8
スイス	509.9
アイルランド	470.7
デンマーク	467.3
ドイツ	422.5
オランダ	367.8
フィンランド	290.1
アイスランド	242.0
フランス	235.4
英国	235.1
ベルギー	228.2
オーストリア	205.7
カナダ	198.1
米国	181.6
エストニア	154.6
日本	140.0
オーストラリア	116.6
イタリア	112.7
ニュージーランド	100.6
チェコ	97.7
ポーランド	92.5
スペイン	89.7
リトアニア	85.1
スロベニア	80.0
韓国	54.4
ポルトガル	49.9
ハンガリー	38.4
ギリシャ	34.5
スロバキア	31.7

出典：OECDデータベース（OECD.Stat）（2023年12月）
（注）
・贈与相当額ベース。
・リトアニアは2022年にDACメンバー、エストニアは2023年にDACメンバーになった。
・エストニアは、OECDデータベース（OECD.Stat）において、2022年実績についてもDACメンバーとして掲載されているところ、本図表はエストニアを含む。

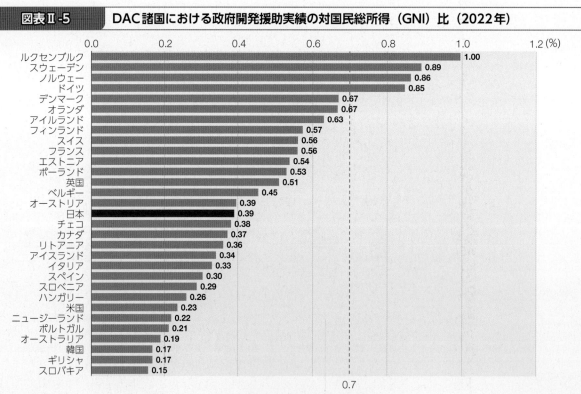

図表II-5　DAC諸国における政府開発援助実績の対国民総所得（GNI）比（2022年）

国名	比率（%）
ルクセンブルク	1.00
スウェーデン	0.89
ノルウェー	0.86
ドイツ	0.85
デンマーク	0.67
オランダ	0.67
アイルランド	0.63
フィンランド	0.57
スイス	0.56
フランス	0.56
エストニア	0.54
ポーランド	0.53
英国	0.51
ベルギー	0.45
オーストリア	0.39
日本	0.39
チェコ	0.38
カナダ	0.37
リトアニア	0.36
アイスランド	0.34
イタリア	0.33
スペイン	0.30
スロベニア	0.29
ハンガリー	0.26
米国	0.23
ニュージーランド	0.22
ポルトガル	0.21
オーストラリア	0.19
韓国	0.17
ギリシャ	0.17
スロバキア	0.15

0.7

出典：OECDデータベース（OECD.Stat）（2023年12月）
（注）
・贈与相当額ベース。
・1970年、国連総会は政府開発援助の目標を国民総生産（GNP）（現在は国民総所得（GNI））の0.7パーセントと定めた。
・リトアニアは2022年にDACメンバー、エストニアは2023年にDACメンバーになった。
・エストニアは、OECDデータベース（OECD.Stat）において、2022年実績についてもDACメンバーとして掲載されているところ、本図表はエストニアを含む。

図表Ⅱ-6　日本の政府開発援助実績の対国民総所得（GNI比）の推移

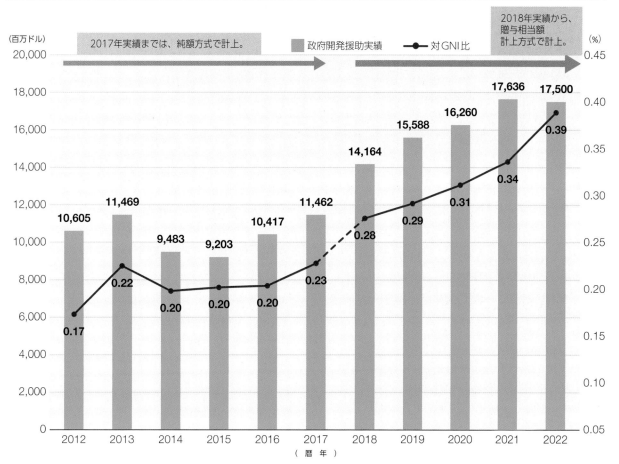

（百万ドル）

2017年実績までは、純額方式で計上。

2018年実績から、贈与相当額計上方式で計上。

政府開発援助実績　対GNI比

暦年	金額	対GNI比
2012	10,605	0.17
2013	11,469	0.22
2014	9,483	0.20
2015	9,203	0.20
2016	10,417	0.20
2017	11,462	0.23
2018	14,164	0.28
2019	15,588	0.29
2020	16,260	0.31
2021	17,636	0.34
2022	17,500	0.39

出典：OECDデータベース（OECD.Stat）（2023年12月）

（注）

・2017年実績までは支出純額ベース。2018年実績からは贈与相当額ベース。

第Ⅱ部

❶ 実績から見た日本の政府開発援助

いかなる協力がODAに該当するのか、それをどのように報告するかについては、OECD開発援助委員会（DAC）が国際的なルールを定めています。DACが定めるルールでは、ODAは、（ⅰ）公的機関またはその実施機関によって供与される、（ⅱ）開発途上国の経済開発や福祉の向上を主目的とする、（ⅲ）譲許的性格を有する（政府貸付等の場合、貸付条件（金利、償還期間等）が受取国にとって有利に設定されている）、の3要件を満たすものとされています。

このように、DAC諸国はDACが定めるルールに基づいて開発協力を行っていますが、主要ドナーが実施するODAの内容は国によって異なっています。ここでは、主にG7諸国を中心としたDACドナーの援助概要について2022年の実績を参考に概説します。

■ **主要ドナーの支援実績**

2022年のDAC諸国のODA供与額（贈与相当額計上方式（GE方式））は、約2,106億6,000万ドルでした。国別実績（GE方式、DAC諸国における構成比）では、1位が米国（約605億2,200万ドル、28.7％）、2位がドイツ（約356億4,000万ドル、16.9％）、3位が日本（約175億万ドル、8.3％）、4位がフランス（約160億1,400万ドル、7.6％）、5位が英国（約157億6,200万ドル、7.5％）、6位がカナダ（約78億3,600万ドル、3.7％）、7位がイタリア（約66億4,600万ドル、3.2％）、8位オランダ（約64億7,000万ドル、3.1％）、9位スウェーデン（約54億5,800万ドル、2.6％）とG7諸国が上位を占めています 注6 。

■ **主要ドナーの支援分野**

2022年の実績では、米国、英国、フランス、ドイツ、イタリア、カナダは、教育、保健、上下水道等の社会インフラ分野への支援を重点的に行っています。また、米国はODA全体の30％以上を人道支援等の緊急援助、食糧援助に充てています。一方、道路や橋、鉄道、通信、電力等の経済インフラ分野については、日本が最も多く44.4％を、次いでフランスが28.8％をそれぞれ配分しています。日本の協力に占める経済インフラ分野での支援が大きいのは、自らの戦後の復興経験からも、開発途上国の持続的な経済成長を通じた貧困削減等の達成のためには、まず経済インフラを整え、自助努力を後押しすることが不可欠と考えているからです（図表Ⅱ-7）。

■ **主要ドナーの支援地域**

日本はアジア地域を中心に支援している（2022年の支出総額（以下同）の約56.0％）のに対し（図表Ⅱ-2）、米国、英国、フランス、ドイツおよびイタリアはサブサハラ・アフリカ向け支援が1位（それぞれ24.2％、12.4％、30.9％、14.1％、13.8％）、カナダは欧州向け支援が1位（32.0％）となっています 注7 。また、地域別で見た主要DAC諸国からの支援実績の割合では、米国は中東・北アフリカ（25.4％）、サブサハラ・アフリカ（38.6％）、中南米（28.6％）、および欧州（47.6％）で1位となっています。大洋州ではオーストラリアが総供与額の51.9％を支援しています。このように、各国による支援重点地域は、地理的近接性や歴史的経緯等による影響も受けています（図表Ⅱ-8）。

注6 OECDデータベース（OECD.Stat）（2023年12月）。
注7 OECDデータベース（OECD.Stat）（2023年12月）。

図表Ⅱ-7	主要DAC諸国の二国間ODAの分野別配分（2022年）

（単位：%）

分野 ＼ 国名	日本	米国	英国	フランス	ドイツ	イタリア	カナダ	DAC平均
社会インフラ（教育、保健、上下水道等）	20.8	40.2	30.7	33.0	31.7	32.5	23.7	32.7
経済インフラ（輸送、通信、電力等）	44.4	1.4	9.2	28.8	18.2	0.7	11.9	14.4
農林水産分野（農業、林業、漁業等）	3.6	2.7	3.2	2.5	3.8	4.0	3.8	3.4
工業等その他生産分野（鉱業、環境等）	16.1	1.8	13.8	12.1	17.6	6.1	3.9	9.2
緊急援助（人道支援等）、食糧援助	3.2	32.7	15.3	2.2	11.2	11.1	14.4	16.8
プログラム援助等（債務救済、行政経費等）	11.9	21.2	27.8	21.3	17.4	45.7	42.3	23.6
合計	100.0	100.0	100.0	100.0	100.0	100.0	100.0	100.0

出典：OECDデータベース（OECD.Stat）（2023年12月）
（注）
・約束額ベース。
・四捨五入の関係上、各分野の合計が100％とならないことがある。

図表Ⅱ-8	地域別実績における主要DAC諸国（2022年）

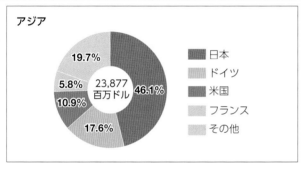

アジア
23,877百万ドル
日本 46.1%／米国 17.6%／フランス 10.9%／ドイツ 5.8%／その他 19.7%

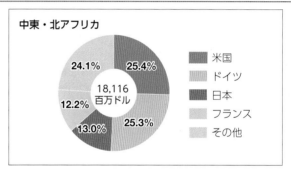

中東・北アフリカ
18,116百万ドル
米国 25.4%／ドイツ 25.3%／日本 13.0%／フランス 12.2%／その他 24.1%

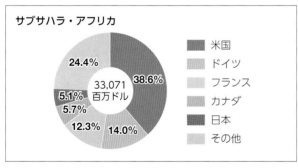

サブサハラ・アフリカ
33,071百万ドル
米国 38.6%／ドイツ 14.0%／フランス 12.3%／カナダ 5.7%／日本 5.1%／その他 24.4%

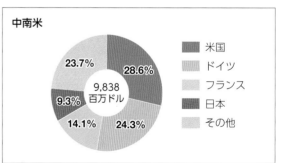

中南米
9,838百万ドル
米国 28.6%／ドイツ 24.3%／フランス 14.1%／日本 9.3%／その他 23.7%

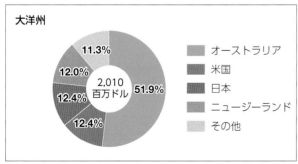

大洋州
2,010百万ドル
オーストラリア 51.9%／米国 12.4%／日本 12.4%／ニュージーランド 12.0%／その他 11.3%

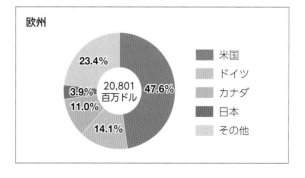

欧州
20,801百万ドル
米国 47.6%／ドイツ 14.1%／カナダ 11.0%／日本 3.9%／その他 23.4%

出典：OECDデータベース（OECD.Stat）（2023年12月）
（注）
・支出総額ベース。
・地域分類は123ページの図表Ⅳに同じ。
・グラフ内数値はDAC諸国の援助実績の合計。

■ 援助形態別の実績

　援助形態別に見ると、2022年のDAC諸国全体のODA実績のうち、贈与が約85.5%（二国間無償注8：約55.2%、二国間技術協力：約8.5%、国際機関向け贈与：約21.7%）、政府貸付等が約14.5%（二国間：約14.0%、国際機関向け：約0.5%）となっており、日本とフランス、カナダを除く主要DAC諸国実績上位10か国は、そのほとんどを贈与（二国間無償、二国間技術協力、国際機関向け贈与）の形態で実施しています（図表Ⅱ-9）。

　日本のODAに占める有償資金協力（円借款等）の割合が多いのは、開発を与えられたものとしてではな

く、開発途上国自身の事業として取り組む意識を高めることが、効果的な開発協力のために重要との考えに基づき、開発途上国の人々自らによる経済成長への努力を支援することを目的としているためです。開発途上国側から見れば、自らが借りたお金で国の社会や経済の発展を目指した事業を行うことになり、それだけに一生懸命に事業に取り組むことにつながります。円借款事業が終了した後も、開発途上国の人々が自らによって事業を持続・発展的に行えるようになることを目指した協力を行っている点は、自助努力を重視する日本ならではの支援といえます。

図表Ⅱ-9　DAC諸国の援助形態別実績（2022年）

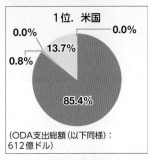

1位. 米国
0.0% / 0.0% / 13.7% / 0.8% / 85.4%
（ODA支出総額（以下同様）：612億ドル）

2位. ドイツ
0.0% / 38.7% / 25.6% / 17.5% / 18.2%
（402億ドル）

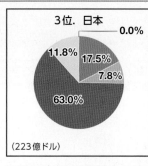

3位. 日本
0.0% / 17.5% / 7.8% / 63.0% / 11.8%
（223億ドル）

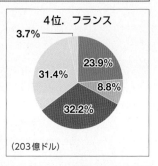

4位. フランス
3.7% / 23.9% / 8.8% / 32.2% / 31.4%
（203億ドル）

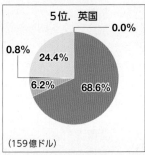

5位. 英国
0.0% / 24.4% / 0.8% / 6.2% / 68.6%
（159億ドル）

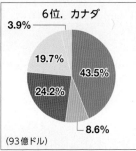

6位. カナダ
3.9% / 43.5% / 8.6% / 24.2% / 19.7%
（93億ドル）

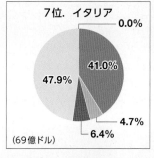

7位. イタリア
0.0% / 41.0% / 4.7% / 6.4% / 47.9%
（69億ドル）

8位. オランダ
0.0% / 60.0% / 6.8% / 0.0% / 33.2%
（65億ドル）

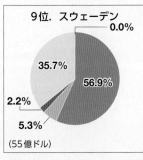

9位. スウェーデン
0.0% / 56.9% / 2.2% / 5.3% / 35.7%
（55億ドル）

10位. ノルウェー
0.0% / 20.1% / 2.5% / 0.0% / 77.4%
（52億ドル）

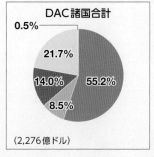

DAC諸国合計
0.5% / 21.7% / 55.2% / 8.5% / 14.0%
（2,276億ドル）

凡例：
- 二国間無償
- 二国間技術協力
- 二国間政府貸付等
- 国際機関向け贈与
- 国際機関向け政府貸付等

出典：OECDデータベース（OECD.Stat）（2023年12月）
（注）
・2022年DAC実績上位10か国、支出総額ベース。
・四捨五入の関係で合計が100%とならないことがある。

注8　二国間無償は、13ページ図表Ⅱ-1無償資金協力、債務救済、国際機関等経由を指す。

3 新興ドナーや民間主体による「途上国支援」の増加

近年、DACメンバーに加え、DACに参加していない中国、インド、インドネシア、サウジアラビア、ブラジル、アルゼンチン、メキシコ、トルコ、南アフリカ等の新興ドナーや民間の財団などによる開発途上国支援が増加しています。DACに実績報告を行っている非DAC諸国は少ないですが、DACの統計で集計されているだけでも、2022年では、非DAC諸国による支援は計179億ドル以上、DAC諸国および非DAC諸国からの民間資金は計2,310億ドル以上、NGOによる支援は計561億ドルに達しています 注9 。

2023年9月のSDGサミット2023で採択された政治宣言において、「我々は、SDGsの達成に向けた資金ギャップの著しい拡大を深く懸念し、予測可能で持続可能かつ十分な開発資金をあらゆる資金源から開発途上国に提供することの緊急性を認識する。」旨言及されているように、SDGsの達成に向けて、様々な主体による資金が開発途上国に向けられることが求められています。

開発途上国への資金の流れが多様化する中、その流れを正確に把握し、限りある開発資金を効果的に活用することは国際社会が連携して開発協力を推進するためには不可欠ですが、非DAC諸国などが実施する開発途上国支援の内容は、DACが作成・公表する統計では全てが明らかにならないのが現状です。また、国際ルール・スタンダードに合致しない不透明かつ不公正な貸付慣行の存在も指摘されています。

こうした状況下、2023年も、G7、G20やOECD等の様々な国際フォーラムにおいて、開発金融の透明性等について議論が行われました。2023年に日本が議長国を務めたG7においては、2月に開催されたG7開発担当高官会合の議長総括や4月のG7外相会合コミュニケにおいて、透明で公正な開発金融の慣行を推進することを決意するとともに、既存の原則の実施ギャップに対処するために協働することが確認されました。これらの会合における議論も踏まえ、5月に開催されたG7広島サミットでは、岸田総理大臣が、議長国として議論をリードし、透明で公正な開発金融の促進を呼びかけ、G7広島首脳コミュニケでは、「透明で公正な開発金融

を促進し、債務の透明性および持続可能性、公正な審査、選択および質の高いインフラ投資のための貸付慣行といった既存の原則の実施におけるギャップに対処するために協働するとの決意」が確認されました。

G20においては、6月のG20開発大臣会合に武井外務副大臣（当時）が出席し、全ての債権国・債務国が国際ルール・スタンダードを遵守する透明で公正な開発金融を促進することが重要である旨を訴え、同会合の成果文書・議長総括で、「G20は、関連する原則を尊重した開発金融を促進する重要性を再確認する」旨が記載されました。これらの会合における議論も踏まえ、9月に開催されたG20ニューデリー・サミットでは、岸田総理大臣が国際ルール・スタンダードを遵守した透明で公正な開発金融について、より多くの債権国および債務国の間で重要性を共有していく必要があり、G20でも取組を促進すべき旨発言しました。

また、OECDでは、11月のDACハイレベル会合で採択されたコミュニケにおいて、全ての開発協力の提供主体に対し、透明性と説明責任を向上させるよう国際的なスタンダードや慣行を一層遵守するよう求める旨や、借入国と公的・民間の債権者は持続可能ではない債務状況を未然に防止し、解決するために協力しなければならない旨が盛り込まれました。

日本としては、中国等、新興ドナーの開発途上国支援が国際的な基準や取組と整合的な形で透明性を持って行われるように、引き続き国際社会と連携しながら働きかけていきます（41ページの第Ⅲ部1（4）および131ページの第Ⅴ部1（2）も参照）。

G20開発大臣会合に出席する武井外務副大臣（当時）

注9 OECDデータベース（OECD.Stat）（2023年12月）。

図表II-10　ODA対象国・地域に関するDACリスト

(2022年～2023年実績に適用)

	ODA対象国		
後発開発途上国（LDCs） （46カ国）	低所得国（LICs） 一人当たりGNI $1,045以下	低中所得国（LMICs） 一人当たりGNI $1,046 - $4,095以下	高中所得国（UMICs） 一人当たりGNI $4,096 - $12,695以下
アフガニスタン アンゴラ イエメン ウガンダ エチオピア エリトリア ガンビア カンボジア ギニア ギニアビサウ キリバス コモロ コンゴ民主共和国 サントメ・プリンシペ ザンビア シエラレオネ ジブチ スーダン セネガル ソマリア ソロモン諸島 タンザニア チャド 中央アフリカ ツバル トーゴ ニジェール ネパール ハイチ バングラデシュ 東ティモール ブータン	ブルキナファソ ブルンジ ベナン マダガスカル マラウイ マリ 南スーダン ミャンマー モーリタニア モザンビーク ラオス リベリア ルワンダ レソト	[北朝鮮] シリア	アルジェリア イラン インド インドネシア ウクライナ ウズベキスタン エジプト エスワティニ エルサルバドル ガーナ カーボベルデ カメルーン キルギス ケニア コートジボワール コンゴ共和国 サモア ジンバブエ スリランカ タジキスタン チュニジア [トケラウ] ナイジェリア ニカラグア パキスタン バヌアツ パプアニューギニア [パレスチナ] フィリピン ベトナム ベリーズ ボリビア	ホンジュラス ミクロネシア連邦 モロッコ モンゴル	アゼルバイジャン アルゼンチン アルバニア アルメニア イラク エクアドル ガイアナ カザフスタン ガボン 北マケドニア キューバ グアテマラ グレナダ コスタリカ コソボ コロンビア ジャマイカ ジョージア スリナム 赤道ギニア セルビア セントビンセント [セントヘレナ] セントルシア タイ 中国 ドミニカ共和国 ドミニカ国 トルクメニスタン トルコ トンガ ナウル	ナミビア ニウエ パナマ パラオ パラグアイ フィジー ブラジル ベネズエラ ベラルーシ ペルー ボスニア・ヘルツェゴビナ ボツワナ マーシャル諸島 マレーシア 南アフリカ モーリシャス モルディブ [モンセラット] モンテネグロ ヨルダン リビア レバノン [ワリス・フテュナ]

出典：OECDホームページ
(注)
・GNI値は2020年の数値。
・2022年に卒業した国はアンティグア・バーブーダ。
・[ ]は地域名を示す。

第Ⅲ部

課題別の取組

ザンビアにおいて、自動車の故障診断機を使い、故障個所の特定方法や整備方法に関して技術協力を行うJICA海外協力隊員（写真：JICA）

1 新しい時代の「質の高い成長」とそれを通じた貧困撲滅 …………………………………… 24

2 平和・安全・安定な社会の実現、法の支配に基づく自由で開かれた国際秩序の維持・強化 …… 45

3 複雑化・深刻化する地球規模課題への国際的取組の主導 ……………………………………… 61

1 新しい時代の「質の高い成長」とそれを通じた貧困撲滅

(1) 経済社会の自律性・強靱性の強化

日本はこれまで経済成長を実現すること、そしてその成長を「質の高い成長」^{解説}とすることにより、最も基本的な開発課題である貧困撲滅を目指してきました。「質の高い成長」のためには、発展の基盤となるインフラ（経済社会基盤）の整備が重要です。また、民間部門が中心的役割を担うことが鍵となり、産業の発展や貿易・投資の増大といった民間活動が活発になることが不可欠です。しかし、世界経済が新型コロナウイルス感染症の影響やロシアによるウクライナ侵略により、エネルギーや食料価格の高騰、サプライチェーン 注1 の混乱に直面する中、とりわけ開発途上国では、貿易を促進し民間投資を呼び込むための能力構築や環境整備を行うことが困難な場合があり、開発途上国の経済社会の自律性・強靱性の強化の観点から、国際社会からの支援が求められています。

日本の取組

■ サプライチェーンの強靱化・多様化、経済の多角化

日本は開発途上国の輸出能力や競争力を向上させるため、開発途上国が貿易を行うために重要な港湾、道路、橋などの輸送網の整備、発電所・送電網など産業関連インフラの整備といったハード面での協力に加えて、貿易管理・税関に関する行政手続の円滑化に向けて、税関職員、知的財産権の専門家の教育などの貿易関連分野における技術協力といったソフト面からも、開発途上国の貿易・投資環境や経済基盤の整備に向けた協力を行っています。

こうした協力を通じて、開発途上国の経済的強靱性と経済安全保障を強化していくことは、開発途上国の質の高い成長を確保しつつ、日本経済への裨益という成長の好循環を確保していく上で喫緊の課題となっています。こうした観点も踏まえ、2023年5月のG7広島サミットにおいて、日本はサプライチェーンや基幹インフラの強靱化を含む経済的強靱性と経済安全保障の強化に関する議論を主導しました。議論の結果、G7首脳は、G7枠組を通じて包括的な形で協働し、連携していくことを確認し、この課題に関する包括的かつ具体的なメッセージとして「経済的強靱性及び経済安全保障に関するG7首脳声明」を発出しました。その中で、「特に途上国の強靱性の構築を支援する」との強い意志を再確認しました。加えて、G7として、クリーン・エネルギー移行に必要不可欠な重要鉱物および再生エネルギー機器製造のサプライチェーンの強靱化に関する「G7クリーン・エネルギー経済行動計画」を発表し、「世界中のパートナーとの協力および支援を深化させることを目指す」ことで一致しました。

サプライチェーン強靱化に資するインフラ支援の一例を挙げると、インドネシアの西ジャワ州・パティンバン港において、円借款や技術協力を活用し、日本企業の協力の下で、2018年から港湾開発およびアクセス道路整備を進めています。2021年12月には日本企業が出資する現地企業による自動車ターミナルの本格運営が開始され、2022年4月以降には港の拡張工事が進められ、有料アクセス道路の整備も開始されるなど、物流改善等に向けた官民が連携しての協力が進

タイ「バンコク大量輸送網整備事業（レッドライン）(3)」において、屋根を建設中のバンスー（現クルンテープ・アピワット）駅（写真：JICA）

注1 原材料の調達から生産、加工、流通、そして販売により需要者に提供されるまでの一連の流れのこと。

展しています（インドでの日本のインフラ支援については40ページの「案件紹介」を、その他のインフラ支援については38ページの第Ⅲ部1（3）を参照）。

インドネシア、カンボジア、タイ、フィリピン、ベトナム、ラオスを対象にサプライチェーン強靱化、持続的な物流システムの構築およびフードバリューチェーン 注2 強化に関する研修を実施しており、2022年度には計246人の行政官等が参加しました。インドネシアにおいては、2022年から、国境付近の離島6島で、水産施設の整備に加え、離島経済活性化のため水産物の高付加価値化や島外への流通等を整備するための技術協力を実施しています。

開発途上国の貿易を促進するための協力としては、日本は開発途上国産品の日本市場への輸入を促進するため、最恵国待遇関税率より低い税率を適用するという一般特恵関税制度（GSP）を導入しています。特に後発開発途上国（LDCs）解説に対して特別特恵関税制度を導入し、無税無枠措置解説をとっています。また日本は、経済連携協定（EPA）解説や投資協定を積極的に推進しています。これらの協定により、貿易・投資の自由化（関税やサービス貿易障壁の削減・撤廃等）および海外に投資を行う企業やその投資財産保護を通じたビジネス環境の整備が促進され、日本企業の開発途上国市場への進出を後押しし、ひいては開発途上国の経済成長にも資することが期待されます。

日本を含む先進国による支援をさらに推進するものとして、世界貿易機関（WTO）や経済協力開発機構（OECD）を始めとする様々な国際機関等において「貿易のための援助（AfT）」解説に関する議論が活発になっています。日本は、AfTを実施する国際貿易センター（ITC）などに拠出し、開発途上国が貿易交渉を進め、国際市場に参入するための能力を強化すること、およびWTO協定を履行する能力を付けることを目指しています。2023年には、日本はITCを通じて、アフリカの女性起業家に対する電子商取引の活用に向けた支援、ナイジェリアにおけるワクチンの生産および配布の拡大に向けた技術協力、ナイジェリアを中心とする西アフリカの政府、ビジネス支援機関（貿易振興機関・商工会議所等）、零細・中小企業に対する能力構築支援、ウクライナにおける避難民の就労および起業支援などを行っています。

税関への支援に関しては、ASEAN諸国を中心に、日本の税関の専門的知識や技術などの共有を通じて、税関の能力向上を目的とした支援を積極的に行っています。タイでは2021年7月から「税関人材育成能力強化プロジェクト」を実施しています。世界税関機構（WCO）への拠出を通じて、WCOが有する国際標準の導入や各国のベスト・プラクティスの普及の促進を通じた、国際貿易の円滑化および安全確保の両立等のための能力構築支援活動に貢献しています。日本の税関出身のJICA長期専門家をASEAN6か国 注3 に派遣し、ニーズに応じた支援を実施するとともに、アフリカではJICA／WCO合同プロジェクトとして、各国税関で指導的役割を担う教官を育成するプログラム（マスタートレーナープログラム）を実施しています。このプログラムは、2021年からは太平洋島嶼国にも拡大して実施しています。

モザンビークにおける一村一品キャンペーンで、中小企業支援プログラムへの応募者を支援する様子（写真：JICA）

開発途上国の小規模生産グループや小規模企業に対して、「一村一品キャンペーン」解説への支援も行っています。開発途上国へ民間からの投資を呼び込むため、開発途上国特有の課題を調査し、投資を促進するための対策を現地政府に提案・助言するなど、民間投資を促進するための支援も進めています。

■ 金融・資本市場制度整備支援

開発途上国の持続的な経済発展にとって、健全かつ安定的な金融システムや円滑な金融・資本市場は必要不可欠な基盤です。金融のグローバル化が進展する中

注2 32ページの用語解説「フードバリューチェーンの構築」を参照。
注3 カンボジア、タイ、フィリピン、マレーシア、ミャンマー、ラオスの6か国。

で、新興市場国における金融システムを適切に整備し、健全な金融市場の発展を支援することが大切です。こうした考えの下、金融庁は、日本の金融・資本市場の規制・監督制度や取組等に関する新興国金融行政研修を実施しました。具体的には、2023年3月に「証券監督者セミナー」を対面形式で、また、「保険監督者セミナー」をオンラインでそれぞれ実施し、計7か国10人が参加しました。

■ 国内資金動員支援

開発途上国が、自らのオーナーシップ（主体的な取組）で様々な開発課題を解決し、質の高い成長を達成するためには、開発途上国が必要な開発資金を税収などの形で、自らの力で確保していくことが重要です。これを「国内資金動員」といい、持続可能な開発目標（SDGs）解説を達成するための開発資金が不足する中、重要性が指摘されており、日本は、国際機関等とも協働しながら、この分野の議論に貢献するとともに、国内資金動員に関連した支援を開発途上国に対して提供しています。例えば、日本は、開発途上国の税務行政の改善等を目的とした技術協力に積極的に取り組んでおり、2023年には、納税者管理、国際課税、徴収などの分野について、フィリピン、ベトナム、ラオスで、国税庁の職員がJICA長期専門家として活動しました。さらに、開発途上国の税務職員等を対象に、国際税務行政研修（ISTAX）や国際課税研修なども実施しています。また、タイでは固定資産評価能力プロジェクトが2022年11月から実施されています。IMFやアジア開発銀行（ADB）が実施する国内資金動員を含む税分野の技術支援についても、人材面・知識面・資金面における協力を行っており、アジア地域を含む開発途上国における税分野の能力強化に貢献しています。

また、多国籍企業等による過度な節税対策の防止に取り組むOECD／G20 BEPSプロジェクト解説の実施も、開発途上国の持続的な発展にとって重要です。このプロジェクトを各国が協調して実施することで、開発途上国は、多国籍企業の課税逃れに適切に対処し、自国において適正な税の賦課徴収ができるようになるとともに、税制・税務執行が国際基準に沿ったものと

なり、企業や投資家にとって、安定的で予見可能性の高い、魅力的な投資環境が整備されることとなります。現在、BEPSプロジェクトで勧告された措置を実施する枠組みには、開発途上国を含む140を超える国・地域が参加しています。この枠組みの下、2021年10月に、経済のグローバル化およびデジタル化に伴う課税上の課題に対応するための2本の柱 注4 からなる解決策が合意されました。本合意が迅速に実施されるよう多数国間条約の策定や国内法の改正等の作業を進めることとされています。

■ 産業人材育成、雇用創出を含む労働分野の支援

質の高い成長の実現には、産業発展を支える産業人材の育成が重要です。日本は、教育・訓練を受ける機会が限られがちな開発途上国において、多様な技術や技能を有する産業人材を育成するため、各国で拠点となる技術専門学校および職業訓練校への支援を実施しています。支援の実施に当たり、日本は民間部門とも連携し、日本の知見・ノウハウをいかし、教員・指導員の能力強化、訓練校の運営能力強化、カリキュラム・教材の開発・改訂支援などを行い、教育と雇用との結び付きをより強化する取組を行っています（パキスタンにおける取組については98ページの「案件紹介」を参照）。

2016年から2023年の間に、産業界と連携し、9か国13事業を通じて、19の職業技術教育訓練（TVET：Technical and Vocational Education and Training）機関に対して、施設および機材の整備を含む複合的な支援を行いました。2023年には、20か国・地域13案件で、女性の生計向上を目的とした技能開発にも貢献しました。また、2023年ザンビアで500人への農業・起業訓練および500世帯への農業投入物・起業資金の提供に貢献しました。

アジア地域では、2023年9月に発表した「日ASEAN包括的連結性イニシアティブ」において、今後3年間で5,000人の人材育成を実施することを示しており、課題別研修や人材育成奨学計画（JDS）など様々な事業を通じて、ASEAN諸国の国づくりを担う人材育成に協力していきます。

2017年度から実施している「イノベーティブ・ア

注4 「第1の柱」は、大規模・高利益水準のグローバル企業について、物理的拠点の有無にかかわらず、市場国でも課税を行えるようにするための国際課税原則の見直し。「第2の柱」は、法人税の引下げ競争に歯止めをかける観点等からのグローバル・ミニマム課税の導入。

匠 の技術、世界へ

「近代養蜂発祥の地」岐阜の企業が タンザニアの蜂蜜収穫量の増加に貢献

一般公募 **1**

東アフリカのタンザニアは、人口の約7割が農業に従事する農業国ですが、農業セクターの成長率は低く、都市部と農村部の格差や、若年層の雇用が課題となっています。このうち養蜂については、年間約3万トンの蜂蜜を生産し、アフリカで2番目の生産量を誇るものの、実際の収穫量は、気候や蜜源（ミツバチが蜂蜜作りのための蜜を集める植物）の多さを考慮した際の想定収穫量に比べると格段に少ないと言われています。その要因の一つに、小規模農家が伝統的な養蜂技術を用いていることが挙げられます。

そこで、「近代養蜂発祥の地」とも言われる岐阜県に拠点を置き、蜂蜜製品製造や輸入に携わる日新蜂蜜株式会社は、JICAの中小企業・SDGsビジネス支援事業を活用し、タンザニアにおける近代養蜂の導入に取り組んでいます。

日本の蜂蜜はそのほとんどを輸入に頼っており、日新蜂蜜（株）では南米、東欧、東南アジアなどから蜂蜜を輸入していますが、輸入先多角化の候補として挙がったのがタンザニアでした。日新蜂蜜（株）の代表取締役社長、岸野逸人氏は「伝統的な方法で蜂蜜を採集しているタンザニアに日本の近代養蜂技術を取り入れれば収穫量を増やすことができると見込みました。」とタンザニアを選んだ理由を語ります。

「今回は、蜂蜜を輸入するだけでなく、現地の人材を育成し、生産力を向上させる新しい試みともなりました。その際に課題となったのが、日本式の巣箱の導入と、現地の蜂の攻撃性でした。」と、岸野社長は事業開始当初の様子を振り返ります。

タンザニアの伝統的な養蜂は、日本式の巣箱の4倍近い大きさの巣箱を使用して、一定の場所で蜂が来るのを待つ方式です。花のある場所に巣箱を移動することが困難な

現地の養蜂関係者と協議する日新蜂蜜株式会社社員（写真右）（写真：日新蜂蜜株式会社）

上、蜂蜜が十分に溜まるまで数か月もかかるため品質も低下します。そのため、小型で移動可能な日本式の巣箱を導入することから始めました。安定的に巣箱を供給できるよう、宮崎県の企業と協力し、現地の木材を活用して巣箱を製造・流通させる体制を整える計画を進めています。岸野社長は、「小型の巣箱の導入により、花のある場所に巣箱を移動して、効率よく蜂蜜を集めることができます。また、巣箱を小さくすることで女性にも扱いやすくなり、女性の参画にもつながります。」と日本式巣箱の利点を語ります。

もう一つの課題であるタンザニアの蜂の攻撃性に関して、アフリカのミツバチは攻撃性が高く、作業中に刺される危険性が高いとされています。そのため、日新蜂蜜（株）ではJICAの協力の下、現地大学・研究機関と共同で、攻撃性を発揮しなくてもよい環境にミツバチを置いて3世代交配を繰り返し、攻撃性の低いミツバチを選別して養蜂に適したミツバチを増やしています。

日新蜂蜜（株）によれば、近代養蜂技術を取り入れることにより収穫量が伝統養蜂の約4倍にまで増加することが確認されました。当初は新しい技術の導入に懐疑的だった現地の養蜂家も、日本の養蜂技術導入に大きな期待を寄せるようになっています。岸野社長は、「2026年までに生産量をさらに増やし、安定した事業にすることを目標にしていますが、養蜂家の育成など量を増やすための課題のみならず、味や色など質の課題も残されています。こうした課題を解決し、タンザニアの養蜂家の収入を増加・安定させながら、日本の食卓にタンザニア産の蜂蜜を届けたいです。」と今後の抱負を語ります。

ミツバチが日本から持ち込んだ養蜂器具に順応していることを確認している様子（写真：日新蜂蜜株式会社）

「アセアン工学系高等教育ネットワークプロジェクト（フェーズ4）」においてタイ・バンコクで開催された電気電子工学分野の国際会議の様子（写真：JICA）

ジア」事業では、アジアの開発途上国の優秀な理系学生を対象に、日本での留学や企業などでのインターンシップの機会を提供し、日本とアジア各国との間で高度人材の還流を促進しています。

厚生労働省では、インドネシア、カンボジア、ベトナムを対象に、質の高い労働力の育成・確保を図るため、これまでに政府および民間において培ってきた日本の技能評価システム（日本の国家試験である技能検定試験や技能競技大会）のノウハウを移転する研修 注5 を日本国内および対象国内で行っています。2022年度にこれらの研修に参加したのは、3か国合計87人で、これにより、対象国の技能評価システムの構築・改善が進み、現地の技能労働者の育成が促進されるとともに、雇用の機会が増大して、技能労働者の社会的地位も向上することが期待されています。

アフリカ地域では一人ひとりの持続的な成長に向けて、産官学連携によるABEイニシアティブ（アフリカの若者のための産業人材育成イニシアティブ）注6 やカイゼン 注7 イニシアティブ、国際機関と連携した技術支援などを通じて、産業人材の育成を支援しています（ABEイニシアティブについては、139ページの第V部1（6）および143ページの第V部2（2）アを参照）。

日本は、労働分野における支援も進めています。社会経済情勢の悪化の影響は、若者、女性を始めとした社会的に脆弱な立場におかれやすい人々に強く表れがちです。安定した雇用を生み出していくためには、それぞれの国が社会的セーフティネットを構築してリスクに備えるとともに、全ての働く人のディーセント・ワーク（SDGsの目標8で設定された働きがいのある人間らしい仕事）の実現に向けた支援や対応が国際的にも強く求められています。日本は、国際労働機関（ILO）への拠出などを通じて、アジア地域を中心に、労働安全衛生水準の向上や社会保険制度の整備などの開発協力を行っています。アフリカ地域 注8 での若者の雇用支援などにも貢献しており、ディーセント・ワークの実現に向けた取組を行っています。

ナイジェリア・ナサラワ州ドマ市の小規模農家を対象に、金融機関へのアクセス改善に向けて、クレジットスコアリングの概念実証に使用するデータ収集を行う現地企業スタッフ（写真：Zowasel社）

■ 資源・エネルギーへのアクセス確保

世界で電力にアクセスできない人々は2021年時点で約6.75億人に上ると言われています 注9 。電気やガスなどのエネルギー供給の欠如は、産業発達の遅れや雇用機会の喪失を引き起こし、貧困をより一層深めるといった問題につながります。今後、世界のエネルギー需要は、アジアを始めとする新興国や開発途上国を中心にますます増えることが予想されています。同時に気候変動対策は喫緊の課題です。そのような状況下、エネルギー供給源の多角化やエネルギー源の多様化などを通じて、2050年ネット・ゼロ排出目標達成に向けて脱炭素化をはかりつつ、エネルギー安全保障を確保していくことが重要です。

注5 「試験基準・試験問題等作成担当者研修」、「試験・採点等担当者研修」などがある。上記本文中の参加者数は、これらの研修の合計値。

注6 145ページの用語解説を参照。

注7 どうすれば少しでも生産過程の無駄を省き、品質や生産性を上げることができるか、生産現場で働く一人ひとりが自ら発案し、実行していく手法。戦後の高度成長期の日本において、ものづくりの品質や生産性を高めるために製造業の現場で培われた取組で、「整理・整頓・清掃・清潔・しつけ」（5S）などが基本となっている。

注8 エチオピア、ガンビア、スーダン、マダガスカル、モザンビーク、モーリタニア。

注9 IEA「Tracking SDG7: The Energy Progress Report, 2023」 https://www.iea.org/reports/tracking-sdg7-the-energy-progress-report-2023

ナイジェリア「配電分野能力向上プロジェクト」で供与する機材（防護管）の設置作業を実演する様子（写真：Ruriko Suezawa）

ケニアでの「地熱発電事業における蒸気供給管理能力向上プロジェクト」における管理研修の様子（写真：JICA）

日本は、開発途上国の持続可能な開発を推進するため、近代的なエネルギー供給を可能にする支援を提供し、産業育成のための電力の安定供給に取り組んでいます。省エネルギー設備や再生可能エネルギー（水力、太陽光、太陽熱、風力、地熱など）を活用した発電施設など、環境に配慮したインフラ整備も支援しています（気候変動に関する日本の取組については61ページの第Ⅲ部3（1）を参照）。

日本は、国土が広い海域にまたがり、気候変動の影響に脆弱な太平洋島嶼国地域において、エネルギー安全保障および低・脱炭素社会実現の観点から、グリッド接続型の再生可能エネルギーの主流化に向けた支援を行っています。また、ドミニカ共和国においては、輸入化石燃料に電力供給源の多くを依存する同国のエネルギー効率化を支援するため、円借款により、全国の公道における街灯のLED化などを支援しており、同国の公共セクターの省エネルギー化の促進および温室効果ガス排出量の削減に貢献することが期待されています。

2022年8月に開催した第8回アフリカ開発会議（TICAD 8）注10 では、オーナーシップと共創、機動的な資金動員、多様なパートナーとの連携によるアプローチにより日本の貢献を最大化することを目的として、「アフリカ・グリーン成長イニシアティブ」が立ち上げられました。このイニシアティブに基づく取組として、再生可能エネルギー発電事業への民間投資や

地熱発電量の拡大、脱炭素社会の実現に重要となる銅やレアメタル等の鉱物資源分野での協力が表明されました。アフリカ各国が自然資源と生態系を適正に保全・活用し、持続可能な成長（グリーン成長）を実現するための支援として、アフリカパワープール（国際送電網）、配電網、系統安定化の整備などを実施しています。

ケニアでは、オルカリア地熱発電所の開発支援を通じて、電力供給の増加・安定化に貢献しており、日本企業が事業実施の一端を担っています。2022年には、I-6号機およびV地熱発電所の完工式が開催され、本発電所の運用開始により、ケニアの国全体としての地熱による発電設備容量は世界で6番目となりました。

■ 食料安全保障に向けた取組

「世界の食料安全保障と栄養の現状2023」注11 によると、2022年には6億9,100万人から7億8,300万人が飢餓状態にあるとされています。その数は、新型コロナの世界的な拡大前の2019年に比べ、約1億2,200万人増加しています。また、同報告書では、2030年になっても、約6億人が飢餓に直面すると予測しています。「SDGs目標2『飢餓をゼロに』の達成に向けて農業食料システムを変革し、それらを活用する努力を倍増する以外に選択肢はない」とし、政策介入、行動、投資を導く必要があると提言しています。

日本は、食料不足に直面している開発途上国からの要請に基づき、食糧援助注12 を行っています。2023年には、21か国・地域に対し、日本政府米を

注10　121ページの用語解説「アフリカ開発会議」を参照。
注11　FAO、IFAD、UNICEF、WFPおよびWHOが共同で作成した報告書
　　　https://www.wfp.org/publications/state-food-security-and-nutrition-world-sofi-report-2023
注12　貧困削減を含む経済社会開発努力を実施している開発途上国に対し、食糧援助規約に関連して行われる食糧援助を実施するため、必要な生産物および役務の調達のための資金を贈与する無償資金協力。

ベナンで、零細農家である地域住民と日々コミュニケーションを重ねながら、零細農家の収益向上を目指して活動するJICA海外協力隊員（写真：JICA）

タジキスタン・トゥルスンゾダ市で、小規模農家向け市場志向型農業振興（SHEP）プロジェクトにおいて、所得向上につながる売るための作物としてイチゴを生産し、収穫する小規模農家の様子（写真：JICA）

中心に総額61.5億円の支援を行いました。

　二国間支援に加え、日本は、国際機関と連携した食料支援にも取り組んでいます。例えば、国連世界食糧計画（WFP）を通じて、教育の機会を促進する学校給食プログラムや、食料配布により農地や社会インフラ整備への参加を促す取組を実施しています。2023年には、ロシアによるウクライナ侵略の影響を受け、食料需給の逼迫や急激な物価上昇等が起きたギニアに対して、8月にWFPを通じて3億円の無償資金協力を行うことを決定し、日本政府米を供与することとなりました。WFPは2022年に世界120以上の国と地域で約1億6,000万人に対し、約480万トンの食料配布や現金給付を通じた食料支援などの活動を行っており、日本は2022年、WFPの事業に総額約2億6,512万ドルを拠出しました。

　日本は、国際開発金融機関（MDBs）解説への拠出などを通じ、開発途上国の栄養改善を支援しており、2021年には世界銀行のグローバル・ファイナンシング・ファシリティ（GFF）解説および栄養改善拡充のための日本信託基金解説に対し、計7,000万ドルの追加拠出を表明しました。開発政策において栄養を主流化する観点から、2021年12月に日本が主催した世界銀行グループの国際開発協会（IDA）第20次増資では、栄養を含む人的資本の強化を重点分野に盛り込みました。日本は、2021年12月に「東京栄養サミット2021」を主催し、岸田総理大臣は、3年間で3000億円以上の栄養関連支援を表明しました。2022年中に日本は1,606.82億円（暫定）を拠出しました。

　食料安全保障と栄養改善の達成に向けて、日本は、

食料支援に加えて、フードバリューチェーンの構築解説を含む農林水産業の振興に向けた協力を重視し、地球規模課題として食料問題に積極的に取り組んでいます。

　開発途上国では、生産した農産物の買取価格が安いことなどが多くの農家が貧困から抜け出せない要因の一つとなっています。日本は、各国・地域でフードバリューチェーン構築の重点的取組を定めた「グローバル・フードバリューチェーン構築推進プラン」を策定するなど、民間企業と連携した開発途上国におけるフードバリューチェーンの構築を推進しています。2023年は、タイと二国間政策対話を実施しました。

　日本は、アフリカの経済成長において重要な役割を果たす農業を重視しており、その発展に積極的に貢献しています。具体的には、アフリカ稲作振興のための共同体（CARD）解説フェーズ2の下、RICEアプローチ解説において、灌漑施設の整備や、アジア稲とアフリカ稲を交配したネリカ（NERICA）解説を含む優良品種に係る研究支援や生産技術の普及支援など、生産の量と質の向上に向けた取組を進めています。CARDの対象は、これまでに32か国に拡大しています。

　2022年8月に開催したTICAD 8では、CARDを通じて15万人の人材育成を行い、2030年までのコメ生産量倍増（5,600万トン）を実現することを目標として掲げました。

　自給自足から「稼ぐため」の農業への転換を推進するため、日本は、小規模農家向け市場志向型農業振興（SHEP）アプローチ解説を通じ支援を実施しています。SHEPアプローチは、野菜や果物を生産する農家に対し「売るために作る」への意識変革を起こし、営農スキルや栽培スキルの向上によって農家の園芸所得向上を目指しており、これまでアフリカ29か国において、研修事業や専門家派遣などを通じて自給自足型農業からの

転換を支援してきました。TICAD 8では、6万6,000人の「稼ぐ」ための農業転換支援を実施することを表明しています。TICAD 8では、アフリカ開発銀行の緊急食糧生産ファシリティへの3億ドルの協調融資による食料生産強化支援を行うことも表明しました。

国際的な農産品市場の透明性向上を通じた食料安全保障の向上に貢献すべく、日本は、「農業市場情報システム（AMIS）」**注13** へのデータ提供や事業費の拠出などを通じて、AMISを支援する取組も行ってきました。2023年5月、G7広島サミットにおいてもAMISへの取組を強化することを確認しました。

日本は、開発途上国の食料生産基盤を強化するため、FAO、IFAD、国際農業研究協議グループ（CGIAR）、WFPなどの国際機関を通じた農業支援を行っています。例えば、日本は、FAOを通じて、開発途上国の農業・農村開発に対する技術協力や、食料・農業分野の国際基準・規範の策定、統計の整備に対する支援などを実施しています。また、15の国際農業研究機関からなるCGIARが行う品種開発やデジタル農業技術の導入など、生産力の向上と持続可能性

の両立に向けた研究開発を支援しています。2023年3月にはロシアによるウクライナ侵略の影響を受けて悪化しているグローバルな食料安全保障への対応として、アジア、中東およびアフリカ諸国に対する総額5,000万ドルの食料関連支援を決定し実施しています。このほか、2023年4月、日本は、「民間セクター・小規模生産者連携強化（ELPS）」イニシアティブを立上げ、先進国等による開発途上国の農業生産支援の促進を実施しています。同イニシアティブは、G7宮崎農業大臣会合においても各国から歓迎されました。

日本は、こうした農業支援に加えて、国際獣疫事務局（WOAH）やFAOを通じた動物衛生の向上にも貢献しています。例えば、鳥インフルエンザ、口蹄疫、アフリカ豚熱（ASF）などの国境を越えて感染が拡大する動物の感染症に対処するため、WOAHとFAOが共同で設置した「越境性動物疾病の防疫のための世界的枠組み（GFTADs）」の下、アジア・太平洋地域を中心に、動物衛生分野での国際機関の取組を支援しています。

 ## 用語解説

質の高い成長
成長の果実が社会全体に行き渡り、誰ひとり取り残さない「包摂性」、世代を超えた経済・社会・環境が調和する「持続可能性」、自然災害や経済危機などの様々なショックへの耐性および回復力に富んだ「強靱性」を兼ね備えた成長（開発協力大綱）

後発開発途上国（LDCs：Least Developed Countries）
国連による開発途上国の所得別分類で、開発途上国の中でも特に開発が遅れており、2017年から2019年の一人当たりの国民総所得（GNI）が平均で1,018ドル以下などの基準を満たした国々。2022年現在、アジア9か国、アフリカ33か国、中南米1か国、大洋州3か国の46か国が該当する。

無税無枠措置
後発開発途上国（LDCs）からの輸入産品に対し、原則無税とし、数量制限も行わないとする措置。日本はこれまで、同措置の対象品目を拡大してきており、全品目の約98％を無税無枠で輸入可能としている。

経済連携協定（EPA：Economic Partnership Agreement）
特定の国や地域の間で物品の関税やサービス貿易の障壁等を削減・撤廃することを目的とする自由貿易協定（FTA：Free Trade Agreement）に加え、投資、人の移動、知的財産の保護や競争政策におけるルール作り、様々な分野での協力の要素等を含む、幅広い経済関係の強化を目的とする協定。このような協定によって、国と国との貿易・投資がより活発になり、さらなる経済成長につながることが期待される。

貿易のための援助（AfT：Aid for Trade）
開発途上国がWTOの多角的貿易体制の下で、貿易を通じて経済成長と貧困削減を達成することを目的として、開発途上国に対し、貿易関連の能力向上のための支援やインフラ整備の支援を行うもの。WTOでは、開発途上国が多角的な自由貿易体制に参加することを通じて開発を促進することが重視されている。

一村一品キャンペーン
1979年に大分県で始まった取組で、地域の資源や伝統的な技術をいかし、その土地独自の特産品の振興を通じて、雇用創出と地域の活性化を目指すものであり、海外でも活用されている。一村一品キャンペーンでは、アジア、アフリカなど、開発途上国の民族色豊かな手工芸品、織物、玩具を始めとする魅力的な商品を掘り起こし、より多くの人々に広めることで、開発途上国の商品の輸出向上を支援している。

注13 Agricultural Market Information Systemの略。2011年に食料価格乱高下への対応策としてG20が立ち上げた、各国や企業、国際機関がタイムリーで正確かつ透明性のある農業・食料市場の情報（生産量や価格など）を共有するためのシステム。

持続可能な開発のための2030アジェンダ（2030アジェンダ）／持続可能な開発目標（SDGs：Sustainable Development Goals）

ミレニアム開発目標（MDGs、2001年）の後継として、2015年9月の国連サミットで加盟国の全会一致で採択された「持続可能な開発のための2030アジェンダ」に記載された、2030年までに持続可能でより良い世界を目指す国際目標。17のゴール・169のターゲットから構成される。

OECD／G20 BEPSプロジェクト

BEPS（Base Erosion and Profit Shifting：税源浸食と利益移転）とは、多国籍企業等が租税条約を含む国際的な税制の隙間・抜け穴を利用した過度な節税対策により、本来課税されるべき経済活動を行っているにもかかわらず、意図的に税負担を軽減している問題を指す。BEPSプロジェクトは、こうした問題に対処するため、2012年6月にOECD租税委員会が立ち上げたもので、公正な競争条件を確保し、国際課税ルールを世界経済および企業行動の実態に即したものにするとともに、各国政府・グローバル企業の透明性を高めるために国際課税ルール全体を見直すことを目指している。

国際開発金融機関（MDBs：Multilateral Development Banks）

開発途上国の貧困削減や持続的な経済・社会的発展を、金融支援や技術支援、知的貢献を通じて総合的に支援する国際機関の総称。一般的にMDBsと言えば、全世界を支援対象とする世界銀行グループ（World Bank Group）と、各所轄地域を支援するアジア開発銀行（ADB）、米州開発銀行（IDB）、アフリカ開発銀行（AfDB）、欧州復興開発銀行（EBRD）の4つの地域開発金融機関を指す。

グローバル・ファイナンシング・ファシリティ（GFF：Global Financing Facility）

母子保健分野の資金リソースを拡充するために、2015年に世銀や国連などが立ち上げたイニシアティブ。女性やこどもの栄養状態改善を含む母子保健分野の政策の策定や、実施能力の向上のための技術支援を実施している。策定された計画の実行について、世銀の低利融資などを受けることをGFFによる支援の条件とすることで、資金動員効果を企図している。

栄養改善拡充のための日本信託基金

重度栄養不良国での栄養対策への投資を拡大し、栄養不良対策の実施のための能力開発を行うことを目的に、2009年に設立された基金。重度栄養不良国に対し、栄養改善に係る政策の策定や、実施能力向上のための技術支援を行い、当該国や世銀などによる栄養関連の投資を後押ししている。

フードバリューチェーンの構築

農家を始め、種や肥料、農機などの資機材の供給会社、農産物の加工会社、輸送・流通会社、販売会社など多くの関係者が連携して、生産から製造・加工、流通、消費に至る段階ごとに農産物の付加価値を高められるような連鎖をつくる取組。例えば、農産物の質の向上、魅力的な新商品の開発、輸送コストの削減、販売網の拡大による販売機会の増加などがある。

アフリカ稲作振興のための共同体（CARD：Coalition for African Rice Development）

アフリカにおけるコメ生産拡大に向けた自助努力を支援するための戦略（イニシアティブ）であると同時に、関心あるコメ生産国と連携して活動することを目的としたドナーによる協議グループ。2008年のTICAD IVにおいて日本が国際NGOのアフリカ緑の革命のための同盟（AGRA）と共同で立ち上げ、2019年のTICAD 7ではフェーズ2を立ち上げた。

RICE（Resilience, Industrialization, Competitiveness, Empowerment）アプローチ

CARDフェーズ2で採用されたサブサハラ・アフリカのコメ生産量倍増のための取組。具体的には、気候変動や人口増に対応した生産安定化、民間セクターと協調した現地における産業形成、輸入米に対抗できる自国産米の品質向上、農家の生計・生活向上のための農業経営体系の構築が挙げられる。

ネリカ（NERICA：New Rice for Africa）

CGIARのアフリカ稲センター（Africa Rice Center）が、高収量のアジア稲と雑草や病虫害に強いアフリカ稲を交配することによって開発した稲の総称。従来の稲よりも（1）収量が多い、（2）生育期間が短く、短い雨季での栽培や、干ばつのリスクを回避できる、（3）耐乾性・耐病性が高く、アフリカ特有の高温で乾燥した気候にも負けない、などの特長がある。日本は、1996年以降、国立研究開発法人国際農林水産業研究センター（JIRCAS）、JICAから研究者、専門家を派遣し、品種開発・普及を支援している。

小規模農家向け市場志向型農業振興（SHEP：Smallholder Horticulture Empowerment & Promotion）アプローチ

2006年に日本がケニアで開始した小規模農家支援のためのアプローチ。野菜や果物などを生産する農家に対し、「作ってから売る」から「売るために作る」への意識変革を促し、営農スキルや栽培スキルの向上によって農家の所得向上を目指すもので、アフリカを中心に世界各国で同アプローチを取り入れた活動を実践している。

（2）デジタル・情報通信技術・科学技術

開発途上国の成長、国際社会の発展は、経済や社会活動のデジタル化への対応なしには、適切に進み得なくなっています。デジタル技術は人々の暮らしや産業活動へ浸透しており、日常生活や社会経済活動等の重要な基盤であるサイバー空間がもたらす恩恵が拡大する一方で、個人や企業の情報漏洩による被害や、重要インフラへの攻撃による国家安全保障上のリスクなど、サイバー攻撃による脅威も深刻化しています。そのため、開発途上国がデジタル化の恩恵を享受し、そのリスクを削減するための支援の重要性は増しています。また、サイバー空間においては事象の影響が容易に国境を越え、他国で生じたサイバー事案が日本にも影響を及ぼす可能性があることから、各国政府・民間等様々なレベルで重層的に協力・連携することが重要です。

日本の取組

■ DXの促進

新型コロナウイルス感染症のまん延によって、人やモノの往来が一定期間途絶えた結果、経済社会活動のデジタル化・オンライン化が進むことになりました。デジタルトランスフォーメーション（DX）注14 は、あらゆる開発課題に直結しており、「質の高い成長」を達成する鍵となります。

開発途上国およびその国民が、安全、公平かつ安定的にデジタル化の恩恵を受けられる包摂的で豊かな社会を実現するため、日本は、デジタル化の促進・DXを、オファー型協力を通じて戦略的にODAを実施していく分野の一つに挙げています（オファー型協力については、第I部1の4ページ、および144ページの第V部2（2）ウを参照）。そして、国際機関や民間企業等様々な主体との連携を通じて、日本が提唱する「信頼性のある自由なデータ流通（DFFT）注15 」の考え方に基づくデジタル化推進のための基盤整備として、法制度整備・人材育成や、情報通信環境の整備を支援し、デジタル化の推進を通じた課題解決と開発効果の

タイ・サラブリ県での高精度測位データを活用した、ヤンマーアグリ株式会社との農業パイロットプロジェクトで、ロボットトラクタ／自動運転農機を試乗する様子（写真：JICA）

増大を目指す協力を推進しています。

DXを通じた開発効果の増大に期待できる分野として、スマート農業、遠隔医療、スマートシティ、モバイルバンキング、行政デジタル化などがあげられます。日本の協力の新たな取組の一例として、2021年から約10か国で、開発途上国における医療体制の着実な底上げにつなげるために、日本の医療関係者と開発途上国の医療関係者を通信システムで結び、開発途上国で必要とされる医療技術や専門知識に関する助言や研修を遠隔で行っています。また、農業分野のDX推進に向けた協力として、2023年6月から約2か月にわたり、北海道でスマートフードチェーン（SFC）注16 に関する「農業・農村DX/SFC共創に向けた産官学人材育成」研修を開催し、中南米11か国から12人が参加しました。研修では、大学および民間企業の協力を得て、畑作用ロボットトラクタなどデジタル技術を活用した農業機械の実習、実演および工場の視察などが行われました。

DXを具体的に進めるため、優れた技術を持つデジタルパートナーとの迅速でタイムリーな実証実験が可能になる取組として、2022年に「JICA DX Lab」が立ち上げられました。150か国で展開するODA事業の現場やJICAが培ってきたネットワーク等の資産を、デジタル領域における共創の場として解放し、開発途上国の課題解決とデジタルパートナーのビジネス展開を支援しています。2023年12月までに、インド、インドネシア、エチオピアで計4件の案件が実施され

注14 新たなIT技術の導入が人々の生活をより便利にしたり豊かにしたりすること、新しいデジタル技術の導入により既存ビジネスの構造を作り替えたりするなど、新しい価値を生み出すこと。

注15 Data Free Flow with Trustの略。プライバシーやセキュリティ・知的財産権に関する信頼を確保しながら、ビジネスや社会課題の解決に有益なデータが国境を意識することなく自由に行き来する、国際的に自由なデータ流通の促進を目指すというコンセプト。DFFTは、2019年1月にスイス・ジュネーブで開催された世界経済フォーラム年次総会（ダボス会議）において、安倍総理大臣（当時）が提唱し、2019年6月のG20大阪サミットにおいて各国首脳からの支持を得て、首脳宣言に盛り込まれた。

注16 Smart Food Chainの略。入口（生産）から出口（消費）までの情報を連携・集積し、生産の高度化、販売における付加価値向上、流通最適化等を可能とする基盤を指す。

マラウイで、農村部での眼科治療の向上のため、スマートフォンのカメラを利用して眼科の診療を可能にする機器「Smart Eye Camera（SEC）」の有効性を確認する様子（写真：OUI. Inc.）

モルディブでの「地上デジタルテレビ放送網運用能力向上プロジェクト」において、防災関連機器運用ガイドラインについての協議の様子（写真：八千代エンジニヤリング株式会社）

ています。

■ 情報通信技術（ICT）

情報通信技術（ICT） 注17 の普及は、DXのベースとなる基盤整備として、産業の高度化や生産性の向上に役立つとともに、医療、教育、エネルギー、環境、防災などの社会的課題の解決や、情報公開の促進、放送メディア整備といった民主化の推進にも貢献します。

日本は、開発途上国のICT分野における「質の高いインフラ投資」を推進 注18 しており、通信・放送設備や施設の構築、そのための技術や制度整備、人材育成などを積極的に支援しています。具体的には、地上デジタル放送日本方式（ISDB-T） 注19 の海外普及・導入支援に積極的に取り組んでおり、2023年4月現在、中南米、アジア、アフリカ地域などの計20か国 注20 で採用されています。ISDB-T採用国および検討国を対象としてJICAを通じた研修を毎年実施するとともに、総務省は、相手国政府との対話・共同プロジェクトを通じ、ICTを活用した社会的課題解決などの支援を推進しています。

日本は、国際電気通信連合（ITU） 注21 と協力し、開発途上国に対して、電気通信およびICT分野の様々

な開発支援を行っています。新型コロナの世界的な拡大を受け、2020年10月から、ITUと協力して、アフリカなどの開発途上国を対象に、デジタルインフラの増強や利用環境整備のための国家戦略策定を支援するConnect2Recover（C2R）を開始しています。日本はこれまでITUが国連児童基金（UNICEF）と共同で行う「Giga」 注22 パイロット事業のうち、ルワンダの学校におけるインターネット導入などを支援してきました。2022年からは、ジンバブエ、モーリタニアに対し、ネットワークインフラにおける強靱性の評価、自然災害発生前後の通信ネットワークの接続状況を確認できるマップの策定、ICT普及のための国家戦略策定の支援を実施しました。また、C2Rプロジェクトの拡大に向けた各国への働きかけを行った結果、新たにオーストラリア、チェコ、リトアニア政府が拠出を決定し、アジア、カリブ、独立国家共同体（CIS）諸国等にも活動地域を拡大しました。

アジア太平洋地域では、アジア・太平洋電気通信共同体（APT） 注23 が、同地域の電気通信および情報基盤の均衡した発展に寄与しています。日本は、情報通

注17 Information and Communications Technologyの略。コンピュータなどの情報技術とデジタル通信技術を融合した技術で、インターネットや携帯電話がその代表。

注18 2017年、各国のICT政策立案者や調達担当者向けに、「質の高いICTインフラ」投資の指針を策定。

注19 Integrated Services Digital Broadcasting-Terrestrialの略。日本で開発された地上デジタルテレビ放送方式で、緊急警報放送システム、携帯端末などでのテレビ放送の受信、データ放送などの機能により、災害対策や、多様なサービスの実現といった優位性を持つ。

注20 日本、アルゼンチン、アンゴラ、ウルグアイ、エクアドル、エルサルバドル、グアテマラ、コスタリカ、スリランカ、チリ、ニカラグア、パラグアイ、フィリピン、ブラジル、ベネズエラ、ペルー、ボツワナ、ボリビア、ホンジュラス、モルディブの20か国。

注21 電気通信・放送分野に関する国連の専門機関で、世界中の人が電気通信技術を使えるように、（ i ）携帯電話、衛星放送などで使用する電波の国際的な割当、（ ii ）電気通信技術の国際的な標準化、（ iii ）開発途上国の電気通信分野における開発の支援などを実施している。

注22 2019年にUNICEFとITUが立ち上げた、開発途上国を中心に、世界中の学校でインターネットアクセスを可能にすることを目的にしたプロジェクト。

注23 アジア太平洋地域における情報通信分野の国際機関で、同地域における電気通信や情報基盤の均衡した発展を目的とし、研修やセミナーを通じた人材育成、標準化や無線通信などの地域的な政策調整などを実施している。

信に関する人材育成を推進するため、APTが毎年実施する数多くの研修を支援しており、2022年度には、ブロードバンドネットワークやサイバーセキュリティなどに関する研修を10件実施し、APT各加盟国から約150人が参加しました。研修生は日本の技術を自国のICT技術の発展に役立てており、日本の技術システムをアジア太平洋地域に広めることで、日本企業の進出につながることも期待されます。

アジア太平洋地域では、脆弱なインフラや利用コストが負担できないことなどを要因としてインターネットを利用できない人が20億人以上います。日本は、東南アジア諸国連合（ASEAN）地域や太平洋島嶼国において、離島・遠隔地でも低コストで高速のインターネットが利用できるよう環境整備を行っています。

ベトナム「サイバーセキュリティに関する能力向上プロジェクト」における認定ホワイトハッカー研修の様子（写真：JICA）

■ サイバーセキュリティ

近年、自由、公正かつ安全なサイバー空間に対する脅威への対策が急務となっています。この問題に対処するためには、世界各国の多様な主体が連携する必要があり、開発途上国を始めとする一部の国や地域におけるセキュリティ意識や対処能力が不十分な場合、日本を含む世界全体にとっての大きなリスクとなります。そのため、世界各国におけるサイバー空間の安全確保のための協力を強化し、開発途上国の能力構築に向けた支援を行うことは、その国への貢献となるのみならず、日本を含む世界全体にとっても有益です。

日本は、日・ASEANサイバー犯罪対策対話や日・ASEANサイバーセキュリティ政策会議を通じてASEANとの連携強化を図っており、2023年もASEAN加盟国と机上演習等を実施したほか、日

ASEAN友好協力50周年を記念し、サイバーセキュリティ官民共同フォーラムを実施しました。また、国際刑事警察機構（インターポール）を通じて、新型コロナの感染拡大の状況下において増大した、サイバー空間で行われる犯罪に対処するための法執行機関関係者の捜査能力強化などを支援しました。

日本は、サイバー攻撃を取り巻く問題についてASEANとの間で協力を一層強化することで一致しています。具体的取組として、日・ASEAN統合基金（JAIF）注24 を通じてタイのバンコクに設立した「日ASEANサイバーセキュリティ能力構築センター（AJCCBC）」においてサイバーセキュリティ演習などを実施しており、2023年2月までに1,480人が研修等を受講しました。また、2023年3月より、JICAを通じた技術協力「サイバーセキュリティとデジタルトラストサービスに関する日ASEAN能力向上プログラム強化プロジェクト」としてAJCCBCの運営の支援が開始されました。

AJCCBCでは、ASEAN各国の政府機関や重要インフラ事業者のサイバーセキュリティ担当者などを対象に実践的サイバー防御演習（CYDER）などが提供されており、ASEANにおけるサイバーセキュリティの能力構築への協力が推進されています。2023年3月からは、新たに演習トレーナー向けの研修や、ASEAN各国へのニーズ調査に基づいて実施される演習等を追加し、コンテンツのさらなる充実化を図っています。また、11月にはASEAN各国から選抜された若手技術者や学生がサイバーセキュリティスキルを競い合うCyber SEA Gameが開催されました。

日本は、世界銀行の「サイバーセキュリティ・マルチドナー信託基金」への拠出も行い、低・中所得国向けのサイバーセキュリティ分野における能力構築支援にも取り組んでいます。

警察庁では、2017年からベトナム公安省のサイバー犯罪対策に従事する職員に対し、サイバー犯罪への対処などに係る知識・技能の習得および日・ベトナム治安当局の協力関係の強化を目的とする研修を実施しています。

注24 91ページの注4を参照。

国際協力の現場から

① ABEイニシアティブ修了生が結んだ ルワンダと日本企業の避雷技術

東アフリカの内陸国であるルワンダは雷の発生件数が多く、1,300万人ほどの人口に対し、落雷による死傷者は年間100人近くに上ります。またルワンダは、ICTを含む科学技術教育に力を入れ、ICT産業の振興に注力していますが、落雷による電気・通信インフラや機器の故障なども多発しており、雷害対策は喫緊の課題の一つです。

兵庫県に本社を置く音羽電機工業株式会社は、避雷器やデバイスの開発・製造・販売や雷対策コンサルティングなど、雷害対策に特化した事業を国内外で展開しています。ABEイニシアティブ注1で神戸情報大学院大学に留学していたルワンダからの研修員をインターンとして受け入れたことがきっかけとなってルワンダにおける雷害について知り、自社の技術をルワンダで活用できないか検討を開始しました。

専務の吉田 厚氏は、「研修員の一人であるムガルラ・アミリ氏から、ルワンダの落雷被害の現状を聞き、共に現地調査を始めたところ、海外製の雷害対策製品はあるものの十分な対策がとられていないことがわかりました。また、国際標準が主流となっている雷害対策のための規格化・標準化が未整備でした。」と当時の様子を振り返ります。

音羽電機工業（株）は2016年、日本が長期にわたって支援してきた現地のエンジニア養成校、トゥンバ高等技術専門学校で現地のエンジニアと共に雷害対策を行い、避雷器の適切な設置や管理によって落雷から機器を守るノウハウをルワンダ公共事業規制局に示しました。当初は音羽電機工業（株）が独自に現地調査を行っていましたが、このような雷害対策の調査、コンサルティングおよび施工をルワンダで事業として継続し、対策を広めていくには、現地の情報やネットワークを有するJICAの協力が不可欠だと考え、中小企業・SDGsビジネス支援事業注2に応募しました。

診療所での雷害対策について現地の協力スタッフと協議する様子（写真：音羽電機工業株式会社）

2017年に案件化に向けた調査事業の採択を受け、2019年には「ルワンダ国ICT産業発展を支えるインフラへの雷害対策の普及・実証・ビジネス化事業」が採択されました。また、社内にアフリカ事業室を立ち上げてルワンダでの雷害対策に取り組んでいます。現地の協力スタッフが日本で技術や知識を習得し、避雷器の設置や管理、コンサルティングなどの研修を受けるとともに、日本から年に2回から3回、1ヶ月ほどの期間をかけてルワンダを訪問して、現地スタッフによる現地調査・施工をサポートしています。本プロジェクトのきっかけを作った最初のインターン生であるアミリ氏は帰国後、現地でソフトウェ

兵庫県の本社で、インターンとして日本の技術を学ぶアミリ氏（写真右）（写真：音羽電機工業株式会社）

ア会社を立ち上げていますが、音羽電機工業（株）の現地での活動でもパートナーとして中心的な役割を担っており、雷害対策の技術コンサルティングを一緒に行っています。海外事業を担当する吉田修太郎取締役は、「ルワンダ公共事業規制局の関係者が来日した際は、実際に当社の技術や雷害対策を見てもらいました。雷害は技術力で防ぐことができると理解してもらったことで、ルワンダ政府も自ら対策強化を推進するようになりました。」と語ります。

また、吉田専務は、雷のしくみや落雷から身を守る行動について教育の必要性も感じているといいます。音羽電機工業（株）は京都大学の協力の下、日本の小学生と共に遊びながら避難行動を学ぶことができる「雷おにごっこ」を考案し、アミリ氏を通じてルワンダのこどもたちに避雷教育を普及させる活動も行っています。吉田専務は「よい技術を導入しても、その必要性がわからなければ本当の価値は発揮されません。こどもたちに避雷教育を行うことで、雷被害を防ぐために正しく行動できる未来を作ってもらいたいと思っています。」と期待を寄せています。

吉田取締役は今後の展望について、「雷害対策の重要性を理解する人を一人でも多く増やし、時間をかけてでもルワンダの課題解決の取組を支え続けることを第一に考えています。現地パートナーであるアミリ氏および研修を受けた現地の技術者と共に新たな産業を生み出し、人々の生活を豊かにすることが目標で、その中で当社のビジネスも発展させていきたいと思います。」と語ります。

注1　145ページの用語解説を参照。
注2　130ページの用語解説を参照。

■科学技術・イノベーション促進、研究開発

現在、世界では、製造業やサービス業にとどまらず、農業や建設を含む多様な産業分野で情報通信技術（ICT）、人工知能（AI）、ロボット技術などが活用され、社会変革が生じています。

国連は、「持続可能な開発のための2030アジェンダ（2030アジェンダ）」注25（パラグラフ70）に基づき、国連機関間タスクチーム（UN-IATT）を設立し、各国との連携の下、地球規模でのSDGs達成のための科学技術イノベーション（STI for SDGs）を推進しています。2023年もSDGsに関する国連STIフォーラムが開催され、限られた資源を最大限活用しながらSDGsを達成するための「切り札」として、STIへの国際的な期待が高まっています。

日本は、これまでの経済発展の過程で、STIを最大限活用しながら、保健・医療や環境、防災などの分野で自国の課題を克服してきた経験を有しています。そうした経験を基礎として、開発途上国が抱える課題解決のため、「地球規模課題対応国際科学技術協力プログラム（SATREPS）」解説などを通じて、科学技術面での協力に取り組んでいます。ODAと科学技術予算を連携させたSATREPSは、科学技術分野に関する日本と開発途上国の研究機関・研究者間の共同研究への支援として2008年に始まり、2023年度までに、世界56か国において191件の研究プロジェクトが採択されています。砂漠化対処に向けた、エチオピアにおける持続可能な土地管理フレームワークの開発は、課題解決に貢献するSATREPSの好例といえます。(95ページの「匠の技術、世界へ」も参照)

UN-IATTはSTI for SDGsのためのロードマップ策定を世界各国で促進させるため、インド、ウクライナ注26、セルビア、エチオピア、ガーナ、ケニアの6か国のパイロット国をはじめとした、「グローバル・パイロット・プログラム」を実施しています。このプログラムにおいて、日本は、2020年度から2022年度まで、世界銀行への拠出を通じて、ケニアに対して、農業分野での支援を実施しました。加えて、2020年度から、国連開発計画（UNDP）への拠出を通じ、開発途上国においてSTIによる社会課題解決へ向けた事業化検討を行う日本企業を支援するとともに

マレーシア・クアラルンプール市のマレーシア日本国際工科院における電子顕微鏡研究室での研究の様子（写真：JICA）

、この支援を通じて得られた知見を開発途上国間で共有するための取組を進めています。

研究開発に関する支援として、日本は、工学系大学への支援を強化することで、人材育成への協力をベースにした次世代のネットワーク構築を進めています。

アジアでは、日本式工学教育の確立を目指して設立されたマレーシア日本国際工科院（MJIIT）に対し、教育・研究用の資機材の調達や教育課程の編成を支援しているほか、日本の大学と教育研究に係る協力を行っています。2023年現在、日本国内の29大学および2研究機関などによりコンソーシアムが組織されており、共同研究や交換留学などを通じ、日本とマレーシアとの間の人的交流も促進されています。2023年には、日本の大学や産業界との連携を強化するため、MJIIT内に、窓口となるマレーシア・ジャパンリンケージオフィスが設立されました。

2012年から、タイのアジア工科大学院（AIT）において、日本人教官が教鞭を執るリモートセンシング（衛星画像解析）分野の学科に所属する学生に奨学金を拠出しており、アジア地域の宇宙産業振興の要となる人材の育成に貢献しています。

日本とエジプトは、エジプト日本科学技術大学（E-JUST）における協力を2008年から実施しています。同大学は、「日本型の工学教育の特徴をいかした、少人数、大学院・研究中心、実践的かつ国際水準の教育の提供」をコンセプトに設立されました。日本国内の大学の協力を得て、カリキュラム開発や教員派遣等の支援が行われ、工学系の大学院大学として開学後、

注25 32ページの用語解説を参照。
注26 2021年から。

現在は工学部や理学部、国際ビジネス人文学部等も開設しています。日本の研究者との共同研究や共同指導、日・エジプト両政府で取り組む留学生事業や国際化、日本企業との連携等の成果が高く評価され、2023年9月発表の英教育データ機関（THE）の世界大学ランキングでは、E-JUSTがエジプトの大学でトップ、アフリカ大陸で7位の評価となり、世界でも601位から800位の間に位置付けられました。同大学は中東・アフリカ地域からの留学生受入れも支援しており、同地域における産業・科学技術人材の育成に貢献しています（インド工科大学ハイデラバード校整備計画については、80ページの「国際協力の現場から」を参照）。

用語解説

地球規模課題対応国際科学技術協力プログラム（SATREPS：Science and Technology Research Partnership for Sustainable Development）

日本の優れた科学技術とODAとの連携により、環境・エネルギー、生物資源、防災および感染症といった地球規模課題の解決に向け、(1) 国際科学技術協力の強化、(2) 地球規模課題の解決につながる新たな知見や技術の獲得、これらを通じたイノベーションの創出、(3) キャパシティ・ディベロップメントを目的とし、日本と開発途上国の研究機関が協力して国際共同研究を実施する取組。外務省とJICAが文部科学省、科学技術振興機構（JST）および日本医療研究開発機構（AMED）と連携し、日本側と途上国側の研究機関・研究者を支援している。

(3) 質の高いインフラ

開発途上国の自律的発展には、人々の生活や経済活動を支え、国の発展の基盤となるインフラが不可欠です。しかし、開発途上国では依然として膨大なインフラ需要があり、2040年までのインフラ需給ギャップは約15兆ドルとも推計されています 注27。開発途上国において、「質の高い成長」 注28 を実現するためには、この膨大なインフラ需要に応える必要がありますが、ただ多くのインフラを整備するだけでなく、開放性、透明性、ライフサイクルコストからみた経済性、債務持続可能性等を考慮していくことが非常に重要です。

日本は、海上・航空等の安全管理、防災・強靱化技術、気候変動・環境の対応に資する都市開発、安全・安心の交通システム、電力・エネルギーインフラや水供給等に強みを有しています。これらの強みをいかして相手国の社会課題解決につなげるため、開発途上国の経済・開発戦略に沿った形でインフラ整備というハード面の支援に、制度整備、運営・維持管理、人材育成などのソフト面での協力を組み合わせることにより、「質の高いインフラ」解説 の整備を推進しています。

日本の取組

日本は、より多くの人々が良質なインフラを利用できるよう「質の高いインフラ」の国際スタンダード化を目指し、国際社会と連携して「質の高いインフラ」の重要性を発信してきました。2016年5月に日本が議長国として開催したG7伊勢志摩サミットで合意された「質の高いインフラ投資の推進のためのG7伊勢志摩原則」が、「質の高いインフラ投資」の基本的な要素について認識を共有する第一歩となり、2019年6月に日本が議長国として開催したG20大阪サミットでは、質の高いインフラ投資の促進に向けた戦略的方向性を示す「質の高いインフラ投資に関するG20原則」 注29 が承認されました。日本は、各国や国際機関とも連携し、その普及・実施に取り組んでおり、「質の高いインフラ投資」の重要性については、様々な二国間会談や多国間会議の場において確認されてきています。

インドネシアに対する有償資金協力「ジャカルタ都市高速鉄道事業（フェーズ2）（第一期）」で建設中の駅舎と車両（写真：JICA）

注27　G20グローバル・インフラストラクチャー・ハブ（GIH）による推計。
注28　31ページの用語解説を参照。
注29　40ページの用語解説「質の高いインフラ」を参照。

2022年6月のG7エルマウ・サミットでは、世界のインフラ投資ギャップを埋めるため、G7が連携して質の高いインフラ投資を促進するためのイニシアティブであるグローバル・インフラ投資パートナーシップ（PGII）注30が立ち上げられました。G7は、PGIIの下、5年間で、質の高いインフラに特に焦点を当てた公的および民間投資において最大6,000億ドルを共同で動員することを目指す旨を表明しました。岸田総理大臣は、「質の高いインフラ投資に関するG20原則」に沿ってインフラ投資を促進するため、650億ドル以上のインフラ支援と民間資金の動員の実現を目指していくことを表明し、今後もG7をはじめとする各国との連携を深めていく旨述べました。

2023年5月のG7広島サミットでは、岸田総理大臣はPGIIに関するサイドイベントを開催し、初めて民間セクターを招待しました。その中で岸田総理大臣は、PGIIの取組やPGIIの下での日本の取組を紹介するとともに、インフラ支援と民間資金の動員に向けて、アジア、アフリカ、大洋州を含め世界各地でインフラ投資を進めてきていること、質の高いインフラ投資が更に促進されるよう取り組んでいくことを表明しました（G7広島サミット詳細は6ページの第I部2を参照）。

2023年6月のOECD閣僚理事会で発出された閣僚声明においては、「質の高いインフラ投資に関するG20原則」やPGIIなどを通じて、質の高い、信頼でき、持続可能かつ強靱なインフラ投資を促進することにコミットするとともに、ブルー・ドット・ネットワーク（BDN）注31のような認証スキーム等を推進する重要性を認識することが確認されました。

岸田総理大臣は、2023年9月のG20ニューデリー・サミットの機会に開催されたPGIIに関するサイドイベントにも出席し、多様な主体と連携しつつ、日本がPGIIの具体化に向けた取組を主導していくことを表明しました。

このサイドイベントにおいて、岸田総理大臣は、南アジアでの主要な取組の一つとして、日本がインド・ニューデリーで地下鉄建設を始め様々な交通インフラの整備に取り組み経済成長を後押ししてきたことを紹

インドの「ムンバイ・アーメダバード間高速鉄道建設計画」におけるフルスパンキャスティング組立（高架橋桁の一括製作の工法）の様子（写真：インド高速鉄道公社（NHSRCL））

介し、今後日本は、これまでの成果を更に一歩進め、サプライチェーンを含む幅広い分野に支援の輪を広げ、連結性を強化していくことを表明しました。さらに、インドの「北東州道路網連結性改善計画」などの北東部開発を、バングラデシュとの「ベンガル湾産業成長地帯（BIG-B）」構想と有機的に結び付けることで、ベンガル湾全体の産業バリューチェーンの構築にも取り組む考えを表明しました。

ASEANにおいては、カンボジアのシハヌークビル港、インドネシアのパティンバン港やジャカルタ都市高速鉄道、フィリピンのマニラ首都圏地下鉄など、多くの交通インフラ整備事業を進めてきました。2023年9月のASEAN関連首脳会議のサイドイベントにて、ハード・ソフト両面での協力を推進する「日ASEAN包括的連結性イニシアティブ」を発表し、こうした従来の交通インフラ整備に加えて、デジタル・海洋協力・サプライチェーン・電力連結性・人・知の連結性といった分野でも連結性強化を支援していくことを打ち出しました。

太平洋島嶼国における取組として、2021年12月に日本、米国、オーストラリア、キリバス、ナウル、ミクロネシア連邦の6か国が連名で発表した、東部ミクロネシア海底ケーブルの日米豪連携支援については、2023年6月に海底ケーブルに関する調達契約が締結されるなど、プロジェクトを着実に進めています。このように日本は、米国、オーストラリアを始めとする同志国などと連携しつつ、「自由で開かれたインド太平洋（FOIP）」の実現のため、インド太平洋地域における連結性を強化するICT分野の質の高いイン

注30 Partnership for Global Infrastructure and Investmentの略。持続可能で包摂的、かつ強靱で質の高いインフラへの公的および民間投資を促進するためのG7の共通のコミットメント。

注31 2019年11月以来、米国が主導する形で、日本、米国、オーストラリアが創設を目指す、開発途上国における質の高いインフラ案件に国際的な認証を与えるための枠組み。

フラ整備を引き続き支援していきます。

アフリカ地域においては、2022年8月にチュニジアで開催された第8回アフリカ開発会議（TICAD 8）で、質の高いインフラ整備や国境でのワンストップ・ボーダーポスト整備を通じたアフリカの社会基盤整備に加えて、地域としての連結性強化に資する取組などを打ち出しました。

日本政府は今後も、世界の質の高い成長のため、「質の高いインフラ投資に関するG20原則」を国際社会全体に普及させ、アジアを含む世界の国々や世界銀行、アジア開発銀行（ADB）、OECD等の国際機関と連携し、「質の高いインフラ投資」の実施に向けた取組を進めていく考えです。

ラオスでの「グリッドコード整備および運用体制強化による電力品質向上プロジェクト」における国家中央給電所メンバーと日本人専門家チーム（写真：JICA）

用語解説

質の高いインフラ
自然災害などに対する「強靱性」、誰一人取り残されないという「包摂性」、社会や環境への影響にも配慮した「持続可能性」を有し、真に「質の高い成長」に資するインフラのこと。2019年6月のG20大阪サミットにて、（1）開放性、（2）透明性、（3）ライフサイクルコストから見た経済性、（4）債務持続可能性といった、「質の高いインフラ」への投資にあたっての重要な要素を盛り込んだ「質の高いインフラ投資に関するG20原則」が承認された。

案件紹介 ①

日本の技術をいかしてムンバイ都市圏をつなぐインフラ整備

ムンバイ湾横断道路建設計画

有償資金協力（2017年3月～2024年3月）
インド

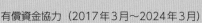

インドでは近年急速な都市化が進む一方で、公共交通インフラ整備が十分に進んでいないことから、大都市圏において交通渋滞が深刻化し、渋滞に伴う経済損失が経済開発への障害となっています。特に、インド西海岸に面する、日本企業も多数進出する国内最大規模の都市圏であるムンバイ都市圏、その中心ムンバイ市は世界有数の人口過密都市であり、ムンバイ市を擁するマハーラーシュトラ州政府は、同都市圏の広域的な経済発展のため、ムンバイ市の産業を対岸のナビムンバイ地域へ誘致し、都市開発を進めてきましたが、両地域を結ぶ交通手段は、ムンバイ湾を周回する道路と鉄道各1本のみであり、連結性の低さが課題となっていました。

本事業では、ムンバイ都市圏内の連結性向上を図るため、ムンバイ中心部から開発が進むナビムンバイ地域を、ムンバイ湾上を横断して接続する、全長約18kmの海上道路および全長約4kmの陸上アプローチ道路を建設しています。また、建設には鋼床版箱桁（OSD）注1と呼ばれる日本の技術がインドで初めて活用されており、OSDによる一括架設は工期短縮や環境配慮につながっています。

本事業によって、これまで1時間かかっていたムンバイ中心部とナビムンバイ地域間の移動が、4分の1の約15分に短縮される見込みです。日本企業も多数進出するムンバイ都市圏の連結性の向上は、同地域の経済発展を促進するとともに、州内の他地域に進出している日本企業にも裨益することが期待されます。

海上での鋼床版箱桁（OSD）架設作業（写真：MMRDA/L&T-IHI Consortium）

注1 鋼床版と鋼箱桁を組み合わせた鋼構造の橋梁形式。軽量かつ全て鋼構造であるため施工精度のばらつきが少なく、精度の高い施工が可能となる。また、一般的なPC斜張橋と比べ、橋梁の高さが低いのが特徴であり、本事業では、事業地に生息する鳥類に配慮して、この形式が選択された。

（4）債務問題への取組

公的金融による支援は、開発途上国の経済成長を促進するために活用されますが、経済・財政政策の失敗や国際的な経済環境の変化等によって、開発途上国の債務の返済が困難となった場合には、本来必要な財政支出を圧迫し、開発途上国の債務は持続的成長を阻害する要因となり得ます。本来は、債務国自身が経済・財政改革努力などを通じて、自ら解決しなければならない問題ですが、過大な債務が開発途上国の維持・発展の足かせになっている場合には、国際社会による対応が必要になります。

債務問題への国際的な取組については、これまでも重債務貧困国（HIPC）解説に対する拡大HIPCイニシアティブ 注32 やパリクラブ 注33 のエビアン・アプローチ 注34 などで債務救済が実施されています。しかし、近年、一部の低所得国においては、債務救済を受けたにもかかわらず、公的債務の累積とともに民間債務の累積が加わり、債務持続可能性の悪化が再び懸念されています。この背景として、債務国側では、自国の債務データを収集・開示し、債務を適切に管理する能力が不足していること、債権者側では、資金供給の担い手が多様化しており、パリクラブによる貸付割合が減少する一方で、担保付貸付等の非伝統的かつ非譲許的な貸付を含む、新興債権国や民間債権者による貸付割合が増加していることが指摘されています。

新型コロナウイルス感染症の拡大は低所得国の債務問題に大きな影響を及ぼしました。これに対し、G20およびパリクラブは、2020年4月に「債務支払猶予イニシアティブ（DSSI）」解説を立ち上げ、低所得国が抱える公的債務の支払いを一時的に猶予する措置を実施しました。DSSIの下で、2020年5月から2021年12月までに、48か国が恩恵を受け、少なくとも合計129億ドルの債務支払猶予が行われたと推計 注35 されています。DSSIは2021年12月末に終了しましたが、その後は2020年11月に合意された「DSSI後の債務措置に係る共通枠組」解説の下で、G20およびパリクラブの債権国が共に債務措置を実施する取組が進められています。

低所得国を始めとする各国の債務持続可能性に大きく影響を与え得る要素の一つとして、インフラ投資が挙げられます。港湾、鉄道といったインフラ案件は額が大きく、その借入金の返済は借りた国にとって大きな負担となることがあります。インフラ案件への融資を行う場合には、貸す側も借りる側も債務持続可能性について十分に考慮することが必要です。債務持続可能性を考慮しない融資は、「債務の罠（わな）」として国際社会から批判されています。

「質の高いインフラ投資に関するG20原則」 注36 には、個々のプロジェクトレベルでの財務面の持続可能性に加え、国レベルでの債務持続可能性を考慮することの重要性が盛り込まれているほか、開放性、透明性、ライフサイクルコストを考慮した経済性といった原則も盛り込まれています。G20各国は自らが行うインフラ投資においてこれらの原則を国際スタンダードとして実施すること、また融資を受ける国においてもこれらの原則が実施されるよう努めることが求められています。

日本の取組

日本は、円借款の供与にあたって、被援助国の協力体制、債務返済能力および運営能力、ならびに債権保全策などを十分検討して判断を行っており、ほとんどの場合、被援助国から返済が行われています。しかし、例外的に、円借款を供与する時点では予想し得なかった事情によって、返済が著しく困難となる場合もあります。そのような場合、日本は、前述の拡大HIPCイニシアティブやパリクラブにおける合意等の国際的な合意に基づいて、必要最小限に限って、債務の繰延 注37 、免除、削減といった債務救済措置を講じています。2023年末時点で、日本は、2003年度以降、33か国に対して、総額で約1兆1,290億円の

注32　1999年のケルン・サミット（ドイツ）において合意されたイニシアティブ。

注33　特定の国の公的債務の繰延に関して債権国が集まり協議する非公式グループ。フランスが議長国となり、債務累積国からの要請に基づき債権国をパリに招集して開催されてきたことから「パリクラブ」と呼ばれる。

注34　「パリクラブの債務リストラに関する新たなアプローチ（エビアン・アプローチ）」。重債務貧困国以外の低所得国や中所得国が適用対象となり、従来以上に債務国の持続性に焦点を当て、各債務国の状況に見合った措置を個別に実施する債務救済方式。

注35　世界銀行ホームページ（https://www.worldbank.org/en/topic/debt/brief/covid-19-debt-service-suspension-initiative）参照。

注36　40ページの用語解説「質の高いインフラ」を参照。

注37　債務救済の手段の一つであり、債務国の債務支払の負担を軽減するために、一定期間債務の返済を延期する措置。

① 「自由で開かれたインド太平洋（FOIP）」のための新たなプラン

アジア太平洋からインド洋を経て中東・アフリカに至るインド太平洋地域は、世界人口の半数を擁する世界の活力の中核です。この一帯の各国・地域、そして、理念を共有する幅広い国際社会のパートナーと共に法の支配に基づく自由で開かれた秩序を構築するため、日本は2016年に「自由で開かれたインド太平洋（FOIP：Free and Open Indo-Pacific）」を提唱し、その実現に向けた取組を進めてきました。

2023年3月20日、インドを訪問した岸田総理大臣は「インド太平洋の未来～『自由で開かれたインド太平洋』のための日本の新たなプラン～ "必要不可欠なパートナーであるインドと共に"」と題する政策スピーチを行い、（1）「平和の原則と繁栄のルール」、（2）「インド太平洋流の課題対処」、（3）「多層的な連結性」、（4）「『海』から『空』へ拡がる安全保障・安全利用の取組」をFOIP協力の4つの柱とする、「自由で開かれたインド太平洋（FOIP）」のための新たなプランを発表しました。

新たなプランでは、国際社会の歴史的転換点において、「自由」、「開放性」、「多様性」、「包摂性」、「法の支配」を中核とするFOIPの理念を改めて示しつつ、FOIPを実現するための取組を強化することとしています。そうした取組の一つとして、岸田総理大臣から、2030年までにインフラ面で官民合わせて750億ドル以上の資金をインド太平洋地域に動員し、各国と共に成長していく旨を発表しました。

2023年6月に改定された開発協力大綱においては、日本の開発協力の重点政策として、法の支配に基づく自由で開かれた国際秩序の維持・強化を掲げています。その中で、特に、FOIPのビジョンの下、こうした取組を進めるとともに、開発途上国がそれに主体的に関与し、力や威圧の影響を受けず、その果実を享受できるようにするための協力を行うことを力強く打ち出しました。

日本は、FOIPのための新たなプランの4つの柱にも沿う形で、様々な取組を推進してきています。インドネシアのジャカルタ首都圏東部パティンバンへの新港の建設もその一例です。パティンバン港のコンテナターミナルは、自動車ターミナル等を建設することにより、首都圏の物流機能強化を図るものです。これにより、ジャカルタ首都圏の港湾の容量不足の解消や貨物物流の効率化を通じた輸出の促進を図り、地域・国際経済の連結性強化等を後押ししていきます。パティンバン港は、日系工場を含む自動車関連企業からのアクセスも良く、インドネシアからの輸出の活発化に寄与し、日本企業にも裨益することが見込まれています。

この例からも分かるように、連結性の確保を通じて、物流の円滑化を促進することは、日本企業の域内輸出、海外展開の促進にもつながります。また、インド太平洋における連結性の実現に向け、日本は「質の高いインフラ」整備を支援しており、開発途上国への日本独自の技術協力や人材育成を通じて、日本企業のODA受注力や日本の信頼の向上にもつながるよう取り組んでいます。

インド世界問題評議会において政策スピーチを行い、FOIPのための新たなプランを発表する岸田総理大臣（写真：内閣広報室）

動画「インド太平洋の未来～自由で開かれたインド太平洋（FOIP）のための新たなプラン」

インドネシア・パティンバン港のアクセス道路（写真：株式会社オリエンタルコンサルタンツグローバル）

また、日本は、海洋の平和と安全の確保にも貢献しています。例えば、非常に多くの日本関連船舶が航行する物流の要所であるマラッカ・シンガポール海峡において、日本はODAを活用し、沿岸諸国の海賊取締り能力向上を支援し、発生件数の減少につなげています。また、インド洋においても、海難救助のための海上保安機関の能力向上支援、海図作成のための技術協力、船舶通行支援サービス（VTS）に関する支援を実施し、海上交通の安全の確保に貢献しています。

さらに、日本は、法制度整備支援や司法改革支援により、開発途上国における法の支配の普及・定着も強化しています。国際社会が複合的な危機を迎える中において、こうした取組はますます重要です。開発途上国におけるグッド・ガバナンスの確立、持続的成長の実現のために不可欠な基盤作り、日本企業の海外展開に有効な貿易・投資環境の整備へ貢献しています。

島国である日本は、世界第4位の貿易大国であり、その産業と生活は、海上輸送物資に大きく依存しています。こうした観点からも、連結性の確保、シーレーンの安全確保は、日本の経済、エネルギー、食料の安全保障の観点からも重要です。透明性の高いルールに支えられ、様々な人・物・知恵が活発に行き交う「自由で開かれたインド太平洋（FOIP）」の存在なくして、日本およびこの地域の安定と繁栄はあり得ません。日本はこれからも、ODAを中核とした開発協力のインパクトの最大化を目指しつつ、FOIPの実現を進めていきます。

JICAおよび海上保安庁によるマレーシア海上法令執行庁向け逮捕術コース研修の様子

カンボジアにおける「法・司法分野人材育成プロジェクト」での裁判官、検察官学校の学生を対象としたセミナーの様子（写真：JICA）

円借款債務を免除しています。債務救済の取組として、2023年1月、ウクライナに対する債務救済措置（債務支払猶予方式）のための書簡を交換しました。8月には、アルゼンチン政府との間で延滞債務の一部を繰り延べする書簡を交換しました。また、スリランカの債務再編を交渉する債権国会合の共同議長としてプロセスを主導し、11月に同債権国会合とスリランカ政府との間で債務再編の基本合意に至りました。

2022年8月に開催したTICAD 8では、2023年から2025年を対象期間とする「アフリカの民間セクター開発のための共同イニシアティブ」^{解説}第5フェーズ（EPSA5）の下で、債務の透明性・持続可能性の向上を含めた改革に取り組み、債務健全化に着実かつ顕著な前進が見られる国を支援するため、新たに設置

する特別枠最大10億ドルを含む、最大50億ドルの資金協力を表明し、取組を進めています。

日本は、「質の高いインフラ投資に関するG20原則」の重要な要素である債務持続可能性の確保の観点からも、JICAによる研修や専門家派遣、国際機関への拠出等を通じ、開発途上国の財務省幹部職員の公的債務・リスク管理に係る能力の向上に取り組んでいます。例えば、2022年度は、ケニア、エチオピア等29か国31人の行政官に対する偶発債務リスク管理に係る世界銀行との連携による研修、国際通貨基金（IMF）・世界銀行の各信託基金への新たな資金拠出など、債務国の能力構築に向けた支援を実施しています。

用語解説

重債務貧困国（HIPC：Heavily Indebted Poor Countries）
貧しく、かつ重い債務を負っているとして、包括的な債務救済枠組である「拡大HIPCイニシアティブ」の適用対象となっている、主にアフリカ地域を中心とする39の開発途上国。

債務支払猶予イニシアティブ（DSSI：Debt Service Suspension Initiative）
新型コロナの感染拡大による影響から流動性危機に直面する低所得国につき、その債務の支払いを一時的に猶予する枠組み。2020年4月にG20および主要債権国会合であるパリクラブは、2020年5月から同年12月末までの間に支払期限が到来する債務を猶予することに合意し、その後、支払猶予期間を二度延長した（2020年10月に2021年6月までの期間延長、2021年4月に2021年12月末までの期間延長に合意）。2022年2月23日時点で、42か国の開発途上国がパリクラブと覚書を交わしている。

DSSI後の債務措置に係る共通枠組
2020年11月にG20およびパリクラブで合意された低所得国に対する債務救済をケースバイケースで行うための枠組み。中国を始めとする非パリクラブ国を巻き込んだ形で、合同で債務措置の条件を確定することを初めて約束したもの。

アフリカの民間セクター開発のための共同イニシアティブ（EPSA：Enhanced Private Sector Assistance for Africa）
日本が、2005年にアフリカ開発銀行（AfDB）と共に、民間主導の経済成長を促進していくため立ち上げた協調枠組み。2022年8月のTICAD 8において、日本とAfDBは、2023年から2025年を対象期間とする第5フェーズ（EPSA5）の下で、最大50億ドルの資金協力を行うことを発表。これは、通常枠40億ドルと、債務の透明性・持続可能性の向上を含めた改革に取り組み、債務健全化に着実かつ顕著な前進が見られる国を支援するため、日本が新たに設置する特別枠最大10億ドルを合わせたもの。

❷ 平和・安全・安定な社会の実現、法の支配に基づく自由で開かれた国際秩序の維持・強化

（1）平和構築支援と難民・避難民支援

国際社会では依然として、民族・宗教・歴史の違いなど様々な要因や、貧困や格差などの影響によって地域・国内紛争が発生しています。近年の地政学的な国家間競争の激化や緊張の高まり、既存の国際的秩序への挑戦的な主張を強める国々の台頭も、世界の経済・社会、安定に大きな負の影響をもたらしています。

紛争は、多数の難民や避難民を発生させ、人道問題を引き起こし、長年にわたる開発努力の成果を損ない、大きな経済的損失をもたらします。ある国や地域の紛争の影響は、世界全体に何らかの形で影響を及ぼすものであり、このような紛争の長期化も課題となっています。2022年に発生したロシアによるウクライナ侵略、2023年10月に発生したハマス等によるテロ攻撃以降のイスラエル・パレスチナ情勢は、深刻な人道危機に拍車をかけており、世界の経済・社会、安定に大きな負の影響をもたらしています。気候変動が平和と安定に及ぼす影響についても懸念されています。このように国際社会の課題が複雑化・多様化する中で、持続的な平和の定着のため、開発の基礎を築くことを念頭においた平和構築の取組はますます重要になっています。

日本の取組

■ 平和構築支援

紛争などによる人道危機への対応として、日本は初

コロンビア「平和構築に資する包摂性を確保した農業農村開発事業強化プロジェクト」で、カカオ農園を視察する日本人専門家（写真：JICA）

期の段階から、緊急に必要とされる人道支援を中長期的な開発協力を見据えて行う「人道と開発の連携」を推進しています。人道危機が長期化・多様化する中、平時から中長期的な観点に立った強靱な国造りや社会安定化といった平和の持続のための支援を行う人道・開発・平和の連携（HDPネクサス）注38 の考え方も重視しています。各国・地域において、自立的発展を後押しし、危機の根本要因に対処するため、人道支援、貧困削減・経済開発支援、平和構築や紛争再発予防の支援を継ぎ目なく展開しています。

継ぎ目ない支援を行うため、日本は、国際機関を通じた支援と、無償資金協力、有償資金協力、および技術協力といった支援を組み合わせて、紛争下における難民・避難民に対する人道支援や、紛争終結後の和平（政治）プロセスに向けた選挙支援を実施しています。平和の定着と紛争の再発防止を目的とした、元兵士の武装解除、動員解除および社会復帰（DDR：Disarmament、Demobilization、Reintegration）、治安部門改革、行政・司法・警察機能の強化に関する支援も実施しています。経済インフラや制度整備支援、保健や教育などの社会分野での支援も行っています。ホストコミュニティとの共存のための支援、難民・避難民の帰還、再定住への取組のほか、基礎インフラ（経済社会基盤）の復旧といった復興のための支援にも取り組んでいます。これら取組においては、国連安保理決議第1325号を始めとした、平和構築における女性の役割が重要であるとする一連の国連安保理決議に基づいて、紛争の予防や解決、平和構築への女性の参画促進に積極的に取り組んでいます（女性・平和・安全保障（WPS）については83ページを参照）。

ロシアによるウクライナ侵略において性的暴力被害が確認されていることを受け、2023年には、国連女性機関（UN Women）を通じて、ウクライナおよび近隣国において、約2,000人の性的暴力被害者の女性を含む戦争の影響を受けた避難民女性・女児に対して保護、カウンセリングや必要なサービスの提供を

注38 人道（Humanitarian）、開発（Development）、平和（Peace）の頭文字をとったもの。人道支援と並行して、難民の自立支援や受入れ国の負担軽減のための開発協力を行い、さらに根本的な原因である紛争の解決・予防に向けた平和の取り組みを進めるアプローチ。

行ったほか、約1,500人の女性・女児に対して生計維持のための語学や基本的な生活技能の訓練等を実施しました。

国際社会では、国連平和構築委員会（PBC）解説などの場において、紛争の解決や予防、紛争後の復旧や国造りに対する支援の在り方に関する議論が行われています。日本は設立時からPBCに参加し、制度構築や人材育成に取り組む重要性や、関係機関（国連安全保障理事会、国連総会、PBC等の国連機関、ドナー国、地域的機関、世銀・IMF等の国際金融機関、民間セクター等）の間での連携強化の必要性を伝えるなど、積極的に貢献してきています。国連平和構築基金（PBF）解説にも、2023年12月時点で総額6,307万ドルを拠出し、主要ドナー国として貢献してきています。日本は2023年1月から2年間、安保理非常任理事国を務めており、2023年1月の議長月には平和構築に関する安保理公開討論を主催するなど、任期中の優先事項の一つとして、国連における平和構築の取組に貢献しています。

日本は、従来、国連平和維持活動（国連PKO）などの国際平和協力活動と開発協力の連携に努めてきています。実際、国連PKOが行われている国や地域では、紛争の影響を受けた避難民や女性・こどもの保護、基礎インフラの整備などの取組が多く行われており、その効果を最大化するために、このような連携を推進することが引き続き重要です。例えば、2023年にはイエメンにおいて、約4,500人のジェンダーに基づく暴力の被害者に対する支援を行ったほか、50人の保護サービス提供に携わる人を対象とした能力開発研修の実施や200人の女性に対する生計支援、100人を対象とした平和構築への女性の参画に向けた能力構築支援を行い、同国の平和と安定に向けた取組を促進しました。

日本は、国連、支援国および要員派遣国の3者が互いに協力し、国連PKOに派遣される要員の訓練等を行う協力枠組みである「国連三角パートナーシップ・プログラム（TPP）」にも積極的に貢献しています。同枠組みの下、例えば、アフリカおよびアジアの工兵要員を訓練するために、自衛隊員等を派遣して重機操作訓練を実施しているほか、医療分野において救命訓練実施のための自衛隊員派遣や国連PKOミッションの遠隔医療体制整備などに貢献しています。2023年9月の国連総会において、岸田総理大臣は、平和の担い手への支援を拡充することを表明しました。具体的には、アフリカ連合（AU）が主導する平和支援活動（AUPSOs）がアフリカの平和と安定に重要な役割を果たしていることから、TPPの枠組みにおいてAUPSOsに派遣される要員に対する訓練も実施すべく、約850万ドルを拠出することを決定しました。

その他、平和構築に従事する人材に求められる資質が多様化、複雑化していることに鑑み、日本は「平和構築・開発におけるグローバル人材育成事業」注39を通じて、現場で活躍できる国内外の文民専門家を育成しています。これまでに実施した国内研修には延べ950人以上が参加しました。修了生の多くが、アジアやアフリカ地域の平和構築・開発の現場で活躍しています。

■ **難民・避難民支援**

シリアやアフガニスタン、ミャンマー、ウクライナなどの情勢を受け、世界の難民・避難民等の数は年々増加しており、2022年には1億人を超え、第二次世界大戦後で最大規模を更新するなど、人道状況は厳しさを増しています。日本は2023年12月にジュネーブで行われた第2回グローバル難民フォーラム（GRF）の共催国を務め、こうした人道状況の悪化を食い止め、国内外の難民・避難民の自立や受入れ国の負担軽減のため、国際社会の団結と協力強化を呼びかけました（49ページの「開発協力トピックス」も参照）。人間の安全保障の観点からも、日本は、最も脆弱な立場にある人々の生命、尊厳および安全を確保し、一人ひとりが再び自らの足で立ち上がれるように、難民・避難民等に対する支援を含む人道支援を行っています。

具体的には、主に国連難民高等弁務官事務所（UNHCR）、国連世界食糧計画（WFP）、国際移住機関（IOM）を始めとする国際機関と連携して、シェルターや食料など基礎的な生活に必要な物資の支援を世界各地で継続的に実施しています。日本は、上記の

注39 2007年度に「平和構築人材育成事業」を開始し、2015年度には同事業の内容を拡大、「平和構築・開発におけるグローバル人材育成事業」（https://www.mofa.go.jp/mofaj/gaiko/peace_b/j_ikusei_shokai.html）となった。現場で必要な知識や技術を習得するための国内研修と国際機関の現地事務所での海外実務研修とを行う「プライマリー・コース」に加え、平和構築・開発分野に関する一定の実務経験を有する方のキャリアアップを支援する「ミッドキャリア・コース」を実施。

ウガンダで日本人専門家からコメ作りの指導を受ける難民（写真：JICA）

国連機関や国連パレスチナ難民救済事業機関（UNRWA）、赤十字国際委員会（ICRC）などの国際機関と連携することにより、治安上危険な地域においても、それぞれの機関が持つ専門性や調整能力などを活用し、難民・避難民等への支援を実施しています。例えば、2023年には、スーダンおよび周辺国に対して、スーダンにおける武力衝突により発生した難民および国内避難民などに対する支援として、WFPやUNHCR、IOMなどを通じて食料や生活必需品などを供与する緊急無償資金協力を実施しました。また、ジャパン・プラットフォーム（JPF）注40 を通じた日本のNGOによる緊急人道支援も行われています（50ページの「世界の現場で活躍する国際機関日本人職員」も参照）。

日本は、こうした国際機関を通じて難民・避難民等への支援を行う際、JICAやNGO、民間企業との連携を図っています。例えば、UNHCRが行う難民支援においては、JICAと連携し、緊急支援と復興支援を連携させた支援を実施しています。ジャパン・プラットフォーム（JPF）と連携した難民・避難民等への支援も行っています（133ページの「案件紹介」も参照）。

■ 対人地雷・不発弾対策および小型武器対策

かつて紛争があった国・地域には対人地雷や不発弾がいまだ残るとともに、非合法な小型武器が現在も広く流通しています。これらは、一般市民などに対して無差別に被害を与え、復興と開発のための活動を妨げるだけでなく、対立関係を深刻にする要因にもなりま

す。そのため、対人地雷や不発弾の処理、小型武器の適切な管理、地雷被害者の支援や対人地雷・不発弾対策関係者の能力強化などを通じて、こうした国・地域を安定させ、治安を確保するための持続的な協力を行っていくことが重要です。

日本は、「対人地雷禁止条約」および「クラスター弾に関する条約」の締約国として、人道・開発・平和の連携の観点から、地雷除去や被害者への支援に加え、リスク低減教育などの予防的な取組を通じた国際協力も着実に行っています。例えば、カンボジア地雷対策センター（CMAC）に対しては、国内外に対する研修機能の強化、組織運営部門の職員の育成や情報システム構築など、今後さらに国際的に貢献する組織となっていくためのCMACの組織全体の能力向上への協力や、地雷対策関係者に対する教育訓練環境の改善および訪問者への地雷問題の理解促進・啓発を図るため、CMACの研修施設や広報施設を建設する支援を行っています。

こうした包括的な支援により、CMACはコロンビアやラオスなど第三国の地雷・不発弾対策職員に対する研修のほか、2023年1月にはカンボジア国内で、同年7月にはポーランドにおいてウクライナ政府職員に対する地雷探知機の使用訓練や住民への啓蒙活動等も実施し、南南協力注41 の実現にも貢献しています。不発弾の被害が特に大きいラオスに対しては、CMACでの研修以外にも不発弾対策機関への専門家の派遣により、活動計画策定やモニタリングに関する実施能力の強化を行っているほか、同機関の活動を促進するための設備整備や地雷検知センサー等の必要機材の供与を行っています。日本はカンボジアをはじめ各地の地雷除去に長年協力してきた経験・知見を活用し、ウクライナの戦後復興において、住民の安心・安全の確保のみならず、生活、農業、産業の再建にも欠くことができない地雷や不発弾の処理に、積極的に協力しています。

日本は、ボスニア・ヘルツェゴビナにおいて、スロベニアに本部を置く国際NPOである人間の安全保障強化のための国際信託基金（ITF）が、ボスニア・ヘルツェゴビナ地雷行動センターと協力して実施している地雷除去活動を支援しており、西バルカン地域の連

注40 137ページの用語解説を参照。
注41 103ページの用語解説を参照。

結性向上にも貢献しています。

アフガニスタンにおいては、特定非営利活動法人難民を助ける会（AAR Japan）が、地雷や不発弾などの危険性と適切な回避方法に関する知識の普及を目的として、教材開発や講習会などの教育事業を、日本NGO連携無償資金協力（2009年度以降）やJPFによる事業（2001年度以降）を通じて実施しており、住民への啓発活動が着実に進められています。

日本は、こうした二国間支援に加え、国際機関を通じた地雷・不発弾対策を積極的に行っています。2023年には、アフガニスタン、シリア、パレスチナ、スーダン、ナイジェリア、南スーダンに対して、国連地雷対策サービス部（UNMAS）を通じて、地雷除去、危険回避教育、被害者支援などの地雷・不発弾対策支援を行っています。例えば、シリアでは、UNMAS経由で、爆発物事故の被害者への支援を行うとともに、被害者支援実施のための枠組み策定に取り組みました。2023年は他にも、国連児童基金（UNICEF）経由でイエメン、イラク、ウクライナ、チャド、中央アフリカ、パレスチナ、南スーダンにおいて危険回避教育に関する支援を実施しています。ICRCを通じて、アフガニスタン、ウクライナ、シリ

カンボジア地雷対策センター（CMAC）の研修複合施設における地雷探知犬の訓練の様子（写真：JICA）

ア、ミャンマー等でも危険回避教育などの支援を行っています。

小型武器は実際の紛争の場面で今もなお使われ、多くの人命を奪っていることから「事実上の大量破壊兵器」とも呼ばれており、日本は、グテーレス国連事務総長の「軍縮アジェンダ」（2018年）に基づいて設置された「人命を救う軍縮（SALIENT）」基金へのドナー国であるなど、小型武器対策の議論に積極的に貢献しています。

用語解説

国連平和構築委員会（PBC：Peacebuilding Commission）
2005年の安保理決議および総会決議に基づき設立された国連の安全保障理事会および総会の諮問機関。紛争後の平和構築と復旧のための統合戦略を助言・提案することを目的とし、安保理、総会等に対してブリーフィングの実施や書面の提出を通じた助言を提供する。日本はPBC設立時から一貫して、PBCの中核である組織委員会のメンバーを務めている。

国連平和構築基金（PBF：Peacebuilding Fund）
2006年に設立された基金。アフリカを始めとする地域で、地域紛争や内戦の終結後の再発防止や、紛争予防のための支援を実施。具体的には、和平プロセス・政治対話への支援、経済活性化、国家の制度構築、女性・若者の国造りへの参加支援などを実施。

開発協力トピックス ❷

第2回グローバル難民フォーラム
～共催国日本の取組～

世界の難民・避難民の数は、この10年で2倍を超え、世界中で故郷を追われた人々は、2022年に初めて1億人を超えました注1。この急増は、人災とも言える紛争が世界各地で長期化しているためです。難民が祖国に戻れない状況が続く中、ロシアによるウクライナ侵略等、新たな危機がさらなる難民を流出させています。近年の気候変動に伴う自然災害の激甚化もこうした状況をさらに悪化させています。

2018年の国連総会において、新たな難民支援の国際的な枠組みとして「難民に関するグローバル・コンパクト（GCR）」が採択され、（1）難民受入れ国の負担軽減、（2）難民の自立支援、（3）第三国での解決策の拡大、（4）安全で尊厳のある帰還環境整備、が目標として掲げられました。グローバル難民フォーラム（GRF）は、このGCRのフォローアップとして、難民問題の解決に向けた取組の共有と国際社会の連携を促すことを目的に4年に一度開催される国際会議です。2019年12月に第1回会合が開催されました。

2023年12月に開催された第2回GRFは、世界各国・地域から4,200人以上が参加し、フランス、コロンビア、ヨルダン、ウガンダと共に共催国を務めた日本からは、上川外務大臣が出席しました。

上川外務大臣は開会式において、悪化の一途をたどる人道状況を食い止めるためには、難民・避難民一人ひとりが夢を努力で実現できる未来の展望を持たなければならないことを強調しました。とりわけ脆弱な環境に置かれているのが女性とこどもであり、「女性・平和・安全保障（WPS）」注2の考え方が難民・避難民への対応を考える上で不可欠であることを指摘しました。また、日本の国内外における難民・避難民の自立支援や受入れ国の負担軽減に向けた取組を説明し、国際社会の団結と協力強化を強く呼びかけ、国際社会の連携のためのプラットフォームとして人道・開発・平和の連携（HDPネクサス）注3の取組を拡大することを表明しました。

第2回グローバル難民フォーラム開会式でステートメントを行う上川外務大臣

上川外務大臣は、GRFに参加した難民受入れ国であるヨルダン、レバノン、イラン、ウガンダと二国間会談を実施し、自らも困難を抱えながらも多くの難民を受け入れ、地域の平和と安定に貢

ウガンダにて、稲作ワークショップに参加する難民とホストコミュニティの人々（写真：JICA）

献していることを高く評価するとともに、各国の負担を軽減するために支援を強化する旨を表明しました。またフランスとの二国間会談では、両国首脳間で発表された日仏協力ロードマップを通して「特別なパートナー」である日仏協力を一層強化していくことで一致しました。

日本は、「WPS＋イノベーション～難民支援・人道支援の現場から～」と題する意見交換会をGRFに併せて主催し、上川外務大臣は国際移住機関（IOM）、国連難民高等弁務官事務所（UNHCR）、赤十

バングラデシュにて、ユニクロとUNHCRが協力して実施する、自立支援のための縫製技術訓練を受ける避難民女性（写真：株式会社ファーストリテイリング）

字国際委員会（ICRC）、国際赤十字・赤新月社連盟（IFRC）の代表者から、現場の課題や日本に期待する役割等について聞き取りを行いました。上川外務大臣からは、現下のウクライナや中東情勢だけでなく、アフリカや中南米の抱える問題にもWPSを具体的に活用するとともに、国際機関の知見を今後のWPSの視点を踏まえた国際支援にいかしていきたいと述べました。

第2回GRFでは、複数の国・団体等が、様々な支援についてマルチステークホルダー・プレッジ（MSP）を形成し、その下で協働することを推奨しています。HDPネクサス、ジェンダー平等、平和構築、教育等の分野で計43件のMSPが形成され、今後4年間で各MSPのリード国・団体等が主導していくこととなります。

注1 UNHCR「グローバル・トレンズ・レポート2022」
https://www.unhcr.org/global-trends-report-2022
注2 81ページの第III部3（6）を参照。
注3 45ページの注38を参照。

世界の現場で活躍する国際機関日本人職員[注1]
～難民・避難民支援の現場から～

新垣尚子
あらかきしょうこ

国連人口基金（UNFPA）　人道支援局長

モザンビークの国内避難民のキャンプで暮らす人々から話を聞く筆者（写真左）（写真：UNFPA）

　私は、2019年7月に創設されたUNFPA人道支援局の初代局長として、ジュネーブを拠点に活動しています。UNFPAは、150か国以上の女性や若者を対象にセクシュアル・リプロダクティブ・ヘルス[注2]に関する支援を行っています。人道支援局はこのうち、人道危機にある約60か国を中心に活動しています。災害や紛争などの緊急時には、ジェンダーに基づく暴力の対策チームや物資輸送のチームを派遣するなど、人と物の手配を統括しています。2023年11月、パレスチナのガザ地区での戦闘休止の際は、支援物資輸送のための航空機手配や物資貯蓄の管理も行いました。

　また、局長として各地の難民・避難民キャンプを視察し、実態を把握してより適切な人道支援を届けるよう心掛けています。今年はケニアやエチオピアの難民キャンプを訪れ、日本政府の支援による障害を持った難民のスポーツ活動や移動診療所の設置などを視察し、「人間の安全保障」を推進する取組が現地の方に受け入れられ、感謝されていることを実感しました。

　UNFPAは2030年までに妊産婦死亡やジェンダーに基づく暴力をゼロにする目標を掲げていますが、その多くは人道危機の現場で起こっています。他の国際機関、協力団体、日本をはじめとするドナー国と連携しながら、人道支援活動に取り組むとともに、人道支援の意義を発信し続けます。

山本祐一郎

国連児童基金（UNICEF）アフガニスタン事務所　こどもの保護専門官

パキスタンとの国境付近に設置した「こどもにやさしい空間」で帰還民のこどもとふれあう筆者（写真右から2人目）（写真：UNICEF）

　アフガニスタンでは、2021年8月のタリバーンによる「暫定政権」樹立の発表後、経済の急速な悪化、福祉サービスシステムの崩壊、度重なる自然災害、女性・女児の公の場からの締め出しなどにより、国内の人道ニーズはこれまでになく高まっています。共和国政府とタリバーンの戦闘の終結を受けて、イランやパキスタン等の近隣諸国に避難していた人々が帰還するケースも見られますが、その多くは、避難前と同様かそれ以上の困難に直面しています。

　私は、2022年にUNICEFアフガニスタン事務所に着任し、アフガニスタンに暮らす全てのこどもたちを暴力、虐待、搾取から守るため、タリバーン「暫定政権」とも協力を行いながら、こどもを保護するシステムの強化に取り組んでいます。その一つとして、こどもの人権侵害の事例を特定して対応するソーシャルワーカーを採用し、研修の後に国内各地に派遣しています。また、2022年からは日本の支援により、脆弱な立場にあるこどもたちに心理的、社会的支援を含むサポートを行い、教育や保健などのサービスも受けられるよう支援しているほか、社会に適応できるように、職業訓練や収入創出活動への支援も行っています。また、近隣諸国から帰還したこどものうち、保護者がいないこどもや家族と離ればなれになったこどもについては、家族と再会させ、出身地に戻れるよう支援しています。

伊藤常子

国連プロジェクト・サービス機関（UNOPS）アンマン・マルチカントリー事務所　リポーティングリエゾンオフィサー

　レバノンは人口あたりの難民受入れ数が世界最多の国とされており[注3]、人口の約4人に1人に及ぶ難民を抱えています。2011年からのシリア内戦に伴う劇的な難民人口の増加は、とりわけ保健医療分野における基礎的な公共サービスを圧迫しています。医療機材の不足や老朽化に加え、経済危機、燃料等の価格高騰や供給不足に起因する日常的な停電は、救急救命機材の稼働にさえ影響を及ぼしています。

　UNOPSは日本政府の支援の下、2021年から、難民や厳しい状況に置かれるレバノン人の受け皿となっている拠点公立病院に対し医療器材の供与や太陽光パネルの設置などを行い、逼迫する医療体制の強化を支援しています。

レバノン・バアブダ公立病院での事業完工式典の様子（写真左から2人目が筆者）（写真：レバノン公衆衛生省）

　私は、2020年からレバノンを含む中東諸国を管轄するマルチカントリー事務所で、調達やインフラ整備、プロジェクトマネージメントといったUNOPSの強みをいかして、パートナーシップ構築に係る調整やプロジェクトの実施支援に携わっています。ホストコミュニティと難民双方に裨益する人道支援の中に、再生可能エネルギーの導入といった気候変動等の中長期的な開発課題への対応も織り込むなど、支援を必要とする人々とドナー機関との架け橋として、人道と開発そして平和の連携にも資する支援に取り組んでいます。

小早川明子
（こばやかわ）

国連プロジェクト・サービス機関（UNOPS）ミャンマー事務所　プログラム渉外部門長

支援先の診療所で働く助産師と筆者（写真右）
（写真：UNOPS）

　私は、2000年から国連プロジェクト・サービス機関（UNOPS）に勤務し、旧紛争国で地雷対策やインフラ復興事業の資金調達およびプロジェクト実施を担当してきました。地雷や不発弾などは難民・避難民の帰還も含めた、復興開発や平和の定着を阻んでいます。不発弾は、こどもがおもちゃと間違えたり、換金のために金属をはがしている最中に爆発したりするなどして被害者を増やしており、除去から回避教育、被害者支援まで、包括的な対策が必要です。前任地の国連地雷対策サービス部（UNMAS）・UNOPSシリア事務所では、政府との3年間の交渉の末、首都郊外の農地で地雷除去を開始でき、農民の帰農につながっています。

　2022年5月に着任したミャンマーでは今も紛争が続いています。人口5,500万人の約4％にあたる200万人が国内避難民として不自由な生活を送っており、地雷対策も喫緊の課題です。UNOPSは、日本政府の拠出を受け、少数民族が多い熱帯地域の避難民キャンプで、衛生用品、保水バケツ、蚊帳など生活必需物資を供与しています。また、UNOPSが支給しているソーラー・ランタンは、携帯電話の充電や自宅学習を可能にし、女性やこどもが夜間でも安全にトイレを使うことができるようになりました。診療所への太陽光パネルの設置も行い、電気が無い間も妊産婦を含む患者の診療ができるようになりました。地雷対策については、現在は回避教育にとどまっており、将来の地雷除去の開始に向けて慎重に取組を続けています。

赤尾邦和

国際移住機関（IOM）エチオピア事務所シレ支所長（ティグライ州）
持続可能な解決策支援事業プロジェクトマネージャー

ティグライ州で日本からの支援物資を引き渡す筆者（写真右）（写真：IOM）

　私は、2021年にIOMエチオピア事務所に着任し、南スーダン難民支援や国境管理事業に従事した後、2022年2月からエチオピア北部ティグライ州のIOMシレ事務所の支所長を務めています。ティグライ州では2020年から2年にわたり、エチオピア連邦政府とティグライ民族解放戦線（TPLF）との間で軍事衝突が発生したため、IOMの地域責任者として、日本政府を始めとするドナーからの支援を受けて、国内避難民に、シェルターの確保、生活必需品の供与、水・保健などの必要なサービス提供を行いました。特に2022年8月、勤務地であるシレの町が軍事衝突の現場となった際は、事務所スタッフの安全を守りながら人道支援を継続できるよう、シレに留まり、エチオピア政府駐留軍や連邦警察などと調整を行いました。

　2022年11月の和平合意締結によって、地域に一定の安定が戻り、IOMの活動も緊急支援から復興・平和構築支援に軸足を移しています。私も支所長の仕事の傍ら、IOMの平和・開発ユニットにも所属し、「持続可能な解決策支援」と呼ばれる支援事業の責任者を兼務しています。事業では、より持続可能な解決策として、国内避難民の出身地への帰還、今いる地域への統合、第3の場所への再定住などのプランを用意し、状況に応じた中長期的な生活の立て直しを支援しています。

注1　国際機関職員の方からの寄稿。人物の肩書きは執筆時点のもの。
注2　性と生殖に関する健康。単に病気や障害等がないというだけでなく、性と生殖の全ての局面で、身体的、精神的、社会的に良好な状態にあること。
注3　国連難民高等弁務官事務所（UNHCR）「グローバル・トレンズ・レポート2022」　https://www.unhcr.org/global-trends-report-2022

（2）社会の安全・安定の確保

　国際的な組織犯罪やテロ行為は、引き続き国際社会全体の脅威となっています。こうした脅威に効果的に対処するには、1か国のみの努力では限界があるため、各国による対策強化に加え、開発途上国の司法・法執行分野における能力向上支援などを通じて、国際社会全体で対応する必要があります。

　日本は、国際的な組織犯罪を防止するための法的枠組みである国際組織犯罪防止条約（UNTOC）の締約国として、同条約に基づく捜査共助などの国際協力を推進しているほか、違法薬物対策などの国際組織犯罪対策に関する国際協力を行っています（サイバー空間に対する脅威への対策については、第Ⅲ部1（2）の35ページを参照）。

　エネルギー資源や食料の多くを輸入に依存する日本にとって、海上輸送における脅威への対処を始めとする海上交通の安全確保は、国家の存立・繁栄に直結する課題です。法の支配に基づく自由で開かれた海洋秩序は、日本が推進する「自由で開かれたインド太平洋（FOIP）」の実現のためだけでなく、日本を含む地域全体の発展のためにも極めて重要であり、日本は、各国や国際機関と協力して、海上交通の安全確保や海洋安全保障協力の取組を推進しています（「自由で開かれたインド太平洋（FOIP）」実現のための取組については42ページの「開発協力トピックス」を参照）。

コンゴ民主共和国キンシャサ市での警察研修における警察分署視察の様子（写真：JICA）

日本の取組

■治安維持能力強化

　日本の警察は、その国際協力の実績と経験も踏まえ、治安維持の要となる開発途上国の警察機関に対し知識・技術の移転を行いながら、制度作り、行政能力向上、人材育成などを支援しています。

　その一例として、2023年、警察庁は、インドネシアへ2001年から継続して専門家派遣、研修、技術協力プロジェクトを実施したほか、アジアやアフリカ、大洋州などの各国から研修員を受け入れ、日本の警察の在り方を伝えています。

■テロ対策

　新型コロナウイルス感染症の感染拡大によりテロを取り巻く環境も大きく変化しました。新型コロナ対策のための行動制限は、都市部でのテロを減少させましたが、人々の情報通信技術（ICT）への依存が高まり、インターネットやSNSを使った過激派組織による過激思想の拡散が容易になりました。もともと国家の統治能力が脆弱だった一部の地域では、新型コロナの感染拡大によってガバナンスが一層低下したことにより、テロ組織の活動範囲が拡大しています。新型コロナ対策のための行動制限の緩和に伴い、テロ攻撃が多発する可能性を指摘する声もあります。

　2023年、日本は、テロを取り巻く環境の変化に迅速に対応するため、パートナー国とのテロ対策協議の実施や、G7議長国としてG7ローマ・リヨン・グループ会合の国内開催等を通じて、各国との連携強化や情報交換を進めてきました。

■違法薬物対策

　日本は、国連の麻薬委員会などの国際会議に積極的に参加するとともに、2023年は国連薬物・犯罪事務所（UNODC）への拠出を通じて、東南アジア等の国々の関係機関との連携を図り、新規化合物 注42 を含む違法薬物の流通状況の監視や国境での取締能力の強化を行うほか、薬物製造原料となるけしの違法栽培状況の調査等を継続的に実施し、グローバルに取り組むべき課題として違法薬物対策に積極的に取り組んでいます。

注42　新しく合成される精神活性物質（NPS：New Psychoactive Substances）、あるいは「危険ドラッグ」とも呼ばれ、規制対象となる薬物（麻薬等）と類似した効果を得るために合成された物質で、合法な医薬品とは認められていないもの、まだ規制されていない向精神性作用を呈する化合物をいう。

バングラデシュ「警備能力向上プロジェクト」における課題分析のためのワークショップの様子（写真：JICA）

また、警察庁では、アジア太平洋地域を中心とする関係諸国を招き、薬物情勢、捜査手法および国際協力に関する情報共有や協力体制の強化を図っています。

■ 人身取引対策

日本は、人身取引 注43 に関する包括的な国際約束である人身取引議定書や、「人身取引対策行動計画2022」に基づき、人身取引の根絶のため、様々な取組を行っています。

日本は国際移住機関（IOM）への拠出を通じて、日本で保護された外国人人身取引被害者に対して母国への安全な帰国支援や、被害者に対する精神保健・医療的支援、職業訓練などの自立・社会復帰支援を実施しています。日本は、二国間での技術協力、UNODCなどの国連機関のプロジェクトへの拠出を通じて、東南アジア等の人身取引対策・法執行能力強化に向けた取組に貢献しているほか、ロシアの侵略を受けて難民・避難民が多数発生しているウクライナおよびモルドバへの支援として国境管理強化と人身取引対策に協力しています。また、人の密輸・人身取引および国境を越える犯罪に関するアジア太平洋地域の枠組みである「バリ・プロセス」への拠出・参加などを行っています。

■ 国際的な資金洗浄（マネー・ローンダリング）やテロ資金供与対策

国際組織犯罪による犯罪収益は、さらなる組織犯罪やテロ活動の資金として流用されるリスクが高く、こうした不正資金の流れを絶つことも国際社会の重要な課題です。そのため、日本としても、金融活動作業部会（FATF）注44 などの政府間枠組みを通じて、国際的な資金洗浄（マネー・ローンダリング）注45 やテロ資金供与の対策に係る議論に積極的に参加しています。世界的に有効な資金洗浄やテロ資金供与対策を講じるためには、FATFが定める同分野の国際基準を各国が適切に履行することにより、対策の抜け穴を生じさせない、といった取組が必要です。そのため、資金洗浄やテロ資金供与対策のキャパシティやリソースの不足等を抱える国・地域を支援することは、国際的な資金洗浄やテロ資金供与対策の向上に資することから、日本は、非FATF加盟国のFATF基準の履行確保を担うFATF型地域体の支援等を行っており、特にアジア太平洋地域のFATF型地域体（APG：Asia / Pacific Group on Money Laundering）が行う技術支援等の活動を支援しています。

■ 海洋

日本は、海洋における法の支配の確立・促進のため、巡視船の供与や技術協力などを通じ、インド太平洋地域の海上保安機関などの法執行能力の向上を途切れることなく支援しているほか、被援助国の海洋状況把握（MDA）能力向上のための協力も推進しています。具体的には、フィリピン、ベトナムなどに対し、船舶や海上保安関連機材を供与しているほか、インドネシアやマレーシアなどを含む日本にとって重要なシーレーンの沿岸国に対して、研修・専門家派遣を通じた人材育成も進めています。さらには、サモア、ミクロネシア連邦等の太平洋島嶼国に対しても警備艇などの海上保安関連機材の供与や、無償資金協力により「太平洋島嶼国における効果的な海上犯罪対策のための海上法執行機関能力強化計画（UN連携／UNODC実施）」を支援しています。

日本は、アジア地域の海賊・海上武装強盗対策における地域協力促進のため、アジア海賊対策地域協力協定（ReCAAP）の策定を主導し、その活動を支援しています。2017年からは締約国などの海上法執行機関

注43　人を強制的に労働させたり、売春させたりすることなどの搾取目的で、獲得し、輸送し、引き渡し、蔵匿し、または収受する行為（人身取引議定書第3条（a）参照）。
注44　1989年のG7アルシュ・サミット経済宣言に基づき設置された。
注45　犯罪行為によって得た資金をあたかも合法的な資産であるかのように装ったり、資金を隠したりすること。麻薬の密売人が麻薬密売代金を偽名で開設した銀行口座に隠す行為がその一例。

の能力構築を目的とした包括的な研修を実施しています。2023年はReCAAP締約国やインドネシアおよびマレーシア等12か国が参加し、各国からベストプラクティスが共有され、参加国の海賊対処関連の知識向上や沿岸国同士の協力促進に資するものとなりました。

アフリカ東部のソマリア沖・アデン湾における海賊の脅威に対し、日本は2009年から海賊対処行動を実施しています。また、日本は、国際海事機関（IMO）がジブチ行動指針 **注46** の実施のために設立した信託基金に2009年度から2019年度の間1,553万ドルを拠出しました。この基金により、海賊対策のための情報共有センターや、ジブチ地域訓練センターが設立されています。同地域訓練センターではソマリア周辺国の海上保安能力向上のための訓練プログラムが実施されています。

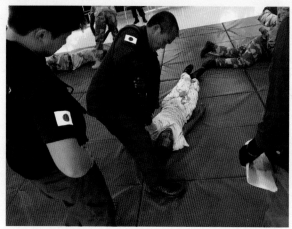

ジブチ「沿岸警備隊能力拡充プロジェクト・フェーズ3」における制圧訓練の様子（写真：海上保安庁）

海上保安庁の協力の下で、アジアおよびソマリア沖での海賊対策のための「海上犯罪取締り研修」を実施しており、2023年は累計で13か国から17人の海上保安機関職員が参加しました。日本は、ソマリア海賊問題の根本的な解決にはソマリアの復興と安定が不可欠との認識の下、2007年以降、同国内の基礎的社会サービスの回復、治安維持能力の向上、国内産業の活性化のために累計で5.79億ドルの支援も実施しています。

シーレーン上で発生する船舶からの油の流出事故は、航行する船舶の安全に影響を及ぼすおそれがあるだけでなく、海岸汚染により沿岸国の漁業や観光産業に致命的なダメージを与えるおそれもあり、こうした

事態に対応する能力の強化も重要です。2023年3月には、フィリピン中部のミンドロ島沖で転覆・沈没した小型タンカーからの油流出被害に際し、国際緊急援助隊・専門家チームを派遣しました（国際緊急援助隊については、58ページの第Ⅲ部2（4）を参照）。

国際水路機関（IHO）では、2009年以降毎年、日本財団の助成の下、開発途上国の海図専門家を育成する研修を英国で実施しており、2022年12月までに49か国から92人の修了生を輩出しています。また、IHOとユネスコ政府間海洋学委員会は、世界海底地形図を作成する大洋水深総図（GEBCO）プロジェクトを共同で実施しており、日本の海上保安庁海洋情報部を含む各国専門家の協力により、世界海底地形図の改訂が進められています。

■ 宇宙空間

日本は、宇宙技術を活用した開発協力・能力構築支援の実施により、気候変動、防災、海洋・漁業資源管理、農業、森林保全、資源・エネルギーなどの地球規模課題への取組に貢献しています。宇宙開発利用に取り組む新興国の人材育成も積極的に支援しています。特に、日本による国際宇宙ステーション（ISS）日本実験棟「きぼう」を活用した宇宙環境利用の機会提供や超小型衛星の放出は国際的に高く評価されています。2023年6月から12月にかけては、「KiboCUBE」プログラム **注47** の新たな公募（第8回公募）を実施しました。2023年現在、同プログラムにおいては、過去の公募で選定された中米統合機構（SICA）、メキシコおよびチュニジアが超小型衛星の開発を行っています。

日本は、宇宙新興国に対する能力構築支援をオールジャパンで戦略的・効果的に行うための基本方針を2016年に策定し、宇宙新興国を積極的に支援しています。例えば、アジアやアフリカ、中南米地域の78か国において、人工衛星「だいち2号」による熱帯林のモニタリングシステム（JICA-JAXA熱帯林早期警戒システム：JJ-FAST）を活用した森林モニタリングを実施しています。

宇宙空間における法の支配の実現に貢献すべく、宇宙新興国に対して国内宇宙関連法令の整備・運用に係

注46 ソマリアとその周辺国の地域協力枠組み。
注47 「きぼう」から超小型衛星を放出する機会を開発途上国に提供するための、宇宙航空研究開発機構（JAXA）と国連宇宙部（UNOOSA）の協力枠組み。

ブラジル「先進的レーダー衛星およびAI技術を用いたブラジルアマゾンにおける違法森林伐採管理改善プロジェクト」における衛星およびAI技術を用いた現地調査でドローン映像を確認している様子（写真：JICA）

る能力構築支援を行っています。日本は2021年度から国連宇宙部（UNOOSA）の「宇宙新興国のための宇宙法プロジェクト」への協力を開始して以降、アジア太平洋地域の宇宙新興国に対して国内宇宙関連法令の整備および運用面での支援を行い、民間活動を含む自国の宇宙活動を適切に管理・監督するために必要となる法的能力の構築に貢献しています。2023年には、宇宙活動の監督および許認可に焦点を当て、アジア・太平洋地域諸国を対象とする法的能力構築支援を実施しました。

（3）法制度整備支援、民主化支援

開発途上国の「質の高い成長」の実現のためには、一人ひとりの権利が保障され、人々が安心して経済社会活動に従事でき、公正かつ安定的に運営される社会基盤が必要です。こうした基盤強化のため、開発途上国における自由、民主主義、基本的人権の尊重、法の支配といった普遍的価値の共有や、グッド・ガバナンス（良い統治）の実現、平和と安定、安全の確保が重要となります。

その際、公務員が関与する贈収賄や横領などの汚職事件は、開発途上国の健全な経済成長や公平な競争環境を妨げる原因にもなります。そこでドナー国は、公正かつ安定した社会の実現のため、開発途上国における不正腐敗対策を含むガバナンス支援にも取り組む必要があります。

統治と開発への国民参加および人権の擁護・促進といった民主主義の基盤強化も、開発途上国の中長期的な安定と開発の促進にとって極めて重要な要素です。特に、民主化に向けて積極的に取り組んでいる開発途上国に対して、公正かつ透明性が確保された選挙を実施するための支援や、国民の知る権利を保障し、表現の自由を守るためのメディアに対する支援などを通じて、民主化への動きを後押しすることが重要です。

日本の取組
■ 法制度整備支援

日本は、各国における法の支配の確立、グッド・ガバナンスの実現、民主化の促進・定着、基本的人権尊重のため、法制度整備支援を積極的に実施しています。具体的には、法・司法制度の改革、法令の起草支援、法制度運用・執行のための国家・地方公務員の能力向上、内部監査能力強化、制度整備（民法、競争法、知的財産権法、税、内部監査、公共投資など）に関する支援をインドネシア、ウズベキスタン、カンボジア、シエラレオネ、スリランカ、ネパール、バングラデシュ、東ティモール、ベトナム、モンゴル、ラオスなどの国々で行っています。例えば、ラオスでは、日本が20年以上にわたり法制度整備支援に一貫して取り組んだ結果、2020年5月には同国初の民法典が施行され、2023年4月にはその逐条解説書が完成するなど、引き続き運用支援が行われています。また、インドネシアでは、裁判官向けに商標法や著作権法の内容をまとめたガイドブックの作成を進めたほか、2022年に刊行した、知的財産事件を扱う裁判官向けの判決集（商標編）を活用した裁判官向けの研修・セミナーを全国の地方都市で実施し、同国の法律実務家の能力向上に取り組みました。そのほか、2023年5月には知的財産分野の裁判官を、同年9月には法案の起草や審査を担う行政官をそれぞれ日本に招いて研修を行い、同国に参考となる日本の制度や経験を共有しました。

日本は、2021年3月に京都で開催された第14回国連犯罪防止刑事司法会議（京都コングレス）注48において採択された「京都宣言」注49の実施にリーダーシップを発揮しています。具体的には、日本の官民連

携による再犯防止の知見をいかした再犯防止国連準則策定の主導や、次世代を担う若者のエンパワーメントを目的とする「法遵守の文化のためのグローバルユースフォーラム」（Col-YF）および犯罪と闘うための国際協力を一層推進するためのアジア太平洋地域における刑事司法実務家による情報共有プラットフォームである「アジア太平洋刑事司法フォーラム」（Crim-AP）の定期開催など、「京都宣言」を具現化するための取組を推進しています。2022年12月には、「第2回法遵守の文化のためのグローバルユースフォーラム」を開催し、約50か国・地域から100人以上の若者が参加し「多様性と包摂性のある社会に向けた若者の役割」をテーマに議論を行ったほか、2023年2月には「第2回アジア太平洋刑事司法フォーラム」を開催し、18か国・5機関からの参加者が活発な意見交換を行いました。さらに、7月には、日ASEAN特別法務大臣会合の開催に合わせ、UNODC協力の下、タイ法務研究所と共に、「法の支配推進のための日ASEAN特別ユースフォーラム」を開催しました。日本、ASEAN加盟国および東ティモールから60人を超える若者が一堂に会し、「司法へのアクセスを強化するためのリテラシーの構築－デジタル時代における法の支配への鍵－」をテーマに議論が行われました。

法制度運用・執行のための国家・地方公務員の能力向上支援について、具体的には、法律実務家などの人材育成の強化などを目的として、国際研修や調査研究、現地セミナーを実施しています。2022年には、2021年に引き続き、新型コロナウイルス感染症の世界的流行に伴い外国人の新規入国が制限されていた間は、オンライン方式を用いて研修を実施していましたが、2022年秋以降は、日本国内における対面での研修を徐々に再開させました。オンライン方式および対面方式いずれの方法による研修においても、上記の国々から、司法省職員、裁判官、検察官などの立法担当者や法律実務家の参加を得て、各国のニーズ、最新の国政情勢、国連等の国際機関の活動を踏まえて、法令の起草、法制度の運用改善や関係職員の能力向上などをテーマとした研修を実施しています。このほか、各国の渡航制限の緩和や解除に伴って、現地で開催されたセミナーやワークショップなどへの対面での参加

も徐々に再開し、同様のテーマでの研修等を行いました。

日本は、開発途上国のニーズに沿った支援を積極的に推進していくため、その国の法制度や解釈・運用などに関する広範かつ基礎的な調査研究を実施して、効果的な支援の実施に努めています。その一つとして、2022年4月からは、インドネシア、カンボジア、フィリピン、ラオスの不動産法制に関する比較研究を行う場として、「アジア・太平洋不動産法制研究会」を定期的に開催しており、2023年10月には「第11回国際民商事法シンポジウム」を開催しました。

■ 不正腐敗対策などのガバナンス支援

日本は国連腐敗防止条約の締約国として、同条約の事務局であるUNODCへの協力を通じ、腐敗の防止および取締りに関する法制度の整備や、司法や法執行機関などの能力構築支援に積極的に関与してきました。

日本は、法務省が国連と共同で運営する国連アジア極東犯罪防止研修所（UNAFEI）注50 を通じて、法制度整備支援および不正腐敗対策を含むガバナンス支援の一環として、アジアやアフリカなどの開発途上国の刑事司法実務家を対象に、毎年、研修やセミナーを実施しています。

具体的な取組の一例として、1998年から汚職防止刑事司法支援研修を、新型コロナ感染症拡大により中止になった年を除き毎年1回実施しています。同研修は国連腐敗防止条約上の重要論点からテーマを選出して実施しているもので、各国における汚職防止のため

第25回汚職防止刑事司法支援研修の様子（写真：UNAFEI）

注50 国連と日本政府との協定に基づいて1962年に設立され、法務省法務総合研究所国際連合研修協力部により運営されており、設立以来、142の国・地域から6,300名を超える卒業生を輩出している。

案件紹介 ❷

新型コロナウイルス感染症流行下の選挙：政治参加の促進と感染症対策の両立

東ティモールにおけるコロナ禍の選挙実施体制強化計画

国際機関拠出金（2021年3月～2023年7月）

東ティモール

東南アジアで最も民主主義が深く根付いている国の一つである東ティモールでは、独立回復後から国民の政治参加が積極的に促進されてきました。しかし、新型コロナウイルス感染症が収束しない中で行われた2022年の大統領選挙および2023年の議会選挙では、医療体制が脆弱なため、感染症対策が十分に行えるか懸念がありました。

そこで日本は、国連開発計画（UNDP）と連携し、感染症流行下における平等で直接的かつ積極的な政治参加を支援すべく、感染症対策強化を行いました。協力にあたっては、包摂的な社会の実現のため、女性・若者・障害者の政治参加促進にも配慮しました。

2022年大統領選挙の投票所にて、投票に訪れた市民に感染症対策を実施する投票所スタッフ（写真：UNDP）

本協力では、選挙管理事務局および国家選挙委員会の各地方事務所13棟に手洗い場を設置し、非常事態時のマニュアル作成や感染症防護用具の供与のほか、職員に感染症対策訓練を実施しました。

また、包摂的な選挙実現のため、スロープや障害者用トイレの設置等、障害者に配慮した施設整備を支援し、女性・若者・障害者を対象とした選挙情報の拡散と呼びかけを支援し、幅広い政治参加を促進しました。

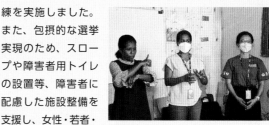

手話通訳者と共に障害者に対する選挙情報の発信を支援するUNDP日本人職員（写真：UNDP）

選挙当日の投票所ではマスク配布、検温や手指の消毒徹底が行われ、選挙での新型コロナ感染の報告はありませんでした。また、選挙管理機関の施設整備により、利用者の安心・満足度が向上し、政治参加につながりました。感染症流行下にもかかわらず、大統領選挙の投票率は77.26％、翌年の議会選挙は79.28％と高く、特に女性の投票率は過去最高の80％を越える結果となりました。

日本は今後も東ティモールが持続可能な発展を遂げ、健全な民主主義社会を築いていくことを支援していきます。

の刑事司法の健全な発展と協力関係の強化に貢献しています。2023年11月には、「国際協力を活用した効果的な汚職事件捜査」を主要課題として、25回目となる同研修を実施しました。同研修には、25か国から合計30人の刑事司法実務家が参加しましたが、この中にはウクライナからの参加者5人も含まれています。

ほかにも、東南アジア諸国におけるガバナンスの取組を支援するとともに、刑事司法・腐敗対策分野の人材育成に貢献することを目的として、2007年から「東南アジア諸国のためのグッド・ガバナンスに関する地域セミナー（GGセミナー）」を新型コロナ感染症拡大により中止になった年を除き毎年度1回開催しています。2023年12月には、「賄賂を含む不当な介入からの裁判官、検察官及び法執行機関職員の保護」をテーマとする第17回GGセミナーを参加者の訪日による対面方式で開催し、ASEAN加盟国のうち9か国（インドネシア、カンボジア、シンガポール、タイ、フィリピン、ベトナム、ブルネイ、マレーシア、

ラオス）と東ティモールの合計10か国から19人の刑事司法実務家が参加しました。

第17回GGセミナーの様子（写真：UNAFEI）

UNAFEIの活動は腐敗防止にとどまらず、国際社会での犯罪防止・刑事司法に関する重要課題を取り上げ、それらをテーマとした研修やセミナーを広く世界中の開発途上国の刑事司法実務家に対して実施することにより、変化するグローバル社会への対応を図って

きました。例えば、2023年においては、1月から2月にかけて「被疑者及び被告人並びに被害者の法律扶助（Legal aid）の促進」をテーマとする第180回国際高官セミナーを、5月から6月にかけて「国境を越えた組織犯罪への対策」をテーマとする第181回国際研修を、9月から10月にかけて「刑務所出所者の効果的な社会復帰支援－就労、住居、医療等の切れ目のない支援の実現に向けて」をテーマとする第182回国際研修を、それぞれ対面方式で実施しました。

■ 民主化支援

コソボでは、全ての国民に正確・中立・公正な放送を届けるため、2015年1月から、「公共放送能力向上プロジェクト」を実施しています。多民族が混在している地域での取材に際して、情報精度を向上させるため、少数民族地域や他民族混住地域の支局開設の準備や、JICA専門家によるOJTやワークショップを通じて番組製作スタッフの能力向上を支援しています。これらの活動は、少数民族を含む全ての国民に、公正で隔たりのない番組を放送することに貢献しています。

（4）自然災害時の人道支援

近年、気候変動の影響もあり、短時間・局所的といった異常な集中豪雨の発生頻度は世界的に増加しており、洪水や土砂災害による被害も激甚化・頻発化の傾向にあります。開発途上国では、経済・社会基盤が脆弱であるため、災害により大きな被害を受ける国が多くあり、国際社会からの支援が求められています。

日本は、海外で大規模な災害が発生した場合、被災

国政府または国際機関の要請に応じ、直ちに緊急援助を行える体制を整えています。協力体制には、人的援助、物的援助、資金援助があり、災害の規模や被災国等からの要請内容に基づき、いずれかまたは複数を組み合わせた協力を行っています。

日本の取組

人的援助として国際緊急援助隊があり、（ⅰ）救助チーム、（ⅱ）医療チーム、（ⅲ）感染症対策チーム、（ⅳ）専門家チーム（災害の応急対策と復旧活動に関する専門的な助言・指導を行う）、（ⅴ）自衛隊部隊（特に必要があると認められる場合に医療活動や援助関連の物資や人員の輸送を行う）を、個別に、または組み合わせて派遣します。

物的援助としては、緊急援助物資の供与を行っています。日本は海外3か所の倉庫に、被災者の当面の生活に必要なテントや毛布などを備蓄しており、災害が発生したときには速やかに被災国に供与できる体制にあります。

資金援助として、日本は、海外における自然災害や紛争の被災者、難民・避難民等を救援することを目的として、被災国政府や被災地で緊急援助を行う国際機関などに対し、緊急無償資金協力を行っています。

2023年には、2月にトルコ南東部で発生した地震被害に対し、日本は、発災直後から緊急救助支援活動に取り組みました。トルコおよびシリアに対しJICAを通じて緊急援助物資を迅速に供与するとともに、トルコに救助チーム、医療チーム、専門家チームを派遣し、行方不明者の捜索・救助活動や医療活動等を実施し、地震により被害を受けた建物およびインフラの状況を確認し、復旧・復興に向けた技術的助言等を行い

トルコ地震被災地での救助チームによる救助活動の様子（写真：JICA）

緊急援助物資のダマスカス空港（シリア）到着時の様子

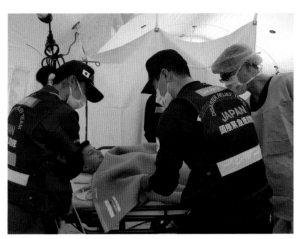
トルコ地震被災地で手術前の処置を行う医療チーム（写真：JICA）

ました。また、医療チーム用資機材を自衛隊機で迅速に現地に輸送したほか、北大西洋条約機構（NATO）との調整・協力を通じて、パキスタンに所在していたテント等の災害救援物資約89.5トンをトルコへ輸送しました。加えて、トルコに対し、国際機関を通じた850万ドルの緊急無償資金協力のほか、無償資金協力（50億円）や借款（800億円）の供与、日本の知見をいかした技術協力を通じて、復旧・復興に向けた支援を実施しています（トルコにおけるこれまでの防災への取組については60ページ「国際協力の現場から」を参照）。

このほかにも、2023年3月、フィリピン中部のミンドロ島沖で転覆・沈没した小型タンカーからの油流出被害に際し、国際緊急援助隊・専門家チームを派遣

しました。9月には、モロッコ中部で発生した震災やリビア東部における洪水被害に対して緊急無償資金協力を実施したほか、9か国 注51 に対して緊急援助物資を供与しました。

日本のNGOも、ODAを活用した被災者支援を行っており、また国際機関などが緊急援助活動を実施する際のパートナーとして、日本のNGOが活躍することも少なくありません。ジャパン・プラットフォーム（JPF）注52 は自然災害や紛争によって発生した被災者および難民・避難民等への人道支援を行っており、JPFの加盟NGOは、モロッコ（地震）、アフガニスタン（地震）、パキスタン（洪水）、ウクライナ（紛争）など、現地政府の援助がなかなか届かない地域で、現地のニーズに対応した様々な支援を実施しています（実績などは133ページの第Ⅴ部1（3）を参照）。

自然災害の多い日本とASEAN諸国にとって、災害対応は共通の課題です。日本は、2011年に設立されたASEAN防災人道支援調整センター（AHAセンター）を支援し、その能力強化等に貢献してきました。2023年も引き続き、緊急物資を迅速に被災国へ輸送するASEAN緊急災害ロジスティック・システム（DELSA）の構築および同システムを活用した支援や、被災状況の緊急評価等を行うASEAN緊急対応評価チーム（ERAT）やASEAN各国防災機関の幹部候補職員を対象とした人材育成を行っています。

注51 アフガニスタン、イラン、シリア、チリ、トルコ、バヌアツ、マラウイ、モザンビーク、リビアの9か国。
注52 137ページの用語解説を参照。

② 地震多発国トルコにおける日本発の防災教育の取組
～トルコ版「ぼうさい甲子園」で学びを広げる～

　トルコには数多くの活断層が存在し、日本と同様、世界有数の地震多発国となっています。1999年8月のトルコ北西部を地震とするイズミット地震、同年11月のデュズジェ地震を始めとして2011年、2020年にも大規模な地震が発生しており、2023年2月にはトルコ南東部を震源として発生した地震により5万人近い犠牲者が出るなど、甚大な被害が発生しました。経済発展の中心地イスタンブールを含む人口密集地域も大きなリスクを抱えていると言われており、防災へのさらなる取組が求められています。

　日本は、同じ災害多発国としてその経験や知識をいかし、トルコに対して耐震補強強化や地震復興に資する円借款供与、地震観測や耐震工学に関する共同研究の推進、防災計画策定や災害リスク管理能力向上に資する技術協力を実施してきました。1999年のイズミット地震以降は防災教育に力を入れ、2010年から2014年、および2017年から2020年までの2フェーズにわたり「防災教育プロジェクト」が実施されました。フェーズ1では、経済規模の大きい10県の小学校80校を対象とし、各校から3人の教員をマスター教員として防災に関する研修を行い、フェーズ2では全国を対象として普及拡大等の活動を実施しました。JICAトルコ事務所職員として防災教育に携わり、現在は土日基金副理事長を務めるエミン・オズダマル氏は、「阪神・淡路大震災の被災地である兵庫県の協力も得て、兵庫県の教育カリキュラムとトルコのカリキュラムを比較し、トルコに応用できる部分を取り込みました。また、こどもたちが遊びながら防災の知識を学べるよう教員たちとゲームを考案したほか、算数の文章題にも防災の内容を取り入れるなど、防災の枠にとらわれず、こどもたちが自然に知識を身に付ける工夫も行いました。」と当初の取組を振り返ります。

　プロジェクト以降、研修を終えたマスター教員が他校の教員に防災の知識を伝え、各校に防災の知識を有する教員が少なくとも一人いる環境が整いました。「こどもたちに防災教育を行うと、こどもがその知識を家族や同級生に伝えます。ベッドを安全な場所に置いたり、家具を固定したりといった基本的な知

防災教育プロジェクトの様子（写真：JICA）

識が、研修を受けた先生からこども、そしてその家族に広まっています。2月の地震でも、学習したとおりにベッド脇にかがんで身を守った生徒もいました。」と、オズダマル氏は防災教育の波及効果について語ります。

　また、2021年からは防災教育プロジェクトの効果を継続的なものとするため、土日基金文化センターとJICAの共催で「防災教育教材開発コンテスト」（「ぼうさい甲子園」注1のトルコ版）を開催しています。「災害科学科を設立した宮城県の多賀城高校を視察した際、『ぼうさい甲子園』のことを知りました。防災教育プロジェクトの成果を広めるためには若者を巻き込まなければと考え、トルコ版『ぼうさい甲子園』の開催に向けて動きました。」とオズダマル氏は述べます。第1回は教員を対象として開催し、21県から40件の応募がありました。その後、対象をこどもや学生にも広げ、2023年には29県から防災に関する卓上ゲーム、模型を用いた防災シミュレーション装置など155件の応募がありました。大学生のカテゴリーには、防災関係の学科がある大学から88件のプロジェクトが集まりました。

トルコ版「ぼうさい甲子園」の表彰式の様子（写真右がオズダマル氏）（写真：JICA）

　ただ、防災教育を受けても建築基準の遵守や地盤の強化がなされていなければ、その効果は半減してしまいます。田中優子JICAトルコ事務所長は「2月の地震被害を受け、専門家チームの提言も踏まえてトルコにおける防災協力の見直しも行っています。被災都市をモデル都市としながら、災害に強い都市作りに向けて協力を続けていきます。」と今後の見通しを語ります。

　現在は、兵庫県および宮城県の高校とトルコの学生をつなぐ学生交流プロジェクトを通して若者たちが被災地の経験を学び合う活動も行われています。日本の防災分野での成果が、トルコの防災により一層いかされることが期待されます。

注1　1995年1月17日に発生した阪神・淡路大震災の経験と教訓を未来に向けて継承していくため、学校や地域で防災教育や防災活動に取り組んでいるこどもたちや学生を顕彰する事業として、神戸市にある公益財団法人ひょうご震災記念21世紀研究機構（人と防災未来センター）が毎年開催している。

3 複雑化・深刻化する地球規模課題への国際的取組の主導

（1）気候変動・環境

気候変動を始めとする地球環境問題は、持続可能な開発目標（SDGs）でも言及されており、近年の異常気象や大規模自然災害の発生も受け、国際社会が連携して取り組むべき一刻を争う重要な課題です。2023年に日本が議長国を務めたG7広島サミットの首脳宣言においても、我々の地球が直面する3つの世界的危機として、気候変動、生物多様性の損失および汚染が挙げられました。これまでも日本は、こうした問題の解決に向けて精力的に取り組んできており、生物多様性条約や国連気候変動枠組条約などの主要な国際環境条約の資金メカニズムである地球環境ファシリティ（GEF）**解説**ではトップドナー国の一つとして開発途上国支援も行っています。

日本の取組

■ 気候変動問題

気候変動問題は、世界のあらゆる国々の持続可能な開発にとっての脅威であるとともに、人類の存在そのものに関わる安全保障上の問題でもあります。その対応には全ての国が共に取り組む必要があり、先進国のみならず、開発途上国も含めた国際社会の一致した取組の強化が求められています。先進国と開発途上国の全ての国が排出削減に取り組む枠組みとして、国連気候変動枠組条約第21回締約国会議（COP21）（2015年）においてパリ協定が採択され、2016年に発効しました。

日本は、2020年10月、2050年までにカーボンニュートラルを目指すことを宣言しました。また、2021年4月には2030年度に温室効果ガス排出量を2013年度比46％削減すること、また50％の高みに向けて努力を続けることを宣言しました。2021年10月には、これらの目標を反映した「国が決定する貢献（NDC）」**注53** および「パリ協定に基づく成長戦略としての長期戦略」を国連に提出しました。

2021年6月のG7コーンウォール・サミットでは、2021年から2025年までの5年間における官民合わせて6.5兆円相当の支援を表明しました。また、同年のCOP26では、新たに5年間で官民合わせて最大100億ドルの追加支援を行う用意があることや、適応分野の支援を倍増し、5年間で1.6兆円相当の適応支援を実施していくことを表明しました。

（COP28）

2023年11月30日から12月13日には、COP28がアラブ首長国連邦のドバイで開催されました。COP28では、1.5度目標 **注54** を含むパリ協定の目標達成に向けた世界全体の進捗を評価するグローバル・ストックテイクに関する決定、ロス＆ダメージ（気候変動の悪影響に伴う損失と損害）に対応するための基金を含む新たな資金措置の制度の大枠に関する決定等が採択されました。また、会期中の12月1日から2日に開催された「世界気候行動サミット」には岸田総理大臣が出席し、多様な道筋の下で全ての国がネット・ゼロという共通の目標に向けて取り組むべきことなどを訴えました。

マーシャル諸島のマジュロ環礁（ロンロン島）で、緑の気候基金（GCF）を通じた気候変動に強靱な水セキュリティ事業の一環で設置された現地組み立て式貯水タンクの設置式典に参加する国連開発計画（UNDP）日本人職員（写真：UNDP）

（公正なエネルギー移行パートナーシップ（JETP））

COP26において、フランス、ドイツ、英国、米国、EUが南アフリカを対象に立ち上げた「公正なエネル

注53 締約国は、温室効果ガス排出削減目標やそれを達成するための対策をNDC（National Determined Contribution）として定め、国連気候変動枠組条約（UNFCCC）事務局に提出することになっている。
注54 地球の平均気温の上昇を産業革命以前と比べて1.5度未満に抑える目標。

ギー移行パートナーシップ（JETP）」は、2022年6月のG7エルマウ・サミットで、対象国がインド、インドネシア、ベトナム、セネガルへ拡大しました。日本は米国と共にインドネシアJETPの共同リード国となり協議を進めました。2022年11月15日には、日本、米国などのパートナー国とインドネシアとの間で、石炭から再生可能エネルギーへの移行に向けたインドネシアの取組を支援する「インドネシアJETPに係る共同声明」が合意されました。また、同年12月14日、日本を含む支援国グループとベトナムとの間で「ベトナムとの『公正なエネルギー移行パートナーシップ』立ち上げに関する政治宣言」について一致しました。

サモアにおいて日本が無償資金協力を通じて建設を支援した太平洋気候変動センター（写真：JICA）

（緑の気候基金（GCF））

　多国間支援に関して、日本は、世界最大の多国間気候基金である緑の気候基金（GCF）^{解説}を通じた開発途上国支援を行っています。日本は、同基金にこれまでに合計最大約3,190億円を拠出してきました。さらに、2024年から2027年の第2次増資期間では、日本は第1次増資と同規模の最大1,650億円を拠出する意向を表明しています。GCFでは、2023年12月までに243件の支援事業が承認・実施されており、全体で30億トンの温室効果ガス削減と、適応策支援による10億人への裨益が見込まれています。また、日本からは、JICA、株式会社三菱UFJ銀行および株式会社三井住友銀行が、GCFの事業案件を形成する「認証機関」として承認されており、これまでに（株）三菱UFJ銀行による3つの事業（サブサハラ・中南米7か国における持続可能な民間森林事業（2020年3月）、開発途上国によるグリーン債発行支援事業（2022年10月）およびアジア・アフリカ・中南米19か国におけるブレンデッド・ファイナンスによる緩和・適応支援事業（2023年10月））と、JICAによる2つの事業（東ティモールにおける森林保全事業（2021年3月）およびモルディブにおける気候強靭性強化事業（2021年7月））が採択されました。

（二国間支援）

　二国間支援の具体例としては、日本はサモアにおいて、無償資金協力を通じて建設を支援した太平洋気候変動センターに対し、気候変動対策に関する専門家を派遣しています。日本は同センターを通じて気候変動に脆弱な太平洋島嶼国の人材育成に努めています。本支援を行うことにより、気象災害を事前に適切に予測する能力が向上し、大洋州14か国の1,000万人を超える人々に広く裨益することが期待されます。また、国連開発計画（UNDP）と連携して、サモア、パプアニューギニア、バヌアツおよび東ティモールにおける環境重視による変革を支援しています。

　アフリカ地域では、2022年8月に開催されたTICAD 8において、（i）オーナーシップと共創、（ii）機動的な資金動員、（iii）多様なパートナーとの連携によるアプローチにより、日本の貢献を最大化することを目的として、気候変動への対応を行い脱炭素へのエネルギーの構造転換を目指す「アフリカ・グリーン成長イニシアティブ」が立ち上げられ、このイニシアティブの下、アフリカの持続的な成長に資する様々な取組が進められています。

（「アジア・ゼロエミッション共同体（AZEC）」構想）

　岸田総理大臣は2022年の施政方針演説において、アジアの脱炭素化を目指すためのプラットフォームとして、「アジア・ゼロエミッション共同体（AZEC）」構想を発表しました。2023年3月には、ASEAN諸国およびオーストラリアを招待の上、AZEC閣僚会合を開催し、協力枠組みとしてのAZECを立ち上げました。12月には初めてとなるAZEC首脳会合を開催し、カーボンニュートラルの大きな目標を共有しつつ、その目標を達成する上で多様な道筋を尊重すること、脱炭素、経済成長、エネルギー安全保障の3つを両立させることを確認するとともに、今後もAZEC構想の下での取組を通じて、アジアの脱炭素化および

世界の持続的な発展にパートナー国 注55 と共に貢献していくことを強調しました。

（二国間クレジット制度（JCM））

また、開発途上国における気候変動対策支援の一つとして、優れた脱炭素技術などを、開発途上国を始めとする世界のパートナー国に展開していく「二国間クレジット制度（JCM）」解説 を推進しています。これにより、パートナー国の温室効果ガスの排出削減に貢献し、その成果の一部をクレジットとして取得し、日本の削減目標達成にも活用することができます。日本は2013年に、モンゴルとの間で初めて、JCM実施に係る協力覚書に署名したことを皮切りに、2022年までに25か国との間でJCMを構築し、2023年には新たに3か国と協力覚書に署名しました。2023年末までに、インドネシア、カンボジア、タイ、ベトナム、モンゴル、ラオス、バングラデシュ、モルディブ、パラオ、サウジアラビア、ケニアにおいて、省エネルギーや再生可能エネルギーなどに関する68件の事業からJCMクレジットが発行されており、JCMは世界全体での温室効果ガスの排出削減に寄与しています。

日本は引き続き、パリ協定の目指す脱炭素社会の実現に向けて、国際社会を主導していきます。

■ 生物多様性の主流化

近年、人類の活動の範囲、規模、種類の拡大により、生物の生息環境の悪化、生態系の破壊に対する懸念が深刻になってきています。日本は、生物多様性条約解説第10回締約国会議（COP10）（2010年）を愛知県名古屋市で開催するなど、生物多様性分野の取組を重視しています。また、日本は、開発途上国の能力開発を支援するため、生物多様性日本基金 注56 に拠出しています。2022年12月には、生物多様性条約第15回締約国会議（COP15）第二部がカナダ・モントリオールにおいて開催され、新たな世界目標である「昆明・モントリオール生物多様性枠組」が採択されました。日本として、この枠組みに示された「自然を回復軌道に乗せるために生物多様性の損失を止め反転させるための緊急の行動をとる」という2030年

ミッション、「自然と共生する世界」という2050年ビジョンを目指し、引き続き貢献していきます。COP15を踏まえ、締約国には生物多様性国家戦略を策定・改定することが求められていますが、日本は同戦略の見直しの検討をいち早く進め、2023年3月に「生物多様性国家戦略2023-2030」を閣議決定しました。

また、近年、野生動植物の違法取引が深刻化し、国際テロ組織の資金源の一つになっていることが、国際社会で問題視されています。日本は、ワシントン条約関連会合での議論に積極的に貢献するとともに、同条約が実施するプロジェクトへの拠出などを通じて、国際社会と協力してこの問題の解決に取り組んでいます。具体的な取組として、日本はアフリカを中心にゾウの密猟対策を実施するための施設の建設などを支援しています。

■ 海洋環境の保全

海洋プラスチックごみ問題は、海洋の生態系、観光、漁業および人の健康への悪影響が懸念されている喫緊の課題として、近年、その対応の重要性が高まっています。2019年のG20大阪サミットで日本が主導した、2050年までに海洋プラスチックごみによる追加的な汚染をゼロにすることを目指す「大阪ブルー・オーシャン・ビジョン」は、2023年12月時点で87の国と地域に共有されています。同ビジョンの実現に向け、日本は、(ⅰ) 廃棄物管理（Management of Wastes）、(ⅱ) 海洋ごみの回収（Recovery）、(ⅲ) イノベーション（Innovation）、(ⅳ) 能力強化（Empowerment）に焦点を当てた、「マリーン（MARINE）・イニシアティブ」を立ち上げました。日本は、同イニシアティブの下で、世界全体の実効的な海洋プラスチックごみ対策を後押しするため、開発途上国における廃棄物管理に関する能力強化およびインフラ整備などを支援しています。

2023年9月、上川外務大臣は、持続可能な海洋経済の構築に向けたハイレベル・パネル第5回会合に出席し、ブルーカーボン 注57 関連の取組等の日本の優れた取組を「日本モデル」として発信していく旨を述

注55 AZECパートナー国は、インドネシア、オーストラリア、カンボジア、シンガポール、タイ、日本、フィリピン、ブルネイ、ベトナム、マレーシア、ラオス。

注56 開発途上国の能力養成を行うことを目的として、COP10議長国であった日本が生物多様性条約事務局に設置した基金。

注57 沿岸・海洋生態系に取り込まれ、土壌への蓄積や海底へ沈降する炭素のこと。

タイでの技術協力「東南アジア海域における海洋プラスチック汚染研究の拠点形成」において、タイランド湾の海岸線視察を行う様子（写真：JICA）

べつつ、プラスチック汚染対策について、5月のG7広島サミットでコミットした2040年までに追加的なプラスチック汚染をゼロにするという野心（詳細は、第I部2の8ページを参照）を、多くの国と共有することを期待する旨を述べました。また、プラスチック汚染に関する法的拘束力のある国際文書（条約）の策定に向けた政府間交渉委員会のプロセスにおいても、多くの国が参加する効果的かつ進歩的な条約を実現するために、日本として引き続き積極的に交渉に関与していく旨を述べました。

日本は、海洋環境保全の分野において、海洋プラスチックごみ対策への支援を行っています。JICAを通じた開発途上国への専門家派遣および開発途上国からの研修員受入れなどの技術協力としては、2023年には、技術協力として課題別研修「海洋ごみ対策のための廃棄物管理」を実施しました。

2018年の日ASEAN首脳会議において表明した、海洋プラスチックごみ対策に関するASEANに対する支援を拡大する一環として、2019年以降、ASEAN諸国における海洋プラスチックごみ削減を中心とする環境保全のための人材育成、啓発および広報活動なども実施しています。2023年には、日・ASEAN統合基金（JAIF）注58 を通じて、ASEAN各国の行動計画策定などを通じた海洋ごみ削減のための能力強化やASEAN地域のプラスチック資源循環促進支援を行いました。また、マイクロプラスチック・水質汚濁対策に関するASEAN諸国の地方自治体の能力開発強化や

漁業からの海洋ごみ排出を監視・削減するための能力構築などの支援を行っています。

日本は、国連環境計画（UNEP）を通じて、東南アジア、南アジアおよび太平洋島嶼国を中心として、海洋プラスチックごみ対策を支援しています。UNEPは、2018年から、プラスチックによる海洋汚染の深刻化に対して、プラスチックの海洋流出を監視するための手法を開発しました。加えて、科学的根拠に基づいた政策立案を可能にするため、プラスチックごみのサンプリング調査および流出経路に関する科学的分析を実施し、その結果に基づいた政策提言やガイドラインの作成を行っているほか、日本のIT企業と連携して流出経路地図を作成し、3,000か所以上の流出ポイント（ホットスポット）を特定し、広く一般にも使用可能となるよう同地図を専用サイト 注59 で公開しています。

■ 森林・水資源の保護

森林資源のうち、熱帯林は世界の森林の約半分を占め、気候変動対策や生物多様性保全に重要な役割を担っています。日本は、国際熱帯木材機関（ITTO）の本部を横浜に誘致し、これまで30年間以上にわたって、同機関を通じて熱帯林の持続可能な経営および合法で持続可能な熱帯木材貿易を支援してきました。日本政府からITTOへの任意拠出により、2023年には、パナマにおいて、同国の森林総合研究所が所持する木材の産地判別技術の現地における導入試験が行われるなど、熱帯木材生産国に対する支援が実施されています。

また水産資源の保全については、日本は、ASEAN地域において、東南アジア漁業開発センター（SEAFDEC）との協力の下、JICAを通じた違法・無報告・無規制(IUU：Illegal, Unreported, Unregulated)漁業対策に関する研修やワークショップを実施しています。IUU漁業による規制閾値（いき）を超えた漁獲が魚類の生態系に与える影響を抑えることで、ASEAN諸国にとって基幹産業の一つである漁業の持続可能性および漁業コミュニティの持続可能な発展を後押しすることにつながります。

注58 91ページの注4を参照。
注59 「Mobile Application for Macro Plastic Survey」 https://arcg.is/1DOOWW

「アンデス・アマゾンにおける山地森林生態系保全のための統合型森林管理システムモデルの構築プロジェクト」において、ペルーの森林火災跡地で土壌調査を行う様子（写真：宮本和樹）

技術協力「スーダンのきれいな街プロジェクト」でごみ収集車両の稼働状況を調査する様子（写真：八千代エンジニヤリング株式会社）

■ 環境汚染対策

開発途上国では、有害な化学物質の規制措置が整備されていないことが多く、環境汚染や健康被害などを引き起こしている例もあります。日本は環境汚染対策に関する多くの知識・経験や技術を蓄積しており、それらを開発途上国の公害問題を解決するために活用しています。また、化学産業における環境管理技術、環境負荷化学物質の分析技術およびリスク評価、化学物質の微量分析技術などにおいて、開発途上国への専門家派遣および開発途上国からの研修員受入れなどの技術協力を行っています。

水銀に関する水俣条約外交会議（2013年）で採択された「水銀に関する水俣条約」は、2017年8月に発効しました。日本は、水俣病の経験を経て蓄積した、水銀による被害を防ぐための技術やノウハウを世界に積極的に伝え、グローバルな水銀対策においてリーダーシップを発揮しています。ネパールなどに対して条約の批准を支援するための研修などを実施したほか、日本の優れた水銀対策技術の国際展開を推進すべく、インドネシアなどで調査を実施しました。また、2019年以降、国連環境計画アジア太平洋地域事務所（UNEP-ROAP）を実施機関とし、日本が出資する事業「日本の知見・経験を生かした水銀に関する水俣条約推進プロジェクト」を実施し、加盟国が条約

に沿った水銀管理を実施するために、国内の水銀関連情報の量と質を向上させ、プラットフォームを整備することを支援しています。この事業は、水俣市とその周辺にある資源を活用し、日本の機関が保有する技術を利用して、実施能力を強化するための包括的なプログラムを設計しています。

廃棄物管理分野において、日本は「マリーン・イニシアティブ」に基づき、世界において、廃棄物管理人材を2025年までに1万人育成することとしており、2022年度までに研修などを通じて約2万人を育成しました。

また、「アフリカのきれいな街プラットフォーム（ACCP）」解説では、アフリカにおける廃棄物管理支援のモデルプロジェクトとして、モザンビークのウレネ廃棄物最終処分場への支援を行っています。2022年8月に行われたTICAD 8においても、ACCPの下で、廃棄物分野の脱炭素やリサイクルを推進すること、アフリカにおいて3,000万人に裨益する廃棄物管理を含む公衆衛生改善を推進すること、1,000人の人材育成を実施することを表明しました。マダガスカルでは、首都アンタナナリボ市において、同市の廃棄物管理能力向上を目的として、廃棄物の収集・運搬、最終処分などに係る機材の整備を行う計画が進められています（エチオピアにおける、福岡方式を活用した廃棄物管理支援については66ページ「匠の技術、世界へ」を参照）。

2

福岡発のごみ埋立て技術でエチオピアの廃棄物管理を改善
～現地の人々と一緒に作業～

エチオピアでは近年、都市人口の急増と生活様式の変化でごみの量が増加していますが、廃棄物処理施設の整備が追い付かず、廃棄物管理が大きな課題となっています。特に、エチオピアの首都アディスアベバ市にある国内最大の廃棄物埋立地コシェ処分場では、2017年、高さ50メートルにまで積み上げられていたごみが崩落して200人以上が亡くなる事故が発生し、課題の解決が急務となっていました。

この事故を受けて、日本は2018年、国連人間居住計画（UN-Habitat）への支援を通じ、コシェ処分場に、固形廃棄物管理において実績のある日本の埋立て技術「福岡方式」を活用した緊急改善を行いました。

「福岡方式」として知られる埋立て技術「準好気性埋立構造」は、1970年代に福岡市と福岡大学が共同で開発し、福岡大学名誉教授の花嶋正孝氏と松藤康司氏らによって考案・実用化された日本独自の環境保全型のごみ埋立て技術です。埋立地の底部に浸出水集排水管を敷設して外気を取り込み、土壌の好気性微生物を活性化させて廃棄物の分解を促進する技術ですが、これにより排水も浄化でき、温室効果ガスの一つであるメタンガスの発生も抑えられます。竹やドラム缶など現地の資材を活用して、低コストで導入が可能な点も特徴です。

松藤氏は、重機も道具もなく、ゴミ拾いを生計手段としている人（ウェイストピッカー）がいる場所で福岡方式を導入するためには、技術を伝えるだけではうまくいかないと自身の経験から語り、ウェイストピッカーの協力を得ながら導入を進めるために、自ら廃棄物処理施設に入って技

現地に指導に入った日本人専門家3名と、作業を共にしたウェイストピッカー（後列左から3人目が松藤名誉教授）（写真：UN-Habitat）

術指導を行います。「世間から眉をひそめられているウェイストピッカーも、見方を変えれば、ごみの分別と削減に貢献しているパートナーです。ウェイストピッカーの協力を得ることで福岡方式の導入が早く進むとともに、ごみ処分場が安全な場所になって彼らにとっても仕事がしやすくなります。一緒に作業をして、ごみ処分場が改善されるに従い、彼らの顔つきも穏やかになり、協力的になります。」と語ります。

アディスアベバ市での成功を受けて、エチオピア国内のほか、国外21か国からも、福岡方式による廃棄物管理の導入を求める声が高まりました。エチオピア国内では2019年にバハルダール市に展開され、2021年からはハワサ市で、「アフリカのきれいな街プラットフォーム」注1の取組の一つとして継続しています。

松藤氏の下には、多くの国々から廃棄物処理施設の改善のための協力依頼が寄せられています。今後の他国への展開について、「一つの国の中にも廃棄物処理施設は何十か所もあり、予算も限られています。私自身が全ての場所に赴くことは難しいため、正しい技術と知識を伝えられる人材を育成し、福岡方式を広く伝えたいと思っています。」と展望を語ります。現在、松藤氏の指導の下、東南アジア、南米、アフリカなど地域ごとにオンラインも活用した研修センターを作る構想も進んでいます。日本の技術が、各地の廃棄物処理施設の改善につながることが期待されます。

福岡方式によって改善されたアディスアベバ市のコシェ処分場（写真：UN-Habitat）

注1 67ページの用語解説を参照。

用語解説

地球環境ファシリティ（GEF：Global Environment Facility）

開発途上国の地球環境保全に資するプロジェクトに対し、主に無償で資金を供与する多国間の資金メカニズム。1991年に設立され、日本を含む186か国が参加（2023年12月時点）。世界銀行が参加国からの拠出金を管理。国際開発金融機関（世界銀行、ADBほか）、国連機関（UNDP、UNEPほか）など18の実施機関を通じ、生物多様性保全、気候変動対策、国際水域汚染防止、土地劣化対策、および化学物質・廃棄物対策の5分野を支援。国連気候変動枠組条約、生物多様性条約、国連砂漠化対処条約、残留性有機汚染物質に関するストックホルム条約、水銀に関する水俣条約、国家管轄権外区域における海洋生物多様性（BBNJ）協定の資金メカニズムに指定されている。

緑の気候基金（GCF：Green Climate Fund）

2010年のCOP16で採択されたカンクン合意において設立が決定された、開発途上国の温室効果ガス削減（緩和）と気候変動による影響への対処（適応）を支援する多国間気候基金。

二国間クレジット制度（JCM：Joint Crediting Mechanism）

開発途上国などへの優れた脱炭素技術、製品、システム、サービス、インフラなどの普及や対策実施を通じ、実現した温室効果ガス排出削減・吸収への日本の貢献を定量的に評価するとともに、日本のNDCの達成に活用する制度。

生物多様性条約（CBD：Convention on Biological Diversity）

生物多様性に関する地球規模の取組を進めるため、1992年に採択された条約。（i）生物多様性の保全、（ii）生物多様性の構成要素の持続可能な利用（生態系・種・遺伝子の各レベルでの多様性を維持しつつ、生物等の資源を将来にわたって利用すること）、（iii）遺伝資源の利用から生ずる利益の公正かつ衡平な配分を目的とする。先進国から開発途上国への経済的および技術的な支援を実施することにより、世界全体で生物多様性の保全とその持続可能な利用に取り組んでいる。

アフリカのきれいな街プラットフォーム（ACCP：African Clean Cities Platform）

2017年に環境省がアフリカの廃棄物に関する知見の共有とSDGsの達成を促進することなどを目的として、JICA、横浜市、UNEPおよび国連人間居住計画（UN-Habitat）と共に設立。アフリカの46か国173都市が加盟しており、全体会合の開催や、各種ガイドライン・教材などの作成、スタディツアーの企画などを実施している。

(2) 保健・医療

SDGsの目標3は、「あらゆる年齢の全ての人々の健康的な生活を確保し、福祉を促進する」ことを目指しています。また、世界の国や地域によって多様化する健康課題に対応するため、ユニバーサル・ヘルス・カバレッジ（UHC）注60 の達成が国際的に重要な目標の一つに位置付けられています。一方、現状では少なくとも世界人口の約半数が基礎的な医療を受けられていない状況にあり、予防可能な病気で命を落とす5歳未満のこどもの数は、年間500万人以上注61 と推計されています。また、産婦人科医や助産師などによる緊急産科医療が受けられないなどの理由により、年間約28.7万人注62 の妊産婦が命を落としています。さらに、地球上の全ての人々に多岐にわたる影響を及ぼした新型コロナウイルス感染症は、ワクチンの分配等をめぐって、世界的な保健医療課題に取り組むためのガバナンスやファイナンスの在り方である、現在のグローバルヘルス・アーキテクチャー（GHA：国際保健の体制）の脆弱性を露呈しました。

新型コロナの拡大など世界の様々な状況変化を踏まえ、日本政府は、2022年5月、（i）健康安全保障に資するGHAの構築に貢献し、パンデミックを含む公衆衛生危機に対する予防・備え・対応（PPR）を強化すること、また、（ii）人間の安全保障を具現化するため、ポスト・コロナの新たな時代に求められる、より強靭、より公平、かつより持続可能なUHCを達成することを目標とする「グローバルヘルス戦略」を策定し、この戦略を踏まえた取組を推進しています。

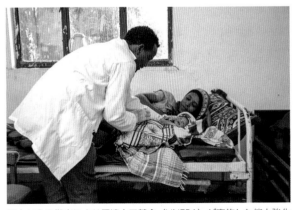

日本からの拠出により国連人口基金（UNFPA）が実施した能力強化研修を受講した助産師が、産後健診を行っている様子（写真：UNFPA）

注60 全ての人が、効果的で良質な保健医療サービスを負担可能な費用で受けられること。
注61 国連児童基金（UNICEF）によるデータ（2021年時点）。
注62 世界保健機関（WHO）によるデータ（2020年時点）。

日本の取組

■ 将来の健康危機への予防・備え・対応（PPR）に資するグローバルヘルス・アーキテクチャー（GHA）の構築

新型コロナ対応の経験や教訓を踏まえ、将来の健康危機に対する予防・備え・対応（PPR）の強化に対する国際社会の関心がこれまでになく高まっています。

日本は、これまでに世界保健機関（WHO）の健康危機への対応支援として、WHOの健康危機プログラム^{解説}、緊急対応基金（CFE）^{解説}などへの拠出による財政貢献を行ってきており、新型コロナの急性期への対応などにも活用されました。また、2022年に設立された世界銀行が主管するパンデミック基金について、日本は創設ドナーとして貢献し、累計7,000万ドルの拠出を表明したほか、日本が世銀グループと連携して立ち上げた保健危機への備えと対応に係るマルチドナー基金（HEPRTF）への追加拠出等を通じ、開発途上国における感染症の備え・対応のための能力強化などの支援を実施しています。

2023年、日本はG7議長国として、PPR強化に向けて大きく貢献しました。5月に開催された、G7財務大臣・保健大臣合同会合における議論の成果として「財務・保健の連携強化およびPPRファイナンスに関するG7共通理解」を取りまとめ、新型コロナの経験を踏まえ、財務当局と保健当局の更なる連携強化の必要性を再確認するとともに、パンデミック発生時の対応のために必要な資金を迅速かつ効率的に供給する「サージ・ファイナンス」の枠組みについて、G20などと共に検討を進めることに合意しました。

続いて同月に行われたG7広島サミットでは、G7首脳は首脳級のガバナンスに向けた政治的モメンタムの強化および国際的な規範・規則の強化にコミットしました。また、世界全体でのワクチン等の感染症危機対応医薬品等（MCM）への公平なアクセス向上のために、「MCMへの公平なアクセスなためのG7広島ビジョン」を公表し、「MCMに関するデリバリー・パートナーシップ（MCDP）」を立ち上げ、取組を推進しました。さらに、インパクト投資を通じた民間資金動員により保健課題の解決を目指す、「グローバルヘルスのためのインパクト投資イニシアティブ（トリ

プル・アイ（Triple I））」を承認しました。

9月、岸田総理大臣は、国連総会の機会に開催された「G7保健フォローアップ・サイドイベント」に出席し、円滑な資金動員に向け、各国内の資金動員の拡充、国際協力および民間資金動員の加速が必要であると述べ、日本が、新しい円借款制度として、技術協力の提供と併せて借入国による予防・備えの強化に向けた努力に応じて支援を拡充する仕組み、およびパンデミック発生時の対応に必要な資金を速やかに提供する仕組みを創設することを発表しました。さらに、岸田総理大臣は、民間資金動員について、G7広島サミットで承認されたTriple Iの立ち上げを宣言し、各国の関連企業・機関の参画を呼びかけました。

国際場裡におけるルール作りにも日本は積極的に貢献しています。2022年2月には、WHOの下で、「パンデミックの予防、備え及び対応（PPR）に関するWHOの新たな法的文書」（いわゆる「パンデミック条約」）の第1回政府間交渉会議が開催され、2023年末時点で交渉は継続しています。日本からも政府間交渉会議の副議長に1人が選出され、日本は加盟国としても会議の進捗に貢献しています。また、同時並行で議論が行われている国際保健規則（2005年）（IHR（2005））^{注63}の改正についても積極的に議論に貢献しています。

■ ユニバーサル・ヘルス・カバレッジ（UHC）の推進

日本は、新型コロナによって後退した従来の保健課題への対応を推し進め、より強靱、より公平、かつより持続可能なUHCを実現していく必要性があるとの認識の下、国際的な協力を進めてきています。

従来、日本は、持続可能かつ強靱な保健システムの構築が感染症対策の基盤になるとの観点に立ち、東南アジアやアフリカ各国の保健・医療体制を支援してきました。加えて、新型コロナ等のパンデミックで明らかになった様々な教訓を踏まえ、中核医療施設の整備・ネットワーク化や医療分野の人材育成支援などの保健システムを強化しています。例えば2023年8月には、マダガスカルにおいて無償資金協力を通じて地域中核病院への医療機材整備を支援することについて書簡を交換し、診断・治療体制の強化および医療への

注63 国際保健規則（2005年）（IHR（2005）：International Health Regulations）世界保健機関（WHO）が定めた、疾病の国際的伝播を最大限防止することを目的とした保健規則。

開発協力トピックス ③

人間の安全保障

人間の安全保障とは、人間一人ひとりに着目し、人々が恐怖や欠乏から免れ、尊厳を持って生きることができるよう、個人の保護と能力強化を通じて国・社会づくりを進めるという考え方です。日本は長年にわたって人間の安全保障の理念を国際社会で推進してきており、開発協力大綱でも、日本の開発協力の根本にある指導理念として位置付けてきました。一人ひとりに焦点を当てる人間の安全保障は、「誰一人取り残さない」社会の実現を目指す持続可能な開発目標（SDGs）注1の理念とも軌を一にするものです。

2023年6月の改定後の開発協力大綱においても、引き続き人間の安全保障を指導理念としつつ、複合的な危機の状況に対応する人間の安全保障を実現することを目的として、新しい時代の「人間の安全保障」を基本方針の1つとして掲げています。これは、個人の保護と能力強化といった「人への投資」に加え、様々な主体の連帯を柱として、人間の主体性を中心に置いた開発協力を行っていくものです。なお、この考えは、2022年に国連開発計画（UNDP）が公表した人間の安全保障に関する特別報告書において、従来の人間の安全保障の2つの柱である「保護」と「能力強化」に加えて、「連帯」の概念を取り込んだ新たな時代の人間の安全保障の必要性が提唱されたことを踏まえています。

日本政府は人間の安全保障の推進のため、概念の普及と現場での実践の両面で、これまでに様々な取組を実施しています。2012年には日本主導により人間の安全保障の共通理解に関する国連総会決議が全会一致で採択されたほか、人間の安全保障に関するシンポジウムの開催等を通じて、国際社会における人間の安全保障の概念の普及に積極的に取り組んでいます。日本が議長国を務めた2023年5月のG7広島サミットでも、複合的な危機に直面する開発途上国に対し、新たな時代の人間の安全保障の理念に立脚し、脆弱な立場に置かれやすい人々を支援する取組を重視していく姿勢を示しました。

また、現場での人間の安全保障の実践を推進するため、日本の主導により、1999年に国連に人間の安全保障基金が設置され、2022年度までに日本は同基金に累計で約500億円を拠出しています。同基金は、2022年末までに100以上の国・地域で、国連機関が実施する人間の安全保障の確保に資するプロジェクト293件を支援してきました。

2024年1月には、人間の安全保障に関する国連事務総長報告が発出され、これを踏まえて今後、国連の場を中心に人間の安全保障をめぐる議論が活発になることが見込まれています。長年にわたって人間の安全保障を提唱してきた日本は、こうした議論を積極的に主導していく考えです。

注1　32ページの用語解説を参照。

2023年3月、日本が国連人間の安全保障基金を通じて、国連開発計画（UNDP）と国際移住機関（IOM）に拠出して、モルドバに滞在するウクライナ避難民やモルドバのコミュニティ支援を行う旨を発表する様子（写真：UNDP Moldova）

JICAインド事務所が行っている「アッチー・アーダット（良い習慣）・キャンペーン」の一環で、協賛企業であるサンリオ社とハローキティが初めてインドを訪れ、こどもたちに正しい手洗い・爪切りの方法を教えている様子（写真：JICA）

アクセス改善を図っています。これらはUHCの推進に貢献すると同時に、公衆衛生危機に対する予防・備え・対応（PPR）にも資するものです。また、上下水道等の水・衛生インフラの整備、食料安全保障の強化など、より幅広い分野で、感染症に強い環境整備のための支援を実施しています。15か国以上の国において、浄水処理用薬品、給水車用燃料、水道事業職員用の感染防護具、配管資材等を供与しているほか、手洗いの励行や啓発活動を実施し、感染症予防に貢献しています。JICAは、安全・安心な水の供給、手洗い設備、石鹸等の環境整備の支援に加え、開発途上国における正しい手洗いの定着のため、「健康と命のための手洗い運動」などの取組を実施しています（水・衛生分野における取組については74ページの第Ⅲ部3（3）を参照）。

UHCにおける基礎的な保健サービスには、栄養改善、予防接種、母子保健、性と生殖の健康、感染症対策、非感染性疾患対策、高齢者の地域包括ケアや介護など、あらゆるサービスが含まれます（栄養改善については、第Ⅲ部1（1）の29ページからを参照）。

特に、開発途上国の母子保健については、いまだ大きな課題が残されており、2023年、日本は、ガーナ、カンボジア、コートジボワール、セネガル、パキスタン、バングラデシュ、ブルンジ、ラオスなどを始め、多くの国で母子保健改善のための支援を実施しました。

日本は、その経験と知見をいかし、母子保健改善の手段として、母子健康手帳（母子手帳）を活用した活動を展開しています。母子手帳は、妊娠期・出産期・産褥期 注64、および新生児期、乳児期、幼児期と時間的に継続したケア（CoC：Continuum of Care）に貢献できるとともに、母親が健康に関する知識を得て、意識向上や行動変容を促すことができるという特徴があります。具体的な支援の例として、インドネシアでは、日本の協力により全国的に母子手帳が定着しています。また、インドネシアは、関係省庁がJICAの協力の下、母子手帳の活用を推進している国に対してその経験や知識を共有するイベントを開催しています。2023年は、カンボジア、ケニア、タイ、タジキスタン、東ティモール、ベトナム、マダガスカル、ラオスの8か国から参加があり、インドネシアを含めた9か国での経験から学び合いが行われました。

アフリカ地域では、2022年8月に開催されたTICAD8の成果文書として採択された「チュニス宣言」において、人間の安全保障の実現、SDGs達成に向けた強靱で持続可能な社会の構築の必要性、UHCの実現に向けた保健分野での取組の促進の重要性が確認されています。

日本のNGOは、日本NGO連携無償資金協力の枠組みを利用して、保健・医療分野で事業を実施しています。例えば、2023年には特定非営利活動法人地球のステージが、東ティモールのエルメラ県において、母子保健「性と生殖の健康」向上事業として、小型超音波診断装置の導入と操作方法研修、妊産婦対象の母親学級の開催、母子保健に関する教材を用いた啓発キャンペーンを行っています。

日本は、国連人口基金（UNFPA）や国際家族計画連盟（IPPF）、世界銀行などの国際機関と共に、性と生殖に関する健康サービスを含む母子保健を推進することによって、より多くの女性とこどもの健康改善を目指しています。また、Gaviワクチンアライアンス解説や二国間協力を通じて、開発途上国の予防接種率の向上に貢献しています（UNFPA日本人職員の活躍について、50ページの「世界の現場で活躍する国際機関日本人職員」も参照）。

また、アジア開発銀行（ADB）では、「ストラテジー2030」において保健を重点分野の一つに位置付け、アジア太平洋地域でのUHC達成に向けたADBと日本との連携の3本柱として、UHCを支える（ⅰ）制度枠組みの構築、（ⅱ）人材育成の強化、（ⅲ）イン

注64 出産後、妊娠前と同じような状態に回復する期間で、産後約1か月から2か月間のこと。

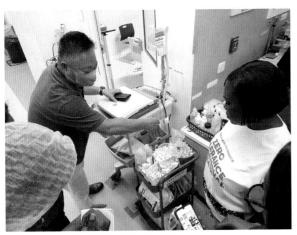

ガーナの母子保健医療サービスの質の改善プロジェクトで、研修生の実習先病院で指導を行うJICA専門家（写真：JICA）

フラの整備、を掲げました。日本は、2021年4月から、この3本柱に基づいた取組を後押しする技術支援や小規模のグラント供与を目的としてADBの日本信託基金への拠出を開始し、2023年10月末までの間に、基金を通じて合計約1,150万ドルに上る支援を行っています。

2023年5月、G7長崎保健大臣会合では加藤厚生労働大臣（当時）が議長を務め、「より健康な未来に向けた協働」をテーマに、世界全体のUHC達成に向けてG7各国がさらに取り組むべき行動をまとめた「G7 UHCグローバルプラン」を策定しました。G7広島サミットにおいては、ポスト・コロナ時代におけるUHC達成に向けた取組を後押しすべく、G7全体として官民合わせて480億ドル以上の資金貢献を行うことが発表されました。岸田総理大臣は、このうち、日本として、グローバルヘルス技術振興基金（GHIT）への2億ドルのプレッジ（供与の約束）を含め、官民合わせて75億ドル規模の貢献を行う考えであることを発表しました。また9月には、岸田総理大臣が、国連総会UHCハイレベル会合に出席し、新型コロナから得た教訓を忘れる前に、国際社会は、改めてUHCの達成という目標を思い起こし行動するべきであり、G7広島サミットでも、保健システム強化を通じた、より強靱、より公平、より持続可能なUHC達成への貢献にコミットしたこと等を述べた上で、2030年までのUHC達成に向けた更なる決意を示し

ました。

日本は、開発途上国の保健・医療体制構築を、医療従事者の能力構築支援、地域病院間のネットワーク化、地域の保健システム強化などの観点から、長年にわたり支援してきました。新型コロナ危機においても、それら支援の対象であった医療施設が感染症対策の中核を担いました。2023年には、G7広島サミットにおける保健分野を中心としたリーダーシップおよび国際保健分野における長年にわたる多大な貢献等が評価され、岸田総理大臣がグローバル・ゴールキーパー賞を受賞するなど、国際社会から評価されています。

■ 個別の国際保健課題への取組
（新型コロナウイルス感染症対策支援）

日本は、新型コロナの発生直後からこれまでに、二国間および国際機関経由で、総額約50億ドル規模の開発途上国支援を実施しました。開発途上国の経済・社会活動を下支えするため、また、保健・医療分野を含む財政ニーズに対処するため、新型コロナ危機対応緊急支援円借款の制度を創設し、2020年7月から2023年9月末までに23か国に対し、総額6,848億円の円借款を供与しました。

新型コロナ収束のためには安全性、有効性、品質が保証されたワクチンや治療・診断への公平なアクセスの確保が重要との考えの下、日本はCOVAXファシリティ（COVID-19 Vaccine Global Access Facility）解説などの国際的な枠組みと協調しつつ、各国・地域に対するワクチン関連支援を実施してきました。また、ワクチンを接種現場まで届けるための「ラスト・ワン・マイル 注65 支援」では、コールド・チェーン 注66 体制の整備や医療関係者の接種能力強化などを行いました。

（三大感染症（HIV／エイズ、結核、マラリア））

SDGsの目標3.3として、2030年までの三大感染症の収束が掲げられています。日本は、グローバルファンド 注67 を通じた三大感染症対策および保健シ

注65 物流・通信サービス等の分野において、モノまたはサービス提供のための最終拠点から利用者や消費者にモノまたはサービスが届くまでの最後の区間のこと。

注66 低温を保ったまま、製品を目的地まで配送する仕組み。これにより、ワクチンなどの医療品の品質を保つことができる。

注67 2000年のG8九州・沖縄サミットにおいて感染症対策が初めて主要議題となったことを契機に、2002年に設立された官民連携パートナーシップ。開発途上国における三大感染症（HIV／エイズ、結核、マラリア）対策および保健システム強化に対する資金協力を行い、SDGs達成に向けた取組に貢献。

ステム強化への支援に力を入れており、設立から2023年2月までに約43億ドルを拠出しました。さらに、2022年8月のTICAD 8および9月のグローバルファンド第7次増資会合において、岸田総理大臣は、今後3年間で最大10.8億ドルの拠出を行うことを表明しました。日本は、三大感染症への対策がより効果的に実施されるよう、グローバルファンドを通じた取組との相互補完的な支援として、保健システムの強化、コミュニティ能力強化や母子保健改善などの二国間協力も実施しています。

二国間協力を通じたHIV/エイズ対策として、日本は、新規感染予防のための知識を広め、検査・カウンセリングを普及する取組を行っています。特にアフリカを中心に、2023年もJICA海外協力隊員が、より多くの人に予防についての知識や理解を広める活動や、感染者や患者のケアとサポートなどに精力的に取り組んでいます。

結核に関しては、2021年改定版「ストップ結核ジャパンアクションプラン」に基づき、日本が結核対策で培った経験や技術をいかし、官民が連携して、2025年までの中間目標として結核による死亡を75%減少（2015年比較）させ、結核罹患率を50%減少（2015年比較、10万人当たり55症例未満）させることを目標に、開発途上国、特にアジアおよびアフリカにおける年間結核死者数の削減に取り組んでいます。

このほか、乳幼児が死亡する主な原因の一つであるマラリアについて、ミャンマーやソロモン諸島において、日本は、地域コミュニティの強化を通じたマラリア対策への取組を支援しています。またグローバルファンドへの拠出を通じ、世界的なマラリア対策も行っています。

（感染症の薬剤耐性（AMR）への対応）

感染症の薬剤耐性（AMR）注68 は、公衆衛生上の重大な脅威であり、近年、対策の機運が増しています。日本は、AMRへの対策を進めるために、人、動物、環境の衛生分野に携わる者が連携して取り組む「ワンヘルス・アプローチ」を推進しています。日本は、G20大阪サミットでのワンヘルス・アプローチ

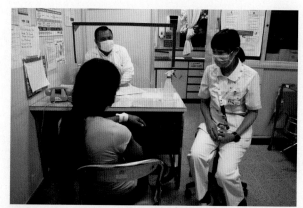

ボリビア・サンタクルス市の「日本病院」で診察対応しているJICA海外協力隊員（写真：JICA）

推進のための合意も踏まえ、2019年に新規抗菌薬の研究開発と診断開発を推進するGARDP注69 への約10億円の拠出を発表し、AMRグローバルリーダーズグループに参加するなど、AMR対策においてリーダーシップを発揮しています。2023年には、GARDPに対して約2.5億円を拠出しました。

（顧みられない熱帯病（NTDs））

シャーガス病、フィラリア症、住血吸虫症などの寄生虫・細菌感染症は「顧みられない熱帯病（NTDs：Neglected Tropical Diseases）」と呼ばれています。世界全体で10億人以上が感染しており、開発途上国に多大な社会的・経済的損失を与えています。日本は、2023年までにグローバルヘルス技術振興基金（GHIT）へ総額で186億円を拠出してきており、GHITを通じてNTDs対策支援を行ってきたほか、2022年6月には「顧みられない熱帯病（NTDs）に関するキガリ宣言」に署名し、関係国や国際機関等と密接に連携して対策に取り組んでいます。G7広島サミットでは、岸田総理大臣から、GHITに2億ドルをプレッジ（供与の約束）することを発表しました。

日本は、技術協力を通じ、1970年代から太平洋島嶼国に対してリンパ系フィラリア症の対策支援を行っています。「大洋州広域フィラリア対策プロジェクト」では、日本の製薬会社エーザイ株式会社が無償でWHOに提供する治療薬を活用し、日本人専門家の派遣による技術指導を行い、感染地域において伝播を阻止するための駆虫薬の集団投薬などを、官民が連携して支援しています。長期にわたるこれらの支援が功を

注68 AMR（Antimicrobial Resistance）。病原性を持つ細菌やウイルス等の微生物が抗菌薬や抗ウイルス薬等の抗微生物剤に耐性を持ち、それらの薬剤が十分に効かなくなること。

注69 グローバル抗菌薬研究開発パートナーシップ（Global Antibiotic Research and Development Partnershipの略）。

太平洋島嶼国6か国を対象として実施中の技術協力「大洋州広域フィラリア対策プロジェクト」における州保健局職員への研修終了時（パプアニューギニア）の様子（写真：JICA）

奏し、太平洋島嶼国14か国のうちの9か国（キリバス、クック諸島、ソロモン諸島、トンガ、ナウル、ニウエ、バヌアツ、パラオ、マーシャル諸島）がリンパ

系フィラリア症の制圧を達成しました。今後も専門家の派遣などを通じて太平洋島嶼国におけるリンパ系フィラリア症の制圧に向けた支援を継続していきます。

（ポリオ）

ポリオは根絶目前の状況にありますが、日本は、いまだ感染が見られる国（ポリオ野生株常在国：アフガニスタン、パキスタン）を中心に、主に国連児童基金（UNICEF）やGaviと連携し、撲滅に向けて支援しています。2023年には、アフガニスタンにおいて、定期予防接種活動およびポリオワクチン接種キャンペーンに必要なワクチン調達などの支援をUNICEFと連携して実施しており、パキスタンにおいても同様の支援を継続中です。

用語解説

健康危機プログラム（WHO Health Emergencies Programme）
WHOの健康危機対応のための部局であり、各国の健康危機対応能力の評価と計画立案の支援や、新規および進行中の健康危機の事案のモニタリングのほか、健康危機発生国における人命救助のための保健サービスの提供を実施している。

緊急対応基金（CFE：Contingency Fund for Emergencies）
2014年の西アフリカにおけるエボラ出血熱の大流行の反省を踏まえ、2015年にWHOがアウトブレイクや緊急事態に対応するために設立した感染症対策の緊急対応基金のこと。拠出の判断がWHO事務局長に一任されており、拠出することを決定してから24時間以内に資金を提供することが可能となっている。

Gaviワクチンアライアンス（Gavi, the Vaccine Alliance）
2000年、開発途上国の予防接種率を向上させることにより、こどもたちの命と人々の健康を守ることを目的として設立された官民パートナーシップ。ドナー国および開発途上国政府、関連国際機関に加え、製薬業界、民間財団、市民社会が参画している。設立以来、10億人以上のこどもたちに予防接種を行い、1,620万人以上の命を救ったとされている。

COVAXファシリティ（COVID-19 Vaccine Global Access Facility）
新型コロナワクチンへの公平なアクセスの確保のため、Gavi主導の下で立ち上げられた資金調達および供給調整メカニズム。ワクチンの購入量と市場の需要の保証を通じ規模の経済をいかして交渉し、迅速かつ手頃な価格でワクチンを供給する仕組み。COVAXファシリティは、2023年10月時点で146か国・地域へ20億回分のワクチンを供給。

第Ⅲ部

❸ 複雑化・深刻化する地球規模課題への国際的取組の主導

案件紹介 ③

安全かつ効率的な予防接種体制の確立に向けて
～パンデミックの予防・備え・対応（PPR）強化～

太平洋島嶼国における予防接種プログラム強化計画（UNICEF/WHO連携）

無償資金協力（2021年4月～2025年3月）

キリバス、パラオ、フィジー、マーシャル諸島、ミクロネシア連邦

太平洋島嶼国は、地理的に分散しており、島嶼国特有の課題と脆弱性を抱えています。例えばマーシャル諸島は、約200万平方キロの海域に散らばる環礁からなり、国内外のアクセスが困難です。保健・医療体制が脆弱なことからも、様々な感染症の流入に備えて、ワクチン接種体制の強化が課題となっていました。

そこで日本は、国連児童基金（UNICEF）および世界保健機関（WHO）と連携して、マーシャル諸島に加え、同様の課題を抱える太平洋島嶼国地域の4か国（キリバス、パラオ、フィジー、ミクロネシア連邦）を対象とし、電気のない地方環礁部でも使用可能なソーラー式ワクチン保冷庫等のコールド・チェーン注1強化のための機材および環礁間の移動用ボートを供与しました。また、UNICEFとの連携による各機材の保守・管理に関する技術支援や、WHOとの連携による予防接種計画策定および各種感染症の監視システム強化のための技

電気の無い地方環礁部でも使用可能なソーラー式保冷庫の引渡し式の様子（写真：UNICEF）

術支援なども実施しています。

マーシャル諸島では、2022年8月に新型コロナウイルス感染症の市中感染が発生し、国民の約4割が感染したものの、本協力によって供与された機材を活用したタイムリーな

新型コロナウイルス感染症の市中感染発生時のマジュロ市内臨時保健施設における健康スクリーニングの様子

ワクチン接種が功を奏し、約1か月で終息し、現地では日本の支援に対する感謝の声が多く聞かれました。2022年8月以降の地方環礁部におけるその他の感染症に対する予防接種者数は、35地域コミュニティにおいて3,000人に上っています。

日本は、今後も、より強靱、より公平、かつより持続可能なユニバーサル・ヘルス・カバレッジ（UHC）の達成に向けて、太平洋島嶼国地域における感染症予防を含む保健システムの強化を支援していきます。

注1 71ページの注66を参照

（3）水・衛生

水と衛生の問題は人の生命に関わる重要な問題です。世界の約22億人が、安全に管理された飲み水の供給を受けられず、約35億人が安全に管理されたトイレなどの衛生施設を使うことができない暮らしをしています 注70 。特に、水道が普及していない開発途上国では、多くの場合、女性やこどもが時には何時間もかけて水をくみに行くため、女性の社会進出やこどもの教育の機会が奪われており、ジェンダー平等および包摂的な社会の推進の観点からも重要な課題となっています。また、不安定な水の供給は、医療や農業にも悪影響を与えます。水・衛生インフラの整備は、感染症に強い環境整備にもつながり、より強靱、より公平でより持続可能なユニバーサル・ヘルス・カバレッ

ジ（UHC）注71 実現のためにも必要です。SDGsの目標6は、「全ての人々の水と衛生の利用可能性と持続可能な管理を確保する」ことを目指しています。

日本の取組

日本は、1990年代から累計で、世界一の水と衛生分野における援助実績を有しています。2023年、インドネシア、カンボジアを始めとする国々で上下水道整備・拡張のための協力を実施しました。例えば、カンボジアでは、下水道管理に係る法・制度の整備を通じて、プノンペン都庁および公共事業・運輸省の下水道管理の体制構築を支援しています。また、タジキスタンでは、給水サービスの改善に向けて、ピアンジ県・ハマド二県の上下水道公社の能力強化を目的とした技術協力プロジェクトを実施しました。現在その

注70 UNICEFによるデータ（2022年）。https://data.unicef.org/resources/jmp-report-2023/
注71 67ページの注60を参照。

ニカラグア上下水道公社のカウンターパートと送配水機材のニーズを確認するJICA専門家（写真：JICA）

パラオ・コロール州の学校で、日本の支援により新設された手洗い場でいつでも手洗いができるようになったこどもたちの様子

フォローアップのために、給水政策アドバイザー専門家が派遣されています。さらに、パキスタンでは、パンジャブ州ムルタン市における下水・排水サービス改善計画や同州ファイサラバード市における浄水場および送配水管網改善計画等を実施しています（カンボジアに対する支援については、138ページの「国際協力の現場から」、南スーダンにおける日本の取組については76ページの「案件紹介」を参照）。

2023年5月にニューヨークで開催された「国連水会議2023」には、約200の国・地域・機関から首脳級20人、閣僚級120人を含む6,700人以上が参加し、日本からは上川総理特使らが出席しました。上川特使は「国連水会議2023」の5つのセッションのうち、水に関する気候変動と強靱化等を議論するセッション3の共同議長をエジプトと共に務め、日本の水防災の経験もいかし、世界における水分野の強靱化に向けた提言を取りまとめました。また、11月、上川外務大臣は、エジプト政府が主催するカイロ水週間にビデオ・メッセージを送る形で参加しました。

日本国内および現地の民間企業や団体と連携した開発途上国の水供給体制改善の取組も、世界各地で行っています。例えば、ケニアでは、JICAの中小企業・SDGsビジネス支援事業を活用して、「水道施設における無収水対策・管継手導入に係る普及・実証・ビジネス化事業」が実施されています。同国では、配水管からの漏水が多く、課題となっています。同事業では、日本企業の水道管継手 注72 の技術を漏水防止にいかすため、パイロットプロジェクトが立ち上げられています。

環境省でも、アジアの多くの国々において深刻な水

質汚濁が生じている問題に対して、現地での情報や知識の不足を解消するため、アジア水環境パートナーシップ（WEPA）を実施しており、アジアの13の参加国 注73 の協力の下、人的ネットワークの構築や情報の収集・共有、能力構築などを通じて、アジアにおける水環境ガバナンスの強化を目指しています。2023年2月にカンボジアで開催された第18回WEPA年次会合では、「産業排水の管理の現状と課題」に焦点を当て、各国における水環境ガバナンスの進展について情報共有するとともに、活発な意見交換が行われました。また、SDGsの目標6.3に掲げられている「未処理汚水の半減」の達成に貢献すべく、主にアジア地域を対象に、日本の優れた技術である浄化槽の技術や法制度などを紹介しています。11月に第11回のワークショップをオンラインで開催し、日本および海外における浄化槽の処理水の活用事例、浄化槽の良好な処理水質を維持するための日本の法制度や分散型汚水管理に係る海外の地方政府の条例案について発表が行われ、議論を重ねることで、今後の方向性や解決に向けての改善策に関して共通認識を得ました。これにより、浄化槽を始めとした分散型汚水処理に関する情報発信と各国の分散型汚水処理関係者との連携強化を図りました。

また、11月にインドネシアの環境林業省との共催でインドネシア水環境改善セミナーを開催し、日本における浄化槽の法体制や維持管理について知見を提供し、インドネシアでの分散型汚水管理に関する今後の課題や取組について議論を重ねて、日本の浄化槽の海外展開の促進を図りました。

注72 配管と配管をつなぎ合わせるための接合部に使うパーツ。無駄なく水を活用する上で重要な水道インフラの部材。
注73 インドネシア、韓国、カンボジア、スリランカ、タイ、中国、ネパール、フィリピン、ベトナム、マレーシア、ミャンマー、ラオス、日本の13か国。

安全・安価な水を、より多くの住民へ安定供給

4

ジュバ市水供給改善計画

無償資金協力（2012年6月〜2023年1月）
南スーダン

2011年に独立した南スーダンは、長期にわたる衝突により、社会経済を支える基礎的インフラが荒廃し、市民の生活にも今なお様々な影響が及んでいます。1930年代に建設された首都ジュバ市の上水道施設は十分な整備が行われず、経年による老朽化が進んでいました。加えて、2005年に締結された南北包括和平合意以降、帰還民の流入等による急激な人口増加に対応できておらず、浄水の普及率は2010年時点で8%程度に留まり、多くの人が川の原水や井戸水で生活していたため、感染症や経済活動への影響が課題となっていました。

そこで日本は、2012年から浄水施設の拡張および送配水

完成した浄水場全景
（写真：株式会社TECインターナショナル）

管・給水施設の新設への協力を開始しました。国内の政情不安や新型コロナウイルス感染症拡大等の影響により工事の中断を余儀なくされながら、2023年1月に完工し、地元市民への給水を開始し

ました。

日本の協力により、給水車の給水拠点8か所、公共水栓120か所での給水が可能になり、1日に約38万人への給水が行われ、給水人口は施設稼働前の3.4万人から10倍以上に増加してい

公共水栓に水を購入しに来た女性とこどもたち。順番待ちができるほど需要が大きい（写真：株式会社TECインターナショナル）

ます。給水拠点には、朝から給水車や地域の人々が集まり、昼頃には供給する水を全て配り終える状況であり、住民からは、「給水までにかかる時間が短くなった」「きれいな水がこれまでよりも安い料金で手に入れられるようになった」といった喜びの声が寄せられています。

安全な水へのアクセスは、人々の生活に欠くことのできない基本的な権利です。日本は今後も、こうした基本的な社会経済基盤の整備を通じて、人々の生活を守り、南スーダンの国造りを後押ししていきます。

（4）防災の主流化と持続可能な都市の実現

気候変動の影響により、災害が頻発し、規模や範囲が大きくなることも懸念される中、災害に対して脆弱な開発途上国では、災害による経済や社会全体への影響が深刻化しています。防災の取組は、貧困撲滅と持続可能な開発の実現に不可欠であり、災害に強い、しなやかな社会を構築し、災害から人々の生命を守るとともに、持続可能な開発を目指す取組が求められています。中でも、あらゆる開発政策・計画に防災の観点を導入する防災の主流化を推進することが重要となっています。

また、近年、都市の運営に関わる様々な問題が注目されています。例えば、市街地や郊外で排出される大量の廃棄物の処理、大気・水などの汚染、下水・廃棄物処理システムなどのインフラ施設の整備、急激な人口増加とそれに伴う急速な都市化などの問題です。こうした問題に対応し、持続可能な都市の実現に向けて取り組むことが、重要な開発協力課題となっています。

そこでSDGsでは、目標11として、「包摂的で安全かつ強靱（レジリエント）で持続可能な都市および人間居住の実現」という課題が設定されました。このように、持続可能な都市の実現を含む人間居住の課題解決に向け、国際的な関心が高まっています。

日本の取組

■防災協力

日本は、地震や台風など過去の自然災害の経験で培われた優れた知識や技術を活用し、緊急援助と並んで、防災対策および災害復旧対応において積極的な支援を行っています（ホンジュラスにおける防災の取組については104ページ、キルギスにおける取組については113ページの「案件紹介」を参照）。第3回国連防災世界会議（2015年）において採択された「仙台防災枠組2015-2030」には、防災の主流化、事前防災投資の重要性、多様なステークホルダー（関係者）の関与、災害後において、被災前よりも強靱なまちづくりを行う「より良い復興（Build Back Better）」、女性のリーダーシップの重要性など、日

2022年1月にエクアドルの首都キト市内で発生した土砂災害に対する、キト市職員と日本からの専門家チームによる現地調査。日本は、土砂災害リスクの減少に向けた行政機関の能力向上支援を行っている。（写真：JICA）

本の主張が多く取り入れられました。

2023年は、この「仙台防災枠組2015-2030」の計画期間の折り返し地点と位置付けられることから、5月には国連本部で「仙台防災枠組中間レビュー・ハイレベル会合」が開催され、これまでの防災分野の取組進捗の把握が行われるとともに、気候変動による災害リスクが世界的に高まる中で、2030年までの目標達成に向けた各ステークホルダーの取組加速の必要性などが示されました。

このほか、日本の呼びかけにより、2015年の国連総会において、11月5日を「世界津波の日」とする決議が採択されました。これを受け、2016年より、日本各地で「世界津波の日」高校生サミットが開催されています。これまで5回開催され、2024年秋に熊本市において第6回会合の開催が予定されています。また、2023年11月7日には、日本は国連防災機関（UNDRR）と共催で、国連本部において津波防災の重要性を訴える啓発イベントを開催しました。

また、日本は、国連開発計画（UNDP）と緊密に連携し、アジア太平洋地域の津波の発生リスクが高い国を対象とした津波避難計画の策定や、津波避難訓練などを支援する事業を実施しています。2017年の事業開始以降、例えばタイでは、これまで見過ごされてきた、障害がある生徒への対策も含めた学校避難計画・訓練のガイドラインを策定し、全国2万7,000校で採用されるなど防災の制度化が推進されています。2023年末時点までに、23か国452の学校で津波防災計画の策定・改定、津波教育プログラムを実施し、約19万人の生徒、教師、および自治体やコミュニティの関係者が津波避難訓練に参加しました（トル

コにおける防災教育への取組については60ページの「国際協力の現場から」を参照）。

加えて、2016年から毎年、国連訓練調査研究所（UNITAR）広島事務所と協力し、自然災害に脆弱な開発途上国の女性行政官などを対象に、特に津波発生時の女性の役割やリーダーシップに関する人材育成を支援しています。同事業には、2023年までに39か国から479人が参加しました。

また、日本は、防災ICTシステムの海外展開にも取り組んでいます。日本の防災ICTシステムを活用すれば、情報収集・分析・配信を一貫して行うことができ、コミュニティ・レベルまで、きめ細かい防災情報を迅速かつ確実に伝達することが可能であり、開発途上国の防災能力の向上に貢献しています。

■ 持続可能な都市の実現

日本は、防災対策・災害復旧対応や健全な水循環の推進など、人間居住に直結した地球規模課題の解決に向けた取組を進めています。具体的には、日本はその知識と経験をいかし、上下水・廃棄物・エネルギーなどのインフラ整備や、「より良い復興」の考え方を踏まえた防災事業や人材育成などを実施しています。このほか日本は、持続可能な都市開発を推進する国連人間居住計画（UN-Habitat）への支援を通じた取組も進めています。その一例として、UN-Habitat福岡本部（アジア太平洋担当）と連携し、日本の福岡県が有する防災技術などを開発途上国に導入するための支援などを実施しています。

また、2022年のドイツ・ポツダムにおける第1回に続き、第2回のG7都市大臣会合を、日本を議長国として2023年7月に香川県高松市において開催しました。「持続可能な都市の発展に向けた協働」をテーマに、都市におけるネットゼロ・レジリエンス、インクルーシブな都市の実現、都市のデジタル化等に取り組む必要があることを確認し、会合の成果をコミュニケとして取りまとめるとともに、コミュニケの実現に向け、多様な主体との協働の在り方の指針として、開催都市の名前を冠した「香川・高松原則」を発表しました。

(5) 万人のための質の高い教育

世界には小学校に通うことのできないこどもが約5,800万人もいます。中等教育も含めると、推定約2億4,400万人 注74 が学校に通うことができていません。特に、2000年以降、サブサハラ・アフリカでは、学校に通うことのできないこどもの割合が増加しています。とりわけ、障害のあるこども、少数民族や不利な環境に置かれたコミュニティのこども、難民や避難民のこども、遠隔地に住むこどもが取り残されるリスクが最も高くなっています。ロシアのウクライナ侵略により、こどもや学生の教育を受ける権利が奪われるとともに、国際的な交流も停滞しています。また新型コロナウイルス感染症の拡大は、教育システムが抱える脆弱性も顕在化させました。学校閉鎖による学習機会の損失に加え、学校が再開した後も学校に戻らないこどもたちがいることも指摘されており、これらに伴うこどもの栄養不足、早婚、ジェンダー平等などへの影響も懸念されています。

教育は、「人間の安全保障」を推進するために不可欠な「人への投資」として極めて重要です。SDGsの目標4として、「全ての人に包摂的かつ公正な質の高い教育を確保し、生涯学習の機会を促進する」ことが掲げられており、国際社会は、「教育2030行動枠組」解説 の目標の達成を目指しています。2022年9月に国連本部にて開催された教育変革サミットにおいても、脆弱な状況にある人々に対する教育を守るべく、危機に対応できる教育システムの構築のための国際協力の必要性が示されました。日本は、万人のための質の高い教育、女性・こども・若者のエンパワーメントや紛争・災害下の教育機会の確保の観点も踏まえて、引き続き教育への取組を推進しています。

日本の取組

日本は、開発途上国の基礎教育 注75 や高等教育の充実などの幅広い分野で支援を行っています。

とりわけ、就学・学習機会から取り残された女子、障害のあるこども、紛争の影響をうける地域や難民・避難民やそのホストコミュニティのこどもなど、脆弱な立場に置かれやすいこどもたちへの支援を進めてい

ます。例えば、紛争の影響を受ける地域のこどもたちへの支援として、ウクライナでは遠隔教育機材整備やメンタルヘルスケア支援を実施しています。また、障害のあるこどもにも配慮した包摂的な教育や、気候変動対応、防災の視点を持った教育の推進にも取り組んでおり、例えばモンゴルではバリアフリーでかつ地域の防災拠点としても活用できるよう防火扉や備蓄庫を備えた初等・中等教育施設の整備等を行っています（インドにおける高等教育支援については80ページの「国際協力の現場から」を参照。ケニアにおける障害のあるこどもに対する取組については86ページの「案件紹介」を参照）。

また、日本は、「教育のためのグローバル・パートナーシップ（GPE）」解説 に対して、2008年から2023年までに総額約5,141万ドルを拠出しています。2022年の1年間で、1億600万人以上のこどもがGPEによる支援活動の対象となり、67万人以上の教員が研修を受けました。日本は、2021年7月に開催された世界教育サミットにおいて、GPEへの支援継続も含め2021年から2025年までの5年間で15億ドルを超える教育分野に対する支援と、750万人の開発途上国の女子の教育および人材育成のための支援を表明しました。2021年度および2022年度の2年間で125万人以上の女子を支援しており、今後も支援を継続していきます。また、日本は「教育を後回しにはできない基金（ECW）」解説 に対して、ウクライナのこどもたちがより安全な環境で学ぶことができるよう、新たに拠出を行うことを表明しました。

ラオスにおける初等教育算数学習改善プロジェクトで、算数学習アプリを使用する小学校3年生のこどもたち（写真：JICA）

注74 「Global Education Monitoring Report 2023」211ページおよび214ページ https://www.unesco.org/gem-report/en/technology
注75 生きていくために必要となる知識、価値そして技能を身に付けるための教育活動。主に初等教育、前期中等教育（日本の中学校に相当）、就学前教育、成人識字教育などを指す。

2022年8月のTICAD 8では、アフリカに対する教育分野（若者や女性を含む人材育成）の取組として、就学促進、包摂性の向上、給食の提供などの取組を通じてこどもの学びを改善し、900万人にSTEM 注76 教育を含む質の高い教育を提供すること、400万人の女子の質の高い教育へのアクセスを改善することを表明しました。また、日・アフリカ間の大学ネットワークの下での人材育成や留学生の受入れなどを通じた高度人材の育成のほか、科学技術分野の研究協力を進めることを表明しました。

具体的な取組として日本は、2004年から、西アフリカ諸国を中心として、学校や保護者、地域住民間の信頼関係を築き、こどもの教育環境を改善するため、「みんなの学校プロジェクト」注77 を実施しています。世界銀行やGPEなどとも連携して、同プロジェクトの対象各国全土への普及に努めており、2022年10月までに、9か国の約7万校の小中学校で導入されています。また、日本の20以上の大学とも連携し、エジプト日本科学技術大学（E-JUST）（エジプト）およびジョモ・ケニヤッタ農工大学（JKUAT）／汎アフリカ大学科学技術院（PAUSTI）（ケニア）を拠点とした大学ネットワークを構築し、教育・研究・産学連携等の連携強化を図ることで、研究協力を通じたアフリカ地域全体の社会課題の解決を目指しています。

その他にもアフリカに関しては、「アフリカの若者のための産業人材育成イニシアティブ（ABEイニシアティブ）」を通じ、アフリカの青年に日本での専門教育やインターンの機会等を提供し、これまでに6,700人を超える若者に対し、将来のアフリカの屋台骨を担う人材を育てる取組を行っています。（ABEイニシアティブについては、139ページの第Ⅴ部1（6）および143ページの第Ⅴ部2（2）アを参照）。

アジア太平洋地域においては、国連教育科学文化機関（UNESCO）に拠出している信託基金を通じて、「アジア太平洋地域教育2030会合（APMED2030）」の開催や、教育の質の向上、幼児教育の充実、ノン

ジブチ市で初等教育の質向上に取り組むJICA海外協力隊員（写真：JICA）

フォーマル教育の普及および教員の指導力向上など、SDGsの目標4達成に向けた取組を支援しています。また、日本は、日ASEAN間の高等教育機関のネットワーク強化や、産業界との連携、周辺地域各国との共同研究、および日本の高等教育機関などへの留学生受入れなどの多様な方策を通じて、開発途上国の人材育成を支援しています。

■ 持続可能な開発のための教育（ESD）の推進

「持続可能な開発のための教育解説：SDGs達成に向けて（ESD for 2030）」が、UNESCOを主導機関として、2020年1月から開始されました。ESDは、持続可能な社会の創り手の育成を通じ、SDGsの全ての目標の実現に寄与するものであり、日本は、ESD提唱国として、その推進に引き続き取り組むとともに、UNESCOへの信託基金を通じて、世界でのESDの普及・深化へ貢献しています。また日本は、同信託基金を通じて、ESD実践のための優れた取組を行う機関または団体を表彰する「ユネスコ／日本ESD賞」をUNESCOと共に実施しており、これまでに21団体に授与するなど、積極的にESDの推進に取り組んでいます。

注76 Science（科学）、Technology（技術）、Engineering（工学）、Mathematics（数学）のそれぞれの単語の頭文字をとったもので、その4つの分野の総称。

注77 保護者・教員・地域住民の「みんな」が学校運営委員会を構成し、行政と連携しながら、学校を運営するコミュニティ協働型学校運営という取組。保護者や教員のみならず、地域住民たちが教育の重要性を理解し、地域全体でこどもの学びを支えるもので、2004年にニジェールの小学校23校で開始し、現在ではアフリカ地域内の複数国に広がっている。

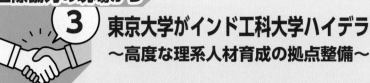

国際協力の現場から

③ 東京大学がインド工科大学ハイデラバード校の設計に協力
～高度な理系人材育成の拠点整備～

IITH全景。東京大学が設計に協力した建物のうち、左から国際交流会館、国際会議場、技術研究棟、ビジネス・インキュベーションセンター、図書館がうかがえる。（写真：川添善行）

インドでは人口増加に伴い労働力人口も増加している一方、技能訓練を受けている人の割合は人口の1割程度にとどまっており、産業界が求める高い技能・技術を備えた人材が不足しています。技術革新が求められる製造業の振興を通じてさらなる雇用創出につなげていくためにも、人材育成は喫緊の課題です。インド政府は、1951年にインド工科大学（IIT）を設立し、インドの産業を支える人材育成において重要な理工学系高等教育に関し、国際レベルの教育と研究の機会を提供していますが、産業界の人材ニーズに応えるため、同大学の一層の拡充が求められていました。インド政府は新たなIITであるハイデラバード校（IITH）の設立について日本へ協力を要請し、2008年10月の日印首脳会談を経て、両国は、日本式経営・工学教育等のインドへの導入を通じて、日印協力の象徴となる一流の教育機関を設立し、日印間の人的および学術的な交流を強化することを目的として協力することで合意しました。

東京大学教授（当時）で、IITH設計のチームリーダーを務める藤野陽三氏は、「IITHの設立には日本の複数の大学が協力しています。2007年のシン首相（当時）からの協力要請を受けて立ち上げられた、日印の産官学関係者から構成される作業部会では、私は都市工学部門でリーダーを務めて日本がIITH設立にどのような貢献ができるか協議しました。東京大学は設計・デザイン力を評価され、設計面で協力することになりました。」と振り返ります。2011年からは東京大学教授（当時）の大野秀敏氏と同准教授の川添善行氏が加わり、東京大学はIITHの象徴となるビジネス・インキュベーションセンター、国際会議場、国際交流会館等計6棟注1の設計に協力しました。

設計においては、インド側と計15回の現地での協議を重ねました。大野氏は「ベンガル地方の伝統的な建築に使われる特徴的な屋根の形などインドの文化やデザインを取り入れながら、日本の伝統的な文様や石庭の要素も盛り込みました。国際交流会館前に作った池はインドの階段井戸様式を取り入れたものですが、キャンパスの緑化にもつながっています。」と語ります。川添氏は「東京大学はカレッジ・オブ・デザイン構想など、日本のデザイン力を海外に発出しています。インドは理系分野で特出していますが、今後はデザイン力や質

の向上も求められており、今回の協力で日本のデザイン力を伝えられたのではないかと考えています。設計での協力では、図面を渡すだけでなく建設において質が確保されるよう、新型コロナウイルス感染症拡大期においてもテレビ会議等で協議を続けました。質の高い建造物を完成させるためには図面以上のコミットをするという、品質へのこだわりを伝える日本らしい協力の姿勢も示しました。」と語ります。

藤野氏は「日本が設計に携わったビジネス・インキュベーションセンターでは、日系企業がIITHと共同研究を行うセンターを開設するなど、産学協力にもつながっています。IITHには日本の建築学科にあたる学科はありませんが、設計への協力をきっかけに私たちも現地で講義を行う予定です。」と今後の展望を語ります。日本はIITHの人材育成にも協力しています。2020年までに、IITHからは研究人材育成支援プログラムとしてJICAの奨学金により116人が日本の大学に留学し、その中には日本で博士号を取得した後、IITHの教授陣に加わった人もいます。JICAおよび日本貿易振興機構（JETRO）は、IITHとの共催で2023年までに計6回、日系企業による就職説明会を行うなど、産業人材の交流も活発になりつつあります。ハイデラバード校を拠点とした、日印の交流が活発になることが期待されます。

現地でのIITH側との協議の様子（写真右から川添氏、大野氏、藤野氏、デサイIITH学長（当時））（写真：藤野陽三）

注1 その後、IITH側からビジネス・インキュベーションセンターと同じデザインで技術研究棟の追加建設希望があり、日本が設計に協力した建造物は計7棟となっている。

用語解説

教育2030行動枠組 (Education 2030 Framework for Action)

万人のための教育を目指して、2000年にセネガルのダカールで開かれた「世界教育フォーラム」で採択された「万人のための教育（EFA）ダカール行動枠組」の後継となる行動枠組み。2015年のUNESCO総会と併せて開催された「教育2030ハイレベル会合」で採択された。

教育のためのグローバル・パートナーシップ (GPE: Global Partnership for Education)

開発途上国、ドナー国・機関、市民社会、民間企業・財団が参加し、2002年に世界銀行主導で設立された開発途上国の教育セクターを支援する国際的なパートナーシップ。2011年にファスト・トラック・イニシアティブ（FTI: Fast Track Initiative）から改称された。

教育を後回しにはできない基金 (ECW: Education Cannot Wait)

紛争や自然災害など緊急事態下のこどもや若年層が教育を受けられるよう支援することを目的として、2016年5月にイスタンブールで開催された国連主催の「世界人道サミット」で設立された基金。

持続可能な開発のための教育 (ESD: Education for Sustainable Development)

持続可能な社会の創り手を育む教育。2017年の第72回国連総会決議において、ESDがSDGsの全ての目標達成に向けた鍵となることが確認され、2019年の第74回国連総会決議で採択された「ESD for 2030」においても、そのことが再確認された。「ESD for 2030」は、「国連ESDの10年（UNDESD）」（2005年から2014年）、および「ESDに関するグローバル・アクション・プログラム（GAP）」（2015年から2019年）の後継プログラムであり、2020年から2030年までの新しい国際的な実施枠組み。

(6) ジェンダー主流化・包摂的な社会

　開発途上国における社会通念や社会システムは、一般的に、男性の視点に基づいて形成されていることが多く、女性は様々な面で脆弱な立場に置かれやすい状況にあります。一方、女性は開発の重要な担い手であり、女性の参画は女性自身のためだけでなく、開発のより良い効果にもつながります。例えば、これまで教育の機会に恵まれなかった女性が読み書き能力を向上させることは、公衆衛生やHIV／エイズなどの感染症予防に関する正しい知識へのアクセスを向上させるとともに、適切な家族計画につながり、女性の社会進出や経済的エンパワーメントを促進します。さらには、開発途上国の持続可能で包摂的な経済成長にも寄与するものです。

　「持続可能な開発のための2030アジェンダ（2030アジェンダ）」では、「ジェンダー平等の実現と女性と女児の能力向上は、全ての目標とターゲットにおける進展において死活的に重要な貢献をするもの」であると力強く謳われています。また、SDGsの目標5において、「ジェンダー平等を達成し、全ての女性および女児の能力強化を行う」ことが掲げられています。「質の高い成長」を実現するためには、ジェンダー平等と女性の活躍推進が不可欠であり、開発協力のあらゆる段階に男女が等しく参画し、等しくその恩恵を受けることが重要です。

　また、貧困・紛争・感染症・テロ・災害などの様々な課題から生じる影響は、国や地域、女性やこどもなど、個人の置かれた立場によって異なります。感染症、紛争、大規模災害等により、世界の貧困人口は増加に転じるとともに、一部の国では格差の拡大や人道状況の悪化が見られており、脆弱な立場に置かれやすい人々への支援が一層求められています。SDGsの理念である「誰一人取り残さない」社会を実現するためには、一人ひとりの保護と強化に焦点を当てた人間の安全保障の考え方が重要です。

日本の取組

■ 女性の能力強化・参画の促進

　「女性の活躍推進のための開発戦略」注78 では、(i) 女性の権利の尊重、(ii) 女性の能力発揮のための基盤の整備、(iii) 政治、経済、公共分野への女性の参画とリーダーシップ向上、を基本原則に位置付け、日本は国際社会において、ジェンダー主流化 注79、ジェンダー平等、女性および女児のエンパワーメント推進に向けた取組を進めています。

注78　2016年に策定された、開発協力における女性活躍推進のための課題別政策。

注79　あらゆる分野でのジェンダー平等を達成するため、全ての政策、施策および事業について、ジェンダーの視点を取り込むこと。開発分野においては、開発政策や施策、事業は男女それぞれに異なる影響を及ぼすという前提に立ち、全ての開発政策、施策、事業の計画・実施・モニタリング・評価のあらゆる段階で、男女それぞれの開発課題やニーズ、インパクトを明確にしていくプロセスのこと。

グアテマラ・ソロラ県でJICA専門家から起業研修を受ける女性たち
（写真：JICA）

日本は、女性起業家資金イニシアティブ（We-Fi）注80 に2018年に5,000万ドルの拠出を行い、2023年6月に追加で500万ドルの拠出を行いました。2023年6月時点で、67か国で149,256社の女性が経営・所有する中小企業に支援を実施しています。そのうち具体的には、127,428社の女性が経営・所有する中小企業が資金援助を受け、28,404社が経営に必要な技術や知識習得のための研修を受講しました。また、世界銀行によると、開発途上国では女性が経営する中小企業の70%が金融機関から資金調達ができない、もしくは劣悪な借入条件を課されてしまうため、We-Fiを通じて、性差別のない法制度整備の促進や、女性経営者が資金や市場に平等にアクセスできるよう支援を行っています。

日本は、2023年のG7議長国として、G7におけるジェンダーに関する取組を主導しました（詳細は6ページの第Ｉ部2を参照）。

12月には、G7の首脳に対してジェンダー平等に関する提言を行う外部諮問機関であるジェンダー平等アドバイザリー評議会（GEAC）が、岸田総理大臣に提言を取りまとめた最終報告書「包摂的、平和的、公正な社会のためのジェンダー主流化」を提出しました。また、同月、GEAC・国際女性会議WAW！注81 フォローアップイベントとして、GEAC報告書発表シンポジウムおよび「国際平和と安全保障への女性の参画促進に日本はどう貢献できるか？」をテーマとした、女

性・平和・安全保障（WPS）に関するパネルディスカッションを開催し、実務家レベルやハイレベルでの議論を行いました。

このほか日本は、国連女性機関（UN Women）を通じた支援も実施しており、2022年には約1,400万ドル、2023年には約2,100万ドルを拠出し、女性の政治的参画、経済的エンパワーメント、女性・女児に対する性的およびジェンダーに基づく暴力撤廃、平和・安全保障分野の女性の役割強化、政策・予算におけるジェンダー配慮強化などの取組を支援しています。また、2023年はアフガニスタンやウクライナを始めとするアフリカ、中東、アジア、東欧地域において、紛争や災害等で経済的・社会的影響を受けた女性たちの緊急支援や生計手段の確保等の支援を行いました。例えば、パキスタンでは、2月から8月までの半年間で、女性の自立を促すため、60か所の女性のコミュニティセンターが設立され、女性6,609人、女児1,131人が同センターを利用し、7,000人の女性の身分証明入手手続を支援した他、280人の男性およびコミュニティリーダーに対し、ジェンダーに基づく暴力対策とジェンダー平等に関する知識向上のための支援を行いました。

紛争下の性的暴力に関しては、日本としても看過できない問題であるという立場から、紛争下の性的暴力担当国連事務総長特別代表事務所（OSRSG-SVC）と

カメルーンにおいて、ジェンダーに基づく暴力等の脅威から国内避難民の保護および国内避難民の強靱性強化を目指すプロジェクトで研修に参加する女性たち（写真：UN Women／Melvin Songwe, United Youth Organization）

注80 2017年のG20ハンブルク・サミットで立ち上げを発表。開発途上国の女性起業家や、女性が所有・経営する中小企業などが直面する、資金アクセスや制度上の様々な障壁の克服を支援することで、開発途上国の女性の迅速な経済的自立および経済・社会参画を促進し、地域の安定、復興、平和構築を実現することを目的としている。

注81 日本政府の最重要課題の一つであるジェンダー平等と女性のエンパワーメントを国内外で実現するための取組の一環として2014年から開催している国際会議。World Assembly for Womenの略称で、「ワウ！」と呼ばれている。

ディグニティ（尊厳）キットを受け取ったエチオピア国内避難民の女性たち（写真：UNFPAエチオピア事務所）

の連携を重視しています 注82 。2023年、日本は同事務所に対し、約104万ドルを拠出し、マリにおいて、武装勢力による紛争関連性的暴力の被害にあった女性およびそのリスクのある女性に対して、医療・精神的支援や社会経済的統合に関する支援等を実施しています。

また、日本は、紛争関連の性的暴力生存者のためのグローバル基金（GSF）解説 に対し、2023年に200万ユーロを追加拠出し、これまでに計800万ユーロを拠出しました。理事会メンバーとして、アフガニスタンやウクライナ、コンゴ民主共和国を始めとする紛争影響地域での紛争関連の性的暴力生存者支援に積極的に貢献しています。

■ 女性・平和・安全保障（WPS）

女性と平和・安全保障（WPS）の問題を明確に関連づけた初の安保理決議として、2000年に採択された国連安保理決議第1325号 注83 および関連決議の実施のため、日本は2015年から行動計画を策定しています。2023年4月には政府関係省庁、有識者との意見交換、NGO・市民社会との意見交換、パブリックコメントを踏まえ、第3次行動計画（2023－2028）を策定しました。具体的には、日本は関係省庁の協力の下、主に国際機関や二国間支援を通して紛争影響国や脆弱国の女性支援を実施しています。

2023年9月、上川外務大臣は「WPSフォーカルポイント・ネットワーク 注84 ハイレベル・サイドイベント」に出席し、日本は安保理非常任理事国としてWPSの議論を国連の重要アジェンダとして進めていく旨表明しました。

また12月、上川外務大臣は、日本が共催国を務めた「第2回グローバル難民フォーラム」に出席し、難民・避難民への対応を考える上でWPSの考え方が不可欠である旨述べました（「第2回グローバル難民フォーラム」については49ページの「開発協力トピックス」を参照）。

外務省では、2024年1月、省内横断的な連携を目的としたWPSタスクフォースを設置しました。

G7の枠組みではG7WPS 注85 パートナーシップ・イニシアティブ（2018年）の下、日本はスリランカをパートナー国として2019年から同国の女性・平和・安全保障に関する行動計画策定支援や、その事業として26年間の内戦で取り残された寡婦世帯を含めた女性の経済的エンパワーメント支援を行っています。本パートナーシップによる生計支援が経済的に立ち直るきっかけになるとともに、地域の平和構築・回復にも貢献しているとスリランカ政府からも歓迎されています（外務省作成の「紛争やその後の混乱にある国で働く日本人女性」に焦点を当てたドキュメンタ

2023年9月、「WPSフォーカルポイント・ネットワーク ハイレベル・サイドイベント」でステートメントを行う上川外務大臣

注82 紛争下の性的暴力防止に関する日本の取組については、外務省ホームページ（https://www.mofa.go.jp/mofaj/fp/pc/page1w_000129.html）も参照。

注83 2000年、国連安全保障理事会（国連安保理）において、同理事会史上初めて、国際的な平和と紛争予防、紛争解決には女性の平等な参画や紛争下の性暴力からの保護、ジェンダー平等が必要であると明記した「女性・平和・安全保障（Women, Peace and Security：WPS）に関する安保理決議第1325号」が全会一致で採択された。

注84 国連加盟国のWPSに関する最大のネットワークで、教訓や好事例を共有。政府以外に北大西洋条約機構（NATO）、欧州安全保障協力機構（OSCE）、アフリカ連合（AU）、東南アジア諸国連合（ASEAN）等の地域機構も参加。2023年9月現在、90か国・10地域機構の合計100のメンバーが参加。

注85 G7 Women, Peace and Securityの略。

リー動画については152ページの「開発協力トピックス」を参照）。

■ 脆弱な立場に置かれやすい人々への支援

（障害と開発）

　障害のある人々は、社会において困難な立場に置かれやすい状況にあります。日本のODAでは、障害のある人を含めた、社会において公平な参加を阻害されている人々の状況に配慮しています。障害者権利条約 注86 第32条も、締約国は国際協力およびその促進のための措置を取ることとしています。

　障害者施策は福祉、保健・医療、教育、雇用など、多くの分野にわたっており、日本はこれらの分野で積み重ねてきた技術や経験を、ODAやNGOの活動などを通じて開発途上国の障害者施策に役立てています。

　例えば、日本は、鉄道建設、空港建設の設計においてバリアフリー化を図るとともに、リハビリテーション施設や職業訓練施設整備、移動用ミニバスの供与を行うなど、現地の様々なニーズにきめ細かく対応しています。また、障害と開発に携わる組織や人材の能力向上を図るために、JICAを通じて、開発途上国からの研修員の受入れや、社会参加や就労促進を目的とした専門家、JICA海外協力隊の派遣など、幅広い技術協力も行っています（ケニアにおける障害児支援については86ページの「案件紹介」を参照。また東ティモールの選挙における取組については57ページの「案件紹介」を参照）。

（こどもへの支援）

　こどもについては、一般的に脆弱な立場に置かれやすく、今日、紛争や自然災害などに加え、新型コロナウイルス感染症の余波もあり、世界各地で多くのこどもたちが苛酷な状況に置かれています。日本は二国間の協力や国際機関を経由した協力など、様々な形でこどもを対象に人道支援や開発協力を行っています。2023年には、国連児童基金（UNICEF）を通じて、アジア、大洋州、東欧、中東、アフリカ地域などの

ボリビアの特別支援学校にて知的障害を有する生徒を対象に活動するJICA海外協力隊員（写真：JICA）

40か国において、貧困、紛争、気候変動により増大する自然災害、依然として残る新型コロナなどの影響を受けるこどもへの支援を実施しました。

　草の根レベルの経済社会開発の取組を支援する草の根・人間の安全保障無償資金協力 注87 では、学校の建設や改修、病院への医療機材の供与、水供給設備の整備などを通じて、こどもたちの生活環境の改善に貢献するプロジェクトを実施しています。

　例えば、タイでは、カンチャナブリー県の児童養護施設に対し、送迎用車両を整備する協力を行いました。これにより、同施設に保護されているこどもたちの通学や通院等に必要な送迎を安全かつ効率的に実施することが可能となり、こどもたちの生活環境や教育環境の向上などに貢献することが期待されます。

　また、ウルグアイでは、トレインタイトレス県にある小中学校・高等学校において学童クラブを整備する協力を行いました。これにより、同学校に通う児童に対する栄養豊富な食事や、適切な学習環境の提供、さらには待機児童問題の解消が期待されます。

（紛争下にある人々への支援）

　紛争下においては、障害者やこどもを含む社会において困難な立場にある人々が最も影響を受けやすい点も看過できません。紛争や地雷などによる障害者、孤児、寡婦、児童兵を含む元戦闘員に加え、急増するこどもの難民や避難民などの社会的弱者は、紛争の影響

注86　障害者の人権および基本的自由の享有を確保し、障害者の固有の尊厳の尊重を促進することを目的として、障害者の権利の実現のための措置等について定める条約。日本は2014年に締結した。

注87　人間の安全保障の理念を踏まえ、開発途上国における経済社会開発を目的とし、住民に直接貢献する、比較的小規模な事業のために必要な資金を供与する無償資金協力の一つ（供与限度額は原則1,000万円以下）で、資金供与対象は現地NGOや地方公共団体など。事業の概要や実績の詳細については、外務省ホームページ（https://www.mofa.go.jp/mofaj/gaiko/oda/shimin/oda_ngo/kaigai/human_ah/）を参照。

ゆとりのある環境で授業を受けるパレスチナのハルバサ・バニ・ハレス村小学校の生徒

シエラレオネ国内唯一の第3次小児専門病院のサービス向上に向け、病院関係者と協議を行う日本人専門家（写真：アスカ・ワールド・コンサルタント株式会社）

を受けやすいにもかかわらず、紛争終了後の復興支援においては対応が遅れ、平和や復興の恩恵を受けにくい現実があります。

　こうした観点から、日本は、児童兵の社会復帰や紛争下で最も弱い立場にある児童の保護・エンパワーメントのため、国連児童基金（UNICEF）を通じた支援を行っており、例えばイラクやコンゴ民主共和国における元児童兵の社会統合支援、アフガニスタンやソマリアにおける家族と離れ離れになったこどもの保護、ミャンマーにおける爆発物危険回避教育、エチオピアやマリにおける性的暴力を受けたこどもや女性の保護、ウクライナにおけるこどもの心のケア等を実施し

ています。

　また、国連難民高等弁務官事務所（UNHCR）を通じて、難民・避難民の保護活動を行うとともに、その中でも脆弱な立場に置かれやすい人々のニーズにそった人道支援を実施しています。例えば、ウガンダでは、難民居住地域のこどもたちに対する心理社会的支援を通じて、暴力や虐待、搾取からの保護活動を行っているほか、ウクライナでは、戦火により住む場所を失った高齢者や女性が世帯主となっている世帯等、脆弱な立場におかれる人々に対して、生活物資の提供やシェルター支援、法的支援等を実施しています（難民キャンプにおける、NGOを通じたこどもの難民への支援については133ページの「案件紹介」を参照）。

用語解説

紛争関連の性的暴力生存者のためのグローバル基金（GSF）
2018年ノーベル平和賞受賞者であるデニ・ムクウェゲ医師およびナディア・ムラド氏が中心となって創設した基金。紛争関連の性的暴力によって傷ついた生存者の多くが公式な償いを受けていないという状況を背景に、生存者に対する償いや救済へのアクセスの促進を目的としている。生存者支援や救済のための司法制度の整備に関する啓発活動を行っている。

第Ⅲ部 ❸ 複雑化・深刻化する地球規模課題への国際的取組の主導

包摂的な社会を目指して

障害児のための総合ケアセンター建設計画

草の根・人間の安全保障無償資金協力（2021年8月〜2022年10月）

ケニア

ケニアでは、障害児に医療やリハビリテーション、教育・社会的支援を提供する施設が限られており、障害を持つこどもやその家族は居場所がなく、孤立しがちです。施設に通えない障害児の家族は、こどものケアのために社会参加もできないという課題も抱えており、周囲の偏見や過重な負担から家庭崩壊が起こることも珍しくありません。そのような中、日本人医師の公文和子氏は2015年、シロアムの園を設立し、主に自閉症や脳性麻痺等に伴う障害を持ったこどもに、通所型の医療・療育サービスの提供を廉価で開始しました。しかし、施設の規模を超えるほど利用者が増え、混雑による医療サービスの低下や、衛生環境の悪化などの課題に直面するようになりました。利用を希望する待機児童も多く、施設の拡大が急務となっていました。

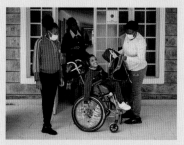

日本政府の支援を通じて拡充された施設を利用するこどもとスタッフ（写真：シロアムの園（千葉康由））

施設を利用するこどもとコミュニケーションをとる公文医師（写真：シロアムの園（千葉康由））

日本は、草の根・人間の安全保障無償資金協力注1によって、障害児に適切な医療・療育サービス等が提供されるように、衛生設備を十分に備えた総合ケアセンターの建設を支援しました。施設には、診察室やリハビリテーション室、ソーシャルワーカーの執務室のほか、障害児用トイレも完備されています。

本事業により施設が拡充されたことで、シロアムの園は、地域に暮らす障害児をより多く受け入れることができるようになりました。バリアフリーや安全性も確保され、適切な環境で充実した医療・療育サービスを提供できるようになりました。また、施設設備の充実により、活動オプションも増加し、これまで障害児のケアのために社会参加できなかった家族の社会的・経済的な自立も促進されました。

日本は、今後も、様々なパートナーと連帯しながら、地域コミュニティの自立性、社会参加を促進し、全ての人が開発に参画し、恩恵を受けることができる多様で包摂的な社会の実現を目指して、持続可能な開発を支援していきます。

注1　84ページの注87を参照。

（7）文化・スポーツ

国を象徴するような文化遺産は、観光資源として開発が進めば、地域での雇用創出につながるなど、周辺住民の生活向上に有効に活用できます。国外からの観光客を魅了するような文化遺産は、自国経済の重要な外貨獲得源にもなり得ます。一方、資金や機材、技術などの不足から、存続の危機に晒されている文化遺産も多く存在し、このような文化遺産を守るための支援が必要とされています。世界的に価値のある建造物などを「人類共通の遺産」として保護する国際的枠組みである世界遺産条約注88では、遺産の保護とそのための国際協力は国際社会全体の義務であるとされており、こうした開発途上国の貴重な文化遺産を始めとする文化の保護・振興は、対象国のみならず、国際社会全体が取り組むべき課題でもあります。

スポーツは、国民の健康の維持・増進に寄与するだけでなく、「人間の安全保障」を推進するための「人への投資」として重要な教育の一手段としても位置付けられます。相手を尊重する気持ちや他者との相互理解の精神、および規範意識を育むことにも貢献するものであり、スポーツの持つ影響力やポジティブな力は、開発途上国に開発・発展の「きっかけ」を与える役割を果たします。

注88　正式名称は「世界の文化遺産及び自然遺産の保護に関する条約」。文化遺産や自然遺産を人類全体のための遺産として損傷、破壊などの脅威から保護し、保存していくために、国際的な協力および援助の体制を確立することを目的とした条約。1972年の国連教育科学文化機関（UNESCO）総会で採択され、1975年に発効、日本は1992年に締結している。

日本の取組

日本は、文化無償資金協力**解説**を通じて、1975年から、開発途上国の文化（スポーツを含む）・高等教育の振興、文化遺産の保全などのための支援を実施しています。文化無償資金協力によって整備された施設は、日本に関する情報発信や日本との文化交流の拠点にもなり、日本に対する理解を深め、親日感情を培う効果があります。2023年には、日本語教育を含む教育分野、文化遺産保存分野、スポーツ分野への支援を含む20件の文化無償資金協力を実施しました。

また、日本は、国連教育科学文化機関（UNESCO）に設置した「日本信託基金」などを通じて、文化遺産の保存・修復作業、機材供与や事前調査などを支援しています。2023年度は約6億円を拠出し、その中から文化遺産分野の事業を複数実施しています。特に、将来、自らの手で自国の文化遺産を守っていけるよう、日本は開発途上国の人材育成に力を入れており、日本人専門家を中心とした国際的専門家の派遣や、ワークショップの開催などを通じて、技術や知識の移転に努めています。また、有形の文化遺産だけでなく、伝統的な舞踊や音楽、工芸技術、口承伝承（語り伝え）などの無形文化遺産についても、同じく日本信託基金を通じて、継承者の育成や記録保存、保護のための体制作りなどを支援しています。

ほかにも、アジア太平洋地域世界遺産等文化財保護協力推進事業として、アジア太平洋地域から文化遺産保護に携わる若手専門家を招き、文化遺産保護の能力向上を目的とした研修事業を実施しています。木造建築物の保存修復と考古遺跡の調査記録についての研修を隔年で行っているほか、2023年は中央アジア地域（ウズベキスタン、カザフスタン、キルギス、タジキ

開発教育に取り組む教員を開発協力の現場に派遣し、帰国後そこで得た学びを授業にいかすことを目的とした教師海外研修事業で、ラオスのソークカム小学校で日本文化紹介授業を行う日本人教師（写真：JICA）

スタン）の専門家を対象に、デジタル技術を用いた考古遺物の記録、保存および展示に関する研修をオンライン形式で実施しました。

スポーツ分野では、2020年東京オリンピック・パラリンピック競技大会の機運を高めるべく2014年から開始された国際貢献策「スポーツ・フォー・トゥモロー」 注89 を、同大会終了後も継承しています。本事業は、スポーツを通じた国際交流・協力により、日本の存在感を示す取組を発展的に実施していくとともに、日本の強みをいかしたスポーツ分野の国際協力事業を通じてSDGsにも貢献することを目指しています。2023年は、スポーツ分野において105人のJICA海外協力隊員を開発途上国に派遣しました。このほか、スポーツ関連設備や器材の提供、指導者や選手の派遣および招へい、スポーツ分野での技術協力・日本文化紹介・人材育成といった事業を展開しています 注90 。

用語解説

文化無償資金協力
開発途上国における文化（スポーツを含む）・高等教育振興、および文化遺産保全に使用される資機材の購入や施設の整備を支援することを通じて、開発途上国の文化・教育の発展および日本とこれらの諸国との文化交流を促進し、友好関係および相互理解の増進を図るための無償資金協力。開発途上国の政府機関を対象とする「一般文化無償資金協力」と、NGOや地方公共団体などを対象として小規模なプロジェクトを実施する「草の根文化無償資金協力」の2つの枠組みがある。

注89 スポーツ・フォー・トゥモローホームページ　https://www.sport4tomorrow.jpnsport.go.jp/jp/
注90 外務省によるスポーツ外交の取組　https://www.mofa.go.jp/mofaj/gaiko/culture/hito/sports/index.html

4 持続可能な開発目標（SDGs）の推進
～中間年における日本の取組～

国際社会は歴史的な転換点にあり、貧困・格差、戦争・紛争、テロ、難民・避難民、感染症、自然災害、気候変動、環境問題など、国境を越える様々な課題に直面しています。

新型コロナウイルス感染症の拡大やロシアによるウクライナ侵略、イスラエル・パレスチナ情勢の緊迫等により、こうした地球規模の課題が、食料・エネルギー安全保障など相互に関連する複合的なリスクを生み出し、脆弱な状況にある人々ほど大きな打撃を受け、人間の安全保障が脅かされることを改めて示しました。

2015年9月に国連で採択された持続可能な開発目標（SDGs）注1は、誰一人取り残すことなく、平和、法の支配や人権も含む、地球規模課題に統合的に取り組むための国際社会全体の目標です。日本は、平和国家、そして責任ある主要国として、「人間の安全保障」の理念に基づき、SDGsを始めとする国際的な協力を牽引すべき立場にあるとの考えに基づき、相互に関連する複合的リスクへの対応および予防に取り組み、国際社会のSDGs達成に貢献します。

SDGsの達成のためには、旧来の先進国と開発途上国という区別を越えた国際社会の連携が必要です。また、政府や開発機関のみならず、民間企業、地方公共団体、研究機関、市民社会、そして個人などあらゆる主体による行動が求められています。日本政府は、ODAを触媒として様々な取組をつなぎ、厚みのあるアプローチによって、開発途上国を含む国際社会全体でSDGsを達成できるよう様々な面から支援しています。

日本政府は総理大臣を本部長とし、全閣僚を構成員とする「SDGs推進本部」を立ち上げ、SDGs推進の方向性を定めた「SDGs実施指針」の策定などを通じ、SDGs達成

SDGサミット2023で演説を行う岸田総理大臣（写真：内閣広報室）

のための取組を国内外で精力的に行っています。

2023年は、SDGs達成年限である2030年までの「中間年」でしたが、国際社会が複合的な危機に直面する中で、その達成は危機に瀕しています。こうした中で開催された2023年6月の「新たな国際的開発資金取決めのための首脳会合」において、林外務大臣（当時）は、「民間企業との連帯」、「資金調達における連帯」、「オーナーシップとの連帯」の3つの連帯の重要性を強調しました。9月のSDGサミット注2において、岸田総理大臣は、国際社会が様々な困難に直面する今こそ「誰一人取り残さない」というSDGsの原点に立ち返るべきであること、日本が一貫して主張してきた「人間の安全保障」こそが「人間の尊厳」に基づくSDGs達成の鍵であることを改めて強調しつつ、日本として国際社会のSDGs達成に向けた取組を力強く牽引し、その先の未来を切り開いていくとの決意を表明しました。また、12月には「SDGs実施指針」を新しい時代に合わせた内容に改定しました。日本は、改定された新たな実施指針に基づき、国内外の様々なアクターとの連携を強化しながら、国際社会全体でのSDGs達成に向けて引き続き取り組んでいきます。

注1 32ページの用語解説を参照。
注2 SDGsの実施の促進等のため、国連総会の下で4年に一度開催されているもの。2023年は9月18日・19日の日程で実施され、岸田総理大臣は19日の「団結と連帯」をテーマとする会合に出席した。

第ⅠⅤ部

地域別の取組

カンボジアにおける技術協力「種子生産・普及プロジェクト」で、コメ優良種子生産のために品質検査演習を行っている様子（写真：JICA）

❶ 東アジア地域‥‥‥‥‥‥‥‥‥‥‥‥‥‥‥‥‥‥‥‥‥‥‥‥‥‥ 90

❷ 南西アジア地域‥‥‥‥‥‥‥‥‥‥‥‥‥‥‥‥‥‥‥‥‥‥‥‥ 96

❸ 大洋州地域‥‥‥‥‥‥‥‥‥‥‥‥‥‥‥‥‥‥‥‥‥‥‥‥‥‥ 99

❹ 中南米地域‥‥‥‥‥‥‥‥‥‥‥‥‥‥‥‥‥‥‥‥‥‥‥‥‥ 101

❺ 欧州地域‥‥‥‥‥‥‥‥‥‥‥‥‥‥‥‥‥‥‥‥‥‥‥‥‥‥ 105

❻ 中央アジア・コーカサス地域‥‥‥‥‥‥‥‥‥‥‥‥‥‥‥‥ 112

❼ 中東・北アフリカ地域‥‥‥‥‥‥‥‥‥‥‥‥‥‥‥‥‥‥‥ 114

❽ アフリカ地域‥‥‥‥‥‥‥‥‥‥‥‥‥‥‥‥‥‥‥‥‥‥‥ 118

1 東アジア地域

東アジア地域には、カンボジアやラオスなどの後発開発途上国（LDCs）注1、インドネシアやフィリピンのように著しい経済成長を遂げつつも国内に格差を抱えている国、そしてベトナムのように市場経済への移行を進める国など様々な国が存在します。

日本は、インド太平洋地域の中心に位置するこれらの国々と、長年にわたり政治・経済・文化関係を築き上げてきており、地域内の安定と発展が日本の安全と経済的繁栄に直結しています。こうした考えに立ち、日本は、東アジア諸国の多様な経済社会の状況や、必要とされる開発協力の内容の変化に対応しながら、開発協力を行っています。

日本の取組

日本は、「質の高いインフラ」投資を通じた経済社会基盤整備、制度や人づくりへの支援、貿易の振興や民間投資の活性化など、ODAと貿易・投資を連携させた開発協力を進めることで、この地域の目覚ましい経済成長に貢献してきました。近年は、基本的な価値を共有しながら、開かれた域内の協力・統合をより深めていくこと、青少年交流、文化交流、日本語普及事業などを通じた相互理解を推進し、地域の安定を確かなものとして維持していくことを目標としています。アジアを「開かれた成長センター」とするため、日本は、この地域の成長力を強化し、それぞれの国内需要を拡大するための支援を行っています（モンゴルにおける人材育成への取組については140ページの「国際協力の現場から」を参照）。

■東南アジアへの支援

ASEAN諸国注2 は、日本のシーレーンに位置するとともに、2022年10月時点で日系企業の事業所数が約1万5,900にのぼるなど経済的な結び付きも強く、政治・経済の両面で日本にとって極めて重要な地域です。ASEANは、「ASEAN共同体」（2015年）を宣言し、域内の連結性強化と格差是正に取り組んでいます。また、「インド太平洋に関するASEANアウトルック（AOIP）」解説（2019年）には、法の支配や開放性、自由、透明性、包摂性がASEANの行動原理として謳われており、日本が推進する「自由で開かれたインド太平洋（FOIP）」と多くの本質的な原則を共有しています。2020年11月の日ASEAN首脳会議では「AOIP協力についての第23回日ASEAN首脳会議共同声明」を発出し、このことを確認するとともに、AOIPに記載された4分野（海洋協力、連結性、持続可能な開発目標（SDGs）、経済等）における実質的な協力およびシナジーの強化を通じて日ASEAN戦略的パートナーシップを一層強化することで一致しました。日本ASEAN友好協力50周年の歴史的節目を迎えた2023年には、9月の日ASEAN首脳会議において共同声明を採択し、日ASEAN包括的戦略的パートナーシップ（CSP）を立ち上げました。50周年の締め括りとして12月には東京において日本ASEAN友好協力50周年特別首脳会議を開催し、新たな協力のビジョンを示す「日ASEAN友好協力に関する共同ビジョン・ステートメント」と、130にのぼる具体的な協力項目を示す「実施計画」を採択しました。

2023年12月に行われた日本ASEAN友好協力50周年特別首脳会議（写真：内閣広報室）

注1 31ページの用語解説を参照。
注2 ASEAN構成国は、インドネシア、カンボジア、シンガポール、タイ、フィリピン、ブルネイ、ベトナム、マレーシア、ミャンマー、ラオスの10か国。

日本は、このようにASEANの取組を踏まえて協力を進めており、連結性強化と格差是正を柱としつつ、インフラ整備、法の支配、海上の安全、防災、保健・医療、平和構築などの様々な分野でODAによる支援を実施しています。また、開発分野において、民間や開発金融機関の資金力を活用する重要性が増していることも踏まえ、12月の日ASEAN特別首脳会議においては、共創による課題解決のための官民連携の新たな取組として、連結性強化、気候変動対策、中小零細企業・スタートアップ支援等のための民間投資を後押しすることにより、官民合わせて5年間で350億ドルの資金がASEAN地域に動員されることを目指す方針を示しています。

連結性の強化に関しては、日本は、ASEAN域内におけるインフラ、制度、人の交流の3つの分野での連結性強化を目指した「ASEAN連結性マスタープラン2025」解説に基づいてASEANの連結性強化を支援しており、ASEANの一体性・中心性の強化を後押しするため、日ASEAN技術協力協定に署名（2019年）しました。同協定に基づき、2022年度までにサイバーセキュリティ（詳細は第Ⅲ部1（2）の35ページを参照）、海洋プラスチックごみ対策、国際公法、犯罪者処遇などに関する研修を実施しました。また、2023年9月には、連結性強化の取組をハード・ソフトの両面で一層推進する、「日ASEAN包括的連結性イニシアティブ」を発表し、これに基づいて、交通インフラ整備、デジタル、海洋協力、サプライチェーン、電力連結性、人・知の連結性といった幅広い分野で多層的な連結性強化を図り、技術協力により3年間で5,000人の人材育成を行う予定です。

インフラ整備に関しては、日本は、「質の高いインフラ投資に関するG20原則」注3 と東南アジア諸国に対するこれまでの支援の経験も踏まえ、「質の高いインフラ」投資の普及に努めています。その一例として、日本のODA事業によりフィリピンのマニラ首都圏に建設中であるフィリピン鉄道訓練センター（PRI）設立支援の取組が挙げられます。マニラでは都市鉄道

の整備が進む一方で、整備された鉄道に関する高度な運営維持管理を実施できる人材を育成する持続的な仕組みが必要となっており、フィリピン政府は鉄道の人材育成・監督機関として、PRIを設立することとなりました。PRI設立のため、日本は、有償資金協力による地下鉄整備事業におけるPRIの建設、無償資金協力によるシミュレーターなど研修に必要な機材の供与、技術協力による組織設立・能力強化支援を実施することにより、鉄道インフラ自体の整備のみならず、その維持管理や関連人材の育成に貢献しています。

フィリピン中部のミンドロ島沖でのタンカー転覆により流出油が漂着した海岸で、油吸着材の効果を説明し、設置方法を指導する国際緊急援助隊・専門家チーム（写真：JICA）

防災分野に関しては、2009年以降、引き続き日・ASEAN統合基金（JAIF）注4 により、ASEAN防災人道支援調整センター（AHAセンター）に対して、ASEAN緊急災害ロジスティックシステム（DELSA）構築、ASEAN緊急対応評価チーム（ERAT）の能力構築、AHAセンター幹部研修コース・緊急防災リーダーシップ事業（ACE-LEDMP）などを通じたASEANにおける防災・災害対応能力の強化に貢献しています。日本は2016年から2021年までASEAN災害医療連携強化プロジェクト（ARCH）注5 を実施しており、ASEAN各国の災害医療チームが参加する地域連合合同演習の開催や災害医療に関する標準手順書の作成など、多くの成果を出しました。また、続くASEAN災害保健医療管理に係る地域能力強化プロジェクト（ARCH2）におい

注3 40ページの用語解説「質の高いインフラ」を参照。

注4 ASEAN共同体の設立を目指し、域内格差の是正を中心に統合を進めるASEANの努力を支援するため、2006年に設置された基金。日本は、2005年の日ASEAN首脳会議において総額75億円（約70.1百万ドル）を拠出することを表明し、その後、2013年に「JAIF2.0」に総額1億ドルを拠出した。2019年、2020年、2021年および2022年にも「JAIF2.0」に追加拠出をしている。

注5 「One ASEAN, One Response：ASEAN Responding to Disasters as One」（2014年ASEAN防災担当大臣会議）の方針を実行する仕組み作りのためのプロジェクト。2017年にはARCHで取り組んでいる活動の必要性が明確に盛り込まれた「災害医療にかかるASEAN首脳宣言（ALD）」（2017年）が採択された。

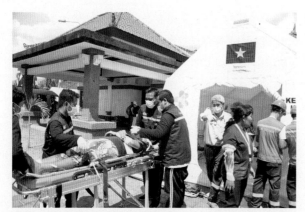
ASEAN域内の災害医療体制の強化に向け、タイをリード国としてインドネシアで行われた地域連携演習の様子（写真：JICA）

ても、ASEAN災害医療学会の開催や、ASEAN各国によるピアレビュー活動を通じた相互支援の促進など、災害保健医療に関する域内の知の共創を通じて、同分野における連携能力強化を進めています。

日本は、ASEAN感染症対策センターの設立のため、2020年、JAIFに約55億円（5,000万ドル）を拠出するなど、同センターの設立を全面的に支援しており、ASEAN地域における公衆衛生緊急事態への対応や新興感染症対策の予防・検知・対応能力の強化に貢献しています。2021年10月および2022年2月にはセンター運営の担い手となるASEAN各国の公衆衛生担当者向けの研修をオンラインで実施しました。また、センターへの専門家の派遣に向けた調整を進めてきています。

人材育成分野に関しては、2018年の日ASEAN首脳会議で表明した「産業人材育成協力イニシアティブ2.0」に基づき、2019年から5年間で、AI（人工知能）などのデジタル分野を含め、8万人規模の人材を育成することとしています。また、ASEAN地域における産業人材育成のため、日本独自の教育システムである「高専（高等専門学校）」をタイに設立して、日本と同水準の高専教育を提供する協力を実施しています。加えて、日本は、ASEANを含むアジア諸国との間で、日本の大学院への留学、日本企業でのインターンシップなどを通じ、高度人材の環流を支援し、日本を含むアジア全体のイノベーションを促進するための「イノベーティブ・アジア」事業を行っており、2017年度から2021年度までの5年間にわたりアジア全体から受入れを行いました。

また、東ASEAN成長地域（BIMP-EAGA）注6に対して、日本は経済協力、投資セミナー開催、招聘事業や「BIMP-EAGA＋日本」対話の実施などに取り組んでいます。2021年にはインドネシアのパプア州のビアク島で漁港施設・市場が完工し、2022年からは同漁港で水揚げされたマグロが日本に輸出されています。また、2023年からは、その他の離島であるサバン（アチェ州）、モロタイ（北マルク州）、モア（マルク州）、サウムラキ（マルク州）の漁港および市場の建設が開始されました。

ASEAN諸国の中でも特に潜在力に富むメコン地域注7に関しては、2009年以来、日本・メコン地域諸国首脳会議（日メコン首脳会議）を開催しています。そのうち、おおむね3年に一度、日本で会議を開催し、地域に対する支援方針を策定しています。

日本は、メコン地域の経済成長に欠かせない連結性強化を重視して取り組んでおり、カンボジアのシハヌークビル港開発、ラオスのビエンチャン国際空港の整備、ベトナムのホーチミン市都市鉄道の建設、タイのバンコク都市鉄道（レッドライン）の建設など、「東京戦略2018」注8の下でのプロジェクトを着実に実施してきています。

2019年に発表した「2030年に向けたSDGsのための日メコンイニシアティブ」に基づき、メコン地域の潜在力を最適な形で引き出すため、国際スタンダードにのっとった「質の高いインフラ」投資も活用しながら、（ⅰ）環境・都市問題、（ⅱ）持続可能な天然資源の管理・利用、（ⅲ）包摂的成長、の3つを優先分野として取り組んでいます。その具体的な取組として、「草の根・メコンSDGsイニシアティブ」を通じて、メコン諸国の地域に根差した経済社会開発およびSDGsの実現を支援しています。日本は、メコン地域をより持続的で、多様で、包括的なものとするため、引き続き「2030年に向けたSDGsのための日メコンイニシアティブ」の下、メコン地域におけるSDGsを推進していきます。

また、民間企業などが行う開発事業の実施を後押しし、メコン地域の発展に貢献するため、「メコンSDGs出融資パートナーシップ」を始めとする「5つの協力」（（ⅰ）民間セクターに対する出融資の推進、

注6　1994年、インドネシア、フィリピン、ブルネイ、マレーシアによって当該4か国の開発途上地域の経済成長のため設立された地域枠組み。
注7　カンボジア、タイ、ベトナム、ミャンマー、ラオスの5か国に及ぶ地域。
注8　2018年の第10回日メコン首脳会議（東京）で採択された。日本の日メコン協力の方向性を示す。

92　2023年版　開発協力白書

（ⅱ）小さなコミュニティに行き渡る草の根の無償資金協力、（ⅲ）法の支配に関する協力、（ⅳ）海洋に関する協力、（ⅴ）サプライチェーン強靱化に関する協力）を推進しています。

2024年にASEAN議長国を務めるラオスには、会議開催準備のためにIT機器や車両の供与等を通じた支援を行いました。また、不発弾処理に必要となる機材の供与に関する署名を行うとともに、炭素中立社会の実現のための長期のエネルギー移行マスタープラン策定を目的とした、「炭素中立社会に向けた統合的エネルギーマスタープラン策定プロジェクト」を、2023年1月から開始しました。

カンボジア地雷対策センター（CMAC）の研修施設で、ウクライナ非常事態庁（SESU）の地雷除去専門職員8人に対し、最新の日本製地雷探知機を使った研修を実施する様子（写真：JICA）

■ **ミャンマーへの支援**

ミャンマーについては、2021年2月に発生したクーデター以降、日本政府はミャンマー国軍に対し、（ⅰ）暴力の即時停止、（ⅱ）アウン・サン・スー・チー国家最高顧問を含む被拘束者の解放、（ⅲ）民主的な政治体制の早期回復、について具体的な行動をとるように一貫して求めてきています。また、現下のミャンマー情勢に鑑み、国軍が主導する体制との間で新規ODAは行わないこととしています。

一方で、ミャンマーの人道状況は悪化の一途にあり、人道支援は喫緊の課題であることから、ミャンマーの人々に直接裨益する、国際機関やNGO等を経

ミャンマーのカレン州パアン地区において、日本のNGOが住民によるコミュニティボランティアを育成するために、ワークショップを通じてボランティア対象者に障害の種類や特性などを伝える様子（写真：AAR Japan［難民を助ける会］）

由した人道支援を積極的に行っており、これまでに合計1億950万ドル以上の人道支援を実施しています。2023年2月には、多数の国際機関やASEAN事務局を通じて、クーデターの影響を受けた人々に対する食料や医薬品、シェルター等の提供、水・衛生インフラ、栄養改善、医療サービス、教育アクセス、違法薬物対策等の支援を決定し、順次実施しています。また、5月にミャンマーおよびバングラデシュを襲った大型サイクロン「モカ」による被害に対し、緊急無償資金協力として国際機関を通じ、食料および水・衛生分野等における支援を実施しました。

日本のNGOによる支援として、ジャパン・プラットフォーム（JPF）**注9** 経由でミャンマーおよびタイにおいて食料・物資配布、水・衛生、保健・医療、保護、教育の分野の人道支援が行われています。そのほかにも、日本NGO連携無償資金協力によるミャンマーおよびタイにおける中長期的な社会経済開発に資する保健・医療、教育、エネルギーなどの分野での事業が実施されています。今後も現地の状況と人道上の必要性・緊急性を踏まえ、国際機関やNGO等と連携しながら、困難に直面しているミャンマー国民にしっかり寄り添うべく、支援を必要とするミャンマー国民に届く人道支援を、引き続き積極的に行っていきます。

注9 137ページの用語解説を参照。

用語解説

インド太平洋に関するASEANアウトルック（AOIP：ASEAN Outlook on the Indo Pacific）

インド太平洋におけるより緊密な協力のためのビジョンを創り出し、ASEANを中心とした地域枠組みを強化するイニシアティブ。新たなメカニズムの創設や既存のメカニズムの置き換えを目的とするものではなく、現在および将来の地域と世界に発生する課題により良く対処するため、ASEAN共同体の構築プロセスを強化することを意図したもの。日本が推進する「自由で開かれたインド太平洋（FOIP）」と多くの本質的な原則を共有している。

ASEAN連結性マスタープラン2025（MPAC 2025：Master Plan on ASEAN Connectivity 2025）

「連結性マスタープラン」（2010年採択）の後継文書として、2016年のASEAN首脳会議にて採択された、ASEAN連結性強化のための行動計画。「ASEAN2025：共に前進する」（2015年採択）の一部と位置付けられている。同文書は、「持続可能なインフラ」、「デジタル・イノベーション」、「シームレスなロジスティクス」、「制度改革」、「人の流動性」を大戦略としており、それぞれの戦略の下に重点イニシアティブが提示されている。

匠の技術、世界へ ③

日本の中小企業の技術でマレーシアのパーム油産業に貢献

マレーシアは、オイルパーム（アブラヤシ）の果実から採取されるパーム油の一大生産国で、輸出に占める額は約2兆円に上りますが、古木となり伐採されたオイルパームの幹（パーム幹）や葉柄、ヤシ殻などの植物性廃棄物の処理が課題となっており、開発と環境保護の調和が求められています。オイルパーム農園では、生産量を維持するために約25年ごとに伐採と再植林が行われるため、年間7,500万本ものオイルパーム古木が伐採されますが、放置された廃材からメタンガスを含む温室効果ガスが発生するほか、廃材が原因で土壌病害が広がり、土地の再活用が難しくなる事例も発生しています。

オイルパーム農園に積み上げられる伐採されたオイルパーム古木の幹（写真：小杉昭彦）

そこで、国立研究開発法人国際農林水産業研究センター（JIRCAS）はマレーシア理科大学と連携し、2019年から地球規模課題対応国際科学技術協力プログラム（SATREPS）注1「オイルパーム農園の持続的土地利用と再生を目指したオイルパーム古木への高付加価値化技術の開発プロジェクト」を実施しています。本プロジェクトでは、伐採後のパーム幹の放置がもたらす悪影響を科学的、経済的に評価するとともに、パーム幹を放置させず再利用することで、パーム農園の健全性を保ち、パーム農園を拡大せずに持続可能な形で継続させる方法を検討しています。そのために、放置されるパーム幹の行き先となる高付加価値製品を製造する技術開発やその実証が重要であるとして取り組んでいます。

2004年からJIRCASでパーム幹廃材の活用について研究してきた小杉昭彦プロジェクトリーダーは、本プロジェクトの成果を次のように語ります。「パーム幹廃材が土壌に与える影響に関する研究成果を示すことで、マレーシア政府や農園オーナーに、農園から廃材を撤去する利点があることを理解してもらえるようになりました。回収した廃材は燃料ペレットやベニヤ板、肥料などの製品に生まれ変わり、国内外でパームバイオマスの用途が増えています。例えば、パナソニック株式会社は、廃材から再生木質ボードをつくる技術「PALM LOOP」を開発し、この技術のおかげで廃材が家具の材料として利用できるようになりました。研究成果を実社会で活用することでパーム幹廃材の資源価値を高め、新たな産業を生み出すことを目指しています。」

パーム幹廃材の製品化実証パイロット事業では、日本のエンジニアの知見と町工場の技術力を活用し、ペレット製造における環境負荷を低減する「原料マルチ化プロセス」を開発しました。このプロセスは、パーム幹廃材だけでなく、その枝葉やパーム油工場から出てくるヤシ殻も同一のプロセスでペレット化することができるものです。このプロセスを普及させることで、将来的にはパーム油産業におけるカーボンニュートラルを実現させることも視野に入れています。また、マレーシア政府機関に働きかけ、パーム油だけでなく、パーム油産業から出てくるバイオマスそのものも持続可能な生産物として認証させる取組も行っています。

小杉氏は「この一連の成果は日本の中小企業が持つキラリと優れた技術を組み合わせることによって成り立っていることから、『下町バイオマス』構想と名付けました。これをマレーシアだけではなく東南アジア地域全体の輸出産業につなげて、日本の技術を世界のために役立てるとともに、日本のものづくりそのものも活性化しようと考えています。」と述べて、日本企業と連携してこのパーム幹廃材を含めパームバイオマス事業を実社会に役立てていくことを目指しています。

SATREPS事業終了後も事業を継続するために、2022年、小杉氏はベンチャー企業を立ち上げました。「実社会で技術を役立てる近道は、開発した技術をいかす道を自分たちで切り開くことです。マレーシアの人たちにとっては第一に収益性を確保することが重要ですが、その上で環境意識を高めていくことが大切です。原料調達の安定化と工場の収益化の両輪でマレーシアにバイオマス事業を普及させ、持続可能な土地利用や環境保全につながるように取組を続けていきたいと思います。」と、今後の展望を語ります。

マレーシア理科大学に立ち上げられたパーム幹研究室の前で研究に携わる学生達と小杉氏（右から7人目）（写真：小杉昭彦）

注1 38ページの用語解説を参照。

② 南西アジア地域

南西アジア地域は、域内で約18億人の人口を有し、近年高い経済成長率を維持していることから、日本企業にとって魅力的な市場・生産拠点であり、投資先としても注目を集めています。また、同地域は、日本と中東・アフリカ地域を結ぶシーレーン上の要衝に位置しており、戦略的にも重要な地域です。

一方、南西アジア地域には、インフラ整備、初等教育制度や保健・医療制度の整備、法制度整備、自然災害への対応、民主主義の定着、環境・気候変動対策など、依然として多くの開発課題が存在しています。特に貧困については、世界の貧困層の約3分の1が同地域に住んでいると言われており 注10 、貧困の削減が大きな課題となっています。

日本は、南西アジア各国との間に伝統的な友好関係を有しており、長年にわたり同地域の最大のパートナーとして支援を実施してきています。同地域の有する経済的な潜在力をいかしながら経済社会開発や、民主化・民主主義の定着、平和構築、自然災害に対する人道・復旧に向けた支援など、多岐にわたる支援を行っています。

日本の取組

インドは最大の円借款供与相手国であり、日本はインドにおいて、連結性の強化と産業競争力の強化に資する電力や運輸、投資環境整備、人材育成などの経済・社会インフラ整備の支援を行っています。また、持続的で包摂的な成長への支援として、気候変動対策だけでなく林産物の効果的活用などを通じた生計向上にも資する森林セクターへの支援、保健・医療体制整備や貧困対策など、様々な分野での支援を通じ、インドの成長において大きな役割を果たしています（インド工科大学ハイデラバード校整備計画については80ページの「国際協力の現場から」を参照）。

2023年には、連結性向上に資する道路建設、保健医療体制の強化に資する施設建設、ムンバイとアーメダバード間を結ぶ高速鉄道建設、パトナ市における鉄

インドのアンドラ・プラデシュ州で風力発電機の整備を行っている様子（写真：JICA）

道建設、気候変動対策のための森林・生物多様性保全、農家の所得向上のための農業生産基盤整備などに取り組む案件、インド政府のSDGs達成に向けた取組を支援する案件に関し、総額約8,830億円の円借款に関する書簡を交換しました。「ムンバイ・アーメダバード間高速鉄道建設計画」については、3月および9月に行われた日印首脳会談において、日・インドの旗艦プロジェクトとして引き続き推進していくことを両首脳間で確認しました。同計画が完了すれば、現在、在来線特急で最短でも5時間20分必要なムンバイ・アーメダバード間の移動が、約2時間に短縮される見込みです（「ムンバイ湾横断道路建設計画」については40ページの「案件紹介」を参照）。

近年発展が目覚ましく、日本企業の進出も増加しているバングラデシュとの間では、2023年4月のハシナ首相訪日の機会に、両国間の「包括的パートナーシップ」が「戦略的パートナーシップ」に格上げされました。日本は、本パートナーシップと、（ⅰ）経済インフラの開発、（ⅱ）投資環境の改善、および（ⅲ）連結性の向上を3本柱とする「ベンガル湾産業成長地帯（BIG-B）」構想の下、3月に岸田総理大臣が発表した「自由で開かれたインド太平洋（FOIP）」のための新たなプランにおいて、多層的な連結性に資する具体例として挙げられた、インド東北部とバングラデシュなどを一体の経済圏と捉え、地域全体の成長を促

注10 国連開発計画（UNDP）ホームページ（ただし、同ホームページの南アジアにはアフガニスタンが含まれている）
https://hdr.undp.org/content/2023-global-multidimensional-poverty-index-mpi#/indicies/MPI

すためのベンガル湾からインド北東部をつなぐ産業バリューチェーンの構築への貢献も念頭に、開発協力を進めています。2023年には「マタバリ港開発計画（第二期）」など6件、総額約4,000億円以上の円借款を供与しています。日本は、バングラデシュに対し、若手行政官の人材育成などのための無償資金協力も実施しています。

ミャンマー・ラカイン州の治安悪化を受けてバングラデシュに流入してきた避難民については、日本はバングラデシュ政府が避難民を長期にわたって受け入れていることを評価するとともに、今後もホストコミュニティの負担軽減を含めた支援を継続していく旨を首脳会談などで伝えており、ホストコミュニティおよび避難民に裨益する様々な支援を行ってきています。これまでのコックスバザール県の避難民キャンプへの支援に加え、2022年1月に各国に先駆け、バシャンチャール島に移住した避難民に対し、200万ドルの緊急無償資金協力を実施して以降、日本は、避難民キャンプとバシャンチャール島の両方に対し、国連難民高等弁務官事務所（UNHCR）や国連世界食糧計画（WFP）、国際移住機関（IOM）など、国際機関とも連携し、食料、水・衛生、保健、シェルター、保護といった人道分野のほか、教育や技能訓練も含む避難民の生活環境全般の改善に向けた支援を続けています。日本NGO連携無償資金協力を通じた日本のNGOによる支援としては、避難民を受け入れているホストコミュニティに対し、女性の生計向上やこどもの保護に係る支援を実施しています。また、ジャパン・プラットフォーム（JPF）注11 を通じて衛生環境の改善、医療提供、女性およびこどもの保護などにも取り組んでいます。これらの避難民に対する日本の無償資金協力は2022年1月以降、2023年6月までの累計で約66億円に上ります。

アジアと中東・アフリカをつなぐシーレーン上の要衝に位置するスリランカは、伝統的な親日国であり、日本はFOIPの実現に向けて、連結性強化や海洋分野などで同国との協力強化を進めてきています。また、日本は、過去の紛争の影響で開発の遅れている地域を対象に、生計向上や漁業・農業分野を中心とした産業育成・人材育成などの協力、および災害対策への支援を継続しています。2022年4月の経済危機発生以降、食品、医薬品、肥料、燃料等の必需品の不足による危機に瀕しているスリランカに対し、2023年2月には保健医療分野向けに50億円の無償資金協力の供与を決定するなど、人道危機の解決に向けて支援を行っています。

モルディブは、スリランカ同様、インド洋シーレーンの要衝に位置する伝統的な親日国であり、日本は、FOIPの実現に向けて同国との協力強化を進めています。2023年には、島嶼国ゆえの治安の脆弱性を抱える同国に対して、法執行能力を強化するための消防艇および海上保安機材に係る無償資金協力を供与しました。

パキスタンは、世界第5位の人口を擁し、アジアと中東の接点に位置するという地政学的重要性を有するとともに、テロ撲滅に向けた国際社会の取組において重要な役割を担っており、同国の安定的な発展は周辺地域、ひいては国際社会全体の平和と安定の観点からも重要です。2022年6月以降の洪水被害を受けて、洪水被害に関する支援国会合が2023年1月に開催されました。日本は、パキスタンの復興とさらなる発展のために、2023年以降も追加支援として防災、保健、農業分野を含め、約7,700万ドル規模の支援を実施していくことを表明しました。その一環として、被災した小学校の改修支援を決定しました（パキスタンにおける取組については98ページの「案件紹介」を参照）。そのほか、2023年にも、野生株ポリオウイルスが常在する同国のポリオ撲滅に向けたワクチン接種を支援するための無償資金協力を供与したほか、若手行政官の人材育成を支援する無償資金協力を供与しま

ネパールの給水サービス向上に向けて、現地の水道工事の現状を調査する日本人専門家（写真：JICA）

注11 137ページの用語解説を参照。

した（ポリオに関するパキスタンへの支援については第Ⅲ部3（2）の73ページを参照）。

伝統的な親日国であるネパールの民主主義の定着、安定と繁栄は、日本にとって、政治的・経済的に重要な南西アジア地域全体の安定を確保する上でも重要です。2015年の大地震以降、日本は同国における「より良い復興（Build Back Better）」の実現を後押ししており、これまで、橋、病院などの公共インフラ施設や、住宅や学校などの改修や再建を支援しています。加えて、同国政府の災害リスク削減に係る能力強化や、建築基準にのっとった建物の普及などに係る各種技術協力を実施しています。2023年には若手行政

官の人材育成を支援する無償資金協力を供与したほか、広域医療の拠点となる第三次医療施設を整備する無償資金協力を供与しました（ネパールにおける日本企業の取組については135ページの「匠の技術、世界へ」を参照）。

ブータンに対する日本の開発協力は、特に農業生産性の向上、道路網、橋梁などの経済基盤整備や、人材育成といった分野で、着実な成果を上げています。2023年には、再生可能な自然資源に着目したグリーンな成長に係る施策、農村と都市のバランスの取れた自立的かつ持続可能な国造りに係る施策等の促進を行うための財政支援として、円借款を供与しました。

案件紹介 6

人材育成を通じてアパレル産業の市場拡大を目指す

アパレル産業技能向上・マーケット多様化プロジェクト
技術協力（2016年5月〜2022年12月）
パキスタン

パキスタンの繊維産業は、国内総生産（GDP）の約1割、総輸出額の約5割を占める製造業部門で最大の産業です。一方、輸出製品の多くは、綿糸や綿布、タオル等の付加価値の低い製品であり、生産技術を向上させ、国際市場での競争力を強化することが課題となっています。また、他国の繊維産業では女性が多く活躍していますが、パキスタンでは工場で働く女性の数は限ら

対象職業訓練校の教員に指導を行う日本人専門家（写真：JICA）

れており、職業訓練の実施等により女性の経済活動への参加を促進し、付加価値の高い製品を生産するための人材を育成することが求められています。

このような状況を踏まえ、日本は、パキスタンのアパレル製品の高付加価値化に貢献する人材育成を支援し、その際には訓練対象に女性を多数含めることを重視しました。ラホー

ル市およびファイサラバード市の職業訓練校を対象として訓練コースの改善に取り組み、日本人専門家が、衣料品のデザイン、パターン制作、縫製、品質管理等の技術指導を行いました。さらに、対象校と民間企業との協力関係構築を促し、卒業生を提携企業に紹介して質の高い技術者を供給すると同時に、卒業生の就職を支援しています。

その結果、本事業期間中に1,160人の女性が訓練を受け、そのうち約47％が企業に就職し、受益者の月収は、それまでの平均世帯収入の約7割にあたる2万5,000パキスタン・ルピー（PKR）（約1万3,000円）増加しました。また、そのほかの卒業生の多くも、学んだ技術を家内労働にいかして、生計向上につなげています。

日本は、今後もパキスタンの主要産業の発展と女性の経済活動への参加促進を支援していきます。

対象職業訓練校によるファッションショー（写真：JICA）

❸ 大洋州地域

太平洋島嶼国は、日本にとって太平洋で結ばれた「隣人」であり、歴史的にも深いつながりがあります。また、これらの国は広大な排他的経済水域（EEZ） 注12 を持ち、海上輸送の要であるとともに、かつお・まぐろ漁業に必要不可欠な漁場を提供しています。

太平洋島嶼国は比較的新しく独立した国が多く、経済的に自立した国家を築くことが急務です。また、経済が小規模で特定の産業に依存していること、領土が広い海域にまたがっていること、国際市場への参入が困難なこと、自然災害の被害を受けやすいことなど、小島嶼国に特有な共通の課題を抱えています。

日本の取組

太平洋島嶼国の政治的安定と自立的経済発展のためには、各国の社会・経済的な脆弱性を克服するための支援のみならず、地域全体への協力が不可欠です。日本は太平洋島嶼国との二国間の取組に加え、1997年以降、3年ごとに、太平洋島嶼国との首脳会議である太平洋・島サミット（PALM）を開催しています。2021年に開催されたPALM9を受けて、2021年からの3年間は、（ⅰ）新型コロナウイルス感染症への対応と回復、（ⅱ）法の支配に基づく持続可能な海洋、（ⅲ）気候変動・防災、（ⅳ）持続可能で強靱な経済発展の基盤強化、および（ⅴ）人的交流・人材育成、の5つの重点分野を中心に支援を実施しています。また、2024年に開催予定のPALM10に向けて、PALM9に引き続き、関係省庁間会議である「太平洋島嶼国協力推進会議」を開催しながら、オールジャパンで太平洋島嶼国の課題の解決に向けた取組を進めています。

日本は、太平洋島嶼国・地域で構成される地域協力の枠組みである太平洋諸島フォーラム（PIF） 注13 との協力も進めています。PIFは、2022年の総会において、2050年の太平洋島嶼国地域における政治・経済等のあるべき姿と戦略的方策をまとめた「ブルー・パシフィック大陸のための2050年戦略」を発表し、

日本はこの戦略に対する強い支持を表明しています。日本は、引き続き、日本の強みをいかした協力を継続しています（太平洋島嶼国地域への支援の事例として、74ページおよび100ページの「案件紹介」を参照）。

マーシャル諸島の公共公益事業・インフラ省職員に対して重機の故障診断に必要な技術を指導するJICA専門家（写真：Chewy Lin Photography & Cinematography）

2021年12月に日本、米国、オーストラリア、キリバス、ナウル、ミクロネシア連邦の6か国が連名で発表した、東部ミクロネシア海底ケーブルの日米豪連携支援については、日本は2023年6月にキリバスおよびナウルとの間で、無償資金協力に関する書簡の交換を行いました。また、同月には海底ケーブルの製造・敷設コンポーネントが正式に立ち上がり、6か国が共同で発表するなど、プロジェクトは着実に進展しています。

3月に発生したサイクロンの被害を受けたバヌアツに対しては、JICAを通じて緊急援助物資を供与しました。

10月には、日本が支援したパプアニューギニアのナザブ・トモダチ国際空港が開港し、堀井外務副大臣（当時）が開港式に出席しました。同空港は首都ポートモレスビーに次ぐ第2の都市であり北部地域の産業・物流の拠点であるレイ市の窓口として、同地域の連結性を強化するものです。マラペ首相自身の発案により、日本との絆を象徴するものとして「ナザブ・トモダチ」国際空港と命名されました。

注12　自国の領海の外側に設定できる経済的な権利が及ぶ水域。

注13　2023年11月現在、PIF加盟国・地域は、オーストラリア、ニュージーランド、キリバス、クック諸島、サモア、ソロモン諸島、ツバル、トンガ、ナウル、ニウエ、バヌアツ、パプアニューギニア、パラオ、フィジー、マーシャル諸島、ミクロネシア連邦、フランス領ポリネシア、ニューカレドニアの16か国および2地域。

日本は、太平洋島嶼国にとって脅威である気候変動への取組や、保健・医療システムの強化、新型コロナの影響を受けた経済の回復のための支援、さらには災害などの緊急事態における支援を、米国、オーストラリアやニュージーランド、その他のパートナーとも連携しつつ行っていきます。これらの取組により、強靭で安定かつ繁栄した太平洋島嶼国地域を共に構築していきます。

堀井外務副大臣（当時）出席の下行われた、日本の支援で整備されたナザブ・トモダチ国際空港の開港式の様子

案件紹介

⑦ 地域コミュニティ主体で沿岸資源を守る

豊かな前浜プロジェクトフェーズ3

技術協力（2017年3月～2024年2月）

バヌアツ

14 海の豊かさを守ろう

　太平洋島嶼国のうち、南西部のメラネシア地域注1に位置するバヌアツでは、近年、沿岸地域での開発にともなう環境破壊、魚介類の乱獲、さらには気候変動の影響に伴う生態系の遷移から、沿岸資源の状況が悪化の一途をたどっています。

　そこで日本は、乱獲などによる沿岸資源の悪化を防ぐため、伝統的な沿岸コミュニティが主体的に行う禁漁区の設定などの資源管理と、貝細工作りなど住民の代替生計手段の開発を組み合わせ、持続的に資源を管理する仕組み作りに取り組んでいます。この仕組みを「コミュニティを主体とする沿岸資源管理（CB-CRM注2）」アプローチと呼んでおり、バヌアツ農林水産・検疫省水産局と沿岸コミュニティが協力して沿岸資源管理を行えるよう支援しています。フェーズ3となる本事業では、CB-CRMアプローチの応用性を高め、共通の課題を持つ他のメラネシア諸国へも普及することを目的とし、研修プログラムを標準化して、近隣国へ導入することを支援しています。

サンゴの沖出し作業（写真：JICA）

　この協力により、バヌアツでは本アプローチを活用した沿岸資源管理海域を設定する漁村が増加し、適切な資源管理が普及しています。台風などの自然災害が発生し、島外からの物資輸送が難しい場合でも、管理が行き届いた沿岸海域の水産物が、住民の緊急食料として機能しており、その効用が高い評価を得ています。

　日本は、今後も地域コミュニティが主体的な役割を果たす、持続可能な沿岸資源管理を支援していきます。

小学生を対象とした、サンゴの再生方法を活用した環境教育（写真：JICA）

注1 太平洋島嶼国地域の南西部に位置する、域内で面積の大きい上位4つの国（ソロモン諸島、バヌアツ、パプアニューギニア、フィジー）から成る地域。
注2 Community-Based Coastal Resources Managementの頭文字をとったもの。

❹ 中南米地域

中南米地域は、国際場裡において一大勢力を形成し、人口約6.6億人 注14 、域内総生産約6.8兆ドル 注15 の巨大な成長市場を有しています。その多くが自由、民主主義、法の支配等の基本的価値や原則を日本と共有しており、外交面および経済面で、戦略上重要な地域です。鉱物・エネルギー資源や食料の供給源でもあることから、特に、世界の食料・エネルギー供給に深刻な影響がもたらされている現下の情勢において、日本を含む国際社会のサプライチェーン強靱化や経済安全保障の観点からも、その重要性は増大しています。そして、中南米地域は、世界最大となる約240万人の日系人の存在、さらには、再び海を越えて日本に渡り、日本の産業を支えている日系人の存在もあり、日本との人的・歴史的な絆が伝統的に強く、日本はこの地域と長い間、安定的な友好関係を維持してきました。

一方で、中南米地域は、気候変動、防災、保健・医療分野での脆弱性、貧困等、国際社会共通の課題において、引き続き大きな開発ニーズを抱えており、小島嶼国特有の脆弱性を有する国も多く存在します。また、貧困や治安の悪さから逃れて北米を目指す移民や、政治経済社会情勢の悪化により周辺国に流出するベネズエラ難民に加え、2021年7月に大統領が暗殺されて以降、国内の政治経済および治安状況の悪化が継続するハイチ情勢なども、地域的な課題となっています。

日本は、中南米地域が強靱で持続可能な発展を実現できるよう、各国の所得水準や実情を踏まえ、ニーズに配慮した、日本ならではの支援（「質の高いインフラ」、日本の経験をいかした防災・減災、クリーンエネルギー技術、ボランティア等の技術協力による「顔の見える支援」等）を行うことで、友好関係の維持・強化を図っています。また、日本との強い絆の礎となっている日系人および日系社会を支援し、そのアセットを活用しながら、信頼に基づく人材の重層的

ネットワークをさらに強化していきます。

日本の取組

林外務大臣（当時）は、2023年1月にメキシコ、エクアドル、ブラジルおよびアルゼンチンを訪問し、二国間の経済関係、協力・交流の強化とともに、国際社会が直面する現下の厳しい情勢を踏まえ、法の支配に基づく自由で開かれた国際秩序の維持・強化、そして気候変動対策など重要な国際課題への対応においてさらなる連携を図ることを確認しました。このように、日本は中南米地域との一層の関係強化に努めています。

■ 防災・環境問題への取組

中南米地域は、豊かな自然に恵まれる一方、地震、津波、ハリケーン、火山噴火などの自然災害に見舞われることが多く、防災の知識・経験を有する日本の支援が重要です。地震が頻発するエクアドル、ペルー、メキシコなど太平洋に面した中南米諸国に対しては、日本の防災分野の知見をいかした支援を行っています。また、2023年に森林火災被害があったチリに対して、JICAを通じて緊急援助物資の供与を行いました。カリブ海の国々に対しては、自然災害に対する小島嶼国特有の脆弱性を克服するための様々な支援を

エクアドル・ボリバル県で、草の根・人間の安全保障無償資金協力により完成した橋を渡る地元住民たち

注14　世界銀行ホームページ（2023年12月時点）
　　　https://data.worldbank.org/indicator/SP.POP.TOTL?end=2022&locations=ZJ&start=1989
注15　世界銀行ホームページ（2023年12月時点）
　　　https://data.worldbank.org/indicator/NY.GDP.MKTP.CD?end=2022&locations=ZJ&start=1989

行っており、近年では、カリブ地域における防災政策策定能力向上を目的として、カリブ災害緊急管理機関に日本の防災専門家を派遣しています（ホンジュラスへの防災支援については104ページの「案件紹介」を参照）。

また、日本は、環境問題への取組として、気象現象に関する科学技術研究や生物多様性の保全、リモートセンシングを利用したアマゾン熱帯林の保全など、幅広い協力を行っています。カリブ地域一帯では、近年、サルガッサム海藻の大量来遊が深刻な問題となっていることから、日本は、2022年にセントクリストファー・ネービス、セントビンセント、セントルシア、トリニダード・トバゴおよびバルバドスに対し、国連開発計画（UNDP）を通じた約14億円のサルガッサム海藻除去のための無償資金協力を決定しました。2023年には、ドミニカ共和国に対しても同問題対応のための日本企業製品機材（ビーチクリーナー、ダンプトラック等）の無償供与を決定しました。

■ 経済・社会インフラの整備

日本は、中南米地域の経済・社会インフラ整備を進めるため、都市圏および地方における上下水道インフラの整備を積極的に行っています。2023年9月には、パラグアイが農業依存型経済から脱却し、産業多角化を図ることを支援するため、無償資金協力を通じて、主要な職業訓練校に対する機材供与を決定しました。また、官民連携で地上デジタル放送の日本方式（ISDB-T）注16 の普及に取り組んでおり、2023年12月時点で中南米の14か国が日本方式を採用しています。日本は、日本方式を採用した国々に対して、円滑な導入に向けた技術移転や人材育成を行っています（日本方式の導入支援については、第Ⅲ部1（2）の34ページを参照）。

■ 保健・医療および教育分野での取組

中南米地域は医療体制が弱く、非感染性疾患、HIV／エイズや結核などの感染性疾患、熱帯病などがいまだ深刻な状態で、迅速で的確な診断と治療を行える体制の確立が求められています。

ボリビアでは、特に医療機材整備が喫緊の課題となっていたことから、2023年6月、日本は3億円の

ニカラグア・フイガルパ市で非感染性疾患（NCDs）スクリーニングについて指導する日本人専門家（写真：JICA）

無償資金協力を実施することを決定し、ボリビアの国立医療機関に対して、日本の優れた医療技術を活用した医療関連機材の供与を行っています。

日本は、中南米各国の日系社会に対して、日系福利厚生施設への支援や研修員の受入れ、JICA海外協力隊員の派遣などを継続して実施しています（中南米の日系社会と日本の連携については、139ページの第Ⅴ部1（6）を、ボリビアでの若手日系人支援については141ページの「案件紹介」を参照）。

教育分野への支援は、今も貧困が残存し、教育予算も十分でない中南米諸国にとって非常に重要です。日本は、教育は「人への投資」として重要であるとの考えの下、2021年から継続して、エルサルバドルに対し数学・算数教育の技術協力を実施しています。

■ 中米移民、ベネズエラ難民・移民支援

中米地域は、貧困や治安の悪さを原因として、米国やメキシコへの移住を目指す移民の問題を抱えています。日本は、移民発生の根本原因である貧困、治安、災害などの分野における支援を実施しています。また、エルサルバドル、グアテマラ、ホンジュラス、メキシコに対し、国際移住機関（IOM）や国連世界食糧計画（WFP）と連携し、移民の自発的帰還の促進や移民流出防止、帰還移民の社会への再統合のための支援を行っています。

ベネズエラでは、経済・社会情勢の悪化により、2023年9月までに約772万人の難民・移民が主に周辺国に流出しました。受入れ地域住民の生活環境が悪化したり、地域情勢が不安定になる状況が発生したりしましたが、対応が十分にできていないことが課題となっています。2023年2月、日本は、ベネズエラ避難民を受け入れているブラジルおよびペルーに対し、

注16 34ページの注19を参照。

国連難民高等弁務官事務所（UNHCR）を通じて、脆弱な人々の保護や職業訓練などの社会的統合支援の実施を発表しました。また、9月、悪化するベネズエラ国内の人道状況を踏まえ、WFPを通じ、食糧援助を行ったほか、10月にはIOMを通じ、最も脆弱な立場に置かれている女性や青少年等に対し、保護活動およびシェルターの整備等の人道的支援を行うとともに、情報アクセスの強化、地域コミュニティおよび人道支援団体等への支援を決定しました。

■ ハイチの治安状況悪化を受けた支援

ハイチでは、特に、2021年以降、影響力を強める武装集団による市民に対する暴力行為や誘拐が増加していますが、国内の治安改善に中心的な役割を果たすハイチ国家警察は、人員数・装備の両面において不足している状況にあります。こうした状況を受けて、2023年10月、国連においてハイチ多国籍治安支援（MSS）ミッションの派遣が決定され、日本もこの決定を支持しました。

日本は、米国を始めとするG7や米州機構（OAS）、カリブ共同体（CARICOM：カリコム）諸国等と連携し、ハイチの治安、経済および社会の安定化に向けた支援を実施しています。また、MSSミッション派遣決定を受けて、ハイチ国家警察への能力強化等を通じてMSSミッションに貢献するため、約20億円の追加支援を決定しました。

■ 南南協力

アルゼンチン、チリ、ブラジルおよびメキシコの4か国は、南南協力^{解説}で実績を上げています。日本は、これらの国との三角協力^{解説}に関するパートナーシップ・プログラムを交わしており、例えば、アルゼンチンと協力し、2023年も中南米において中小企業支援を実施したほか、メキシコと協力し、中米北部諸国における非伝統的熱帯果樹栽培システム導入を支援しました。チリでは、三角協力を通じて中南米諸国の防災に資する人材育成を行っており、2023年にも中南米諸国に対して洪水・地滑りに関するセミナーをオンラインで実施しました。また、ブラジルでは、日本の長年にわたる協力の結果、日本式の地域警察制度が普及しています。その経験を活用して、現在では三角協力の枠組みで、ブラジル人専門家が中米諸国に派遣され、地域警察分野のノウハウを伝えています。

日本は、より効果的で効率的な援助を実施するため、中南米地域に共通した開発課題について、中米統合機構（SICA）やカリコムといった地域共同体とも協力しつつ、地域全体に関わる案件の形成を進めています。

📋 用語解説

南南協力・三角協力
より開発の進んだ開発途上国が自国の開発経験、人材、技術、資金、知識などを活用して、ほかの開発途上国に対して行う協力。自然環境・言語・文化・経済事情や開発段階などが似ている国々に対して、主に技術協力を行う。また、先進国やドナー、国際機関がこのような開発途上国間の南南協力を支援する協力を「三角協力」という。

案件紹介 8

自然災害のリスク軽減を目指して

首都圏斜面災害対策管理プロジェクト

技術協力（2019年2月～2022年12月）

ホンジュラス

　ホンジュラスでは、ハリケーンなど頻発する自然災害が持続的発展の障害となっています。首都であるテグシガルパ市は、降雨による地滑りや洪水に見舞われやすい、盆地に発達した都市です。

　人口増加に伴い、災害リスクの高い地域でも住宅ニーズが高まり、地滑り対策を含む防災対策が大きな課題の1つとなっています。一方で、行政は、土地利用管理についての情報収集や分析手法、システムなどを十分に有しておらず、土地のリスク評価が適切に行われていない状況でした。

　1998年に巨大ハリケーンが首都を襲い甚大な洪水被害をもたらしたことを契機に、日本は無償資金協力を通じてテグシガルパ市内に地滑り防止施設を建設するなど、テグシガルパ市の地滑り災害発生リスクの軽減に貢献してきました。

　本事業では、これまでの協力を一層有意義なものにするため、テグシガルパ市役所等への技術協力を通じ、斜面災害に対応する能力を高めるための支援を行いました。具体的に

は、斜面災害の危険性の評価、対策工事の設計と施工および維持管理、斜面の危険度を測るチェック表の開発や危険度マップの作成など、日本の知見をいかした

斜面災害対策管理プロジェクトを通じ整備された落石防護壁

技術を伝授しました。テグシガルパ市役所は本プロジェクトの成果を高く評価し、日本から移転された技術を活用して独自に予算を確保し、新たな対策工事の設計と施工を行うなど、日本の支援がホンジュラス側の自律的な取組に発展しています。

　日本は、今後も防災の知見をいかしながら、持続可能な開発の実現に向けて防災への取組を支援していきます。

5 欧州地域

ロシアによるウクライナ侵略は、ウクライナおよび周辺国における人道状況の悪化や、ウクライナの経済・社会の不安定化をもたらしています。また、世界的にグローバル・サプライチェーンの混乱をもたらし、人々が尊厳を持って生きるための基盤をなす食料およびエネルギー安全保障、自由で開かれた貿易体制の維持強化といった、国際社会全体に関わる新たな課題を浮き彫りにしています。このような複合的な危機による影響は、日本にとって決して対岸の火事ではなく、日本国民の生活や日本企業のビジネスにも深刻な影響を及ぼしています。

日本は、ロシアのウクライナ侵略という暴挙を断固として認めることなく、ウクライナおよびその周辺国に対する支援を進めていくことが必要との一貫した立場に立ち、ロシアによるウクライナ侵略の開始直後から、G7を始めとする国際社会と連携した取組を行ってきています。また、ウクライナの復旧・復興についても、官民一体となった支援をさらに推進すべく、2024年2月に開催した日・ウクライナ経済復興推進会議を含め、取組を進めています。

過去に共産主義体制にあった中・東欧、旧ソ連の多くの国々は、現在、市場経済に基づいた経済発展に取り組んでいます。日本は、欧州諸国を、人権、民主主義、市場経済、法の支配などの基本的価値を共有する重要なパートナーと認識しており、経済インフラの再建や環境問題などへの取組を支援しています。また、欧州連合（EU）を始めとする欧州所在の国際機関との間で、対話・協力の継続・促進や人的ネットワークの構築を通じ、総合的な関係強化を図ってきています。

日本の取組

■ ウクライナおよび周辺国に対する支援

（総論）

2023年3月、岸田総理大臣はウクライナを訪問し、ロシアによるウクライナ侵略による被害などの状況を直接視察するとともに、ゼレンスキー・ウクライナ大統領と首脳会談を行い、日本および日本が議長を務めるG7として、ウクライナ国民に対する日本の揺るぎない支援と連帯を伝えました。岸田総理大臣は、

2022年から進めてきた総額約16億ドルの人道・財政支援に加え、ロシアによる侵略から1年の機会に、改めてウクライナへの連帯を示すべく約55億ドルの追加財政支援と4.7億ドルの新たな二国間支援などを行うことを決定し、今後、これらの支援を着実に実施し、地雷対策、がれき処理、電力を含む生活再建など様々な分野でウクライナを支えていくと述べました。

日本が議長国として主催した5月のG7広島サミットでは、セッション2でウクライナ情勢について議論が行われ、岸田総理大臣から、中長期的なウクライナの復旧・復興に関して、官民一体となった取組が不可欠であると述べました。さらに、セッション8「ウクライナ」ではゲストとしてゼレンスキー大統領も加えて、改めて議論が行われました（G7広島サミットの詳細は6ページからの第Ⅰ部2を参照）。

越冬支援として日本が供与した発電機の視察を行う岸田総理大臣（2023年3月22日）（写真：内閣広報室）

6月には、林外務大臣（当時）がロンドンで開催された英国・ウクライナ政府共催のウクライナ復興会議に出席して力強く復興支援を実施するとのメッセージを発信し、カホフカ水力発電所のダム決壊による洪水の被害を受けた人々への緊急人道支援として、食料、水・衛生、保健等に対する500万ドルの支援を決定したこと、また、今後JICAを通じた大型水槽や浄水装置等の機材供与やNGOを通じた緊急人道支援を実施していく旨を表明しました。

9月6日には、岸田総理大臣が、ルーマニアの首都ブカレストで開催された「三海域イニシアティブ首脳会合」にビデオ・メッセージを発出し、中・東欧およびバルト諸国の連結性の強化を通じて、強く繁栄し、

結束した欧州の実現に貢献する本取組を支持していく旨を表明しました。

同月9日には、林外務大臣（当時）がウクライナを訪問しました。日本の民間企業の代表者が同行し、ウクライナ側要人と意見交換を行い、復旧・復興に向けた日・ウクライナの連携を確認しました。ウクライナ訪問前に林外務大臣（当時）はポーランドを訪れ、ラウ外務大臣との2023年3度目となる会談を行い、官民一致したウクライナ復興への取組のためにも、地理的・歴史的背景から多くの民間企業が復興に関与しているポーランドと連携していくことで一致しました。

日本は、今後の復旧・復興フェーズにおいて、支援を本格化させていく中で、多岐の分野にわたる支援を迅速かつ着実に実現していくため、11月1日にJICAウクライナ事務所を再開しました。

11月20日には、辻外務副大臣および岩田経済産業副大臣が、ウクライナの復旧・復興に関心の高い日本企業関係者の参加を得て、経済ミッションとしてウクライナを訪問しました。辻外務副大臣および岩田経済産業副大臣は、同行した日本企業関係者と共に、シュミハリ・ウクライナ首相を含むウクライナ政府要人への表敬を行ったほか、ウクライナ経済省、商工会議所および雇用者連盟関係者等との意見交換を行いました。訪問に際しては、日本企業関係者とウクライナ側関係者とのマッチングが行われ、ウクライナ復興に向けた両国企業間の協力について、積極的な意見交換が行われました。

12月6日には、ゼレンスキー・ウクライナ大統領も参加したG7首脳テレビ会議において、岸田総理大臣から、日本として今回新たに人道および復旧・復興支援を含む10億ドル規模の追加支援を決定した旨を表明しました。G7首脳は、引き続きウクライナ支援を強力に推進していくことで一致しました。

2024年1月7日には、上川外務大臣がウクライナを訪問し、ゼレンスキー大統領およびシュミハリ首相への表敬を行ったほか、クレーバ外務大臣と会談し、ウクライナと共にあるという日本の立場は決して揺るがないことを直接伝達しました。

2024年2月19日には、日本とウクライナ双方から政府およびビジネス関係者等が参加して、東京で日・ウクライナ経済復興推進会議が開催され、両国間で緊密に連携し、官民一体となった復旧・復興の取組をさらに力強く推進していくことを確認しました。

2024年1月7日、ウクライナを訪問し、ウクライナへの大型電力関連機材の供与式に出席する上川外務大臣

引き続き、日本として、復旧・復興分野を含め、ウクライナを強力に支援すべく、取組を進めていきます。

（人道支援）

ロシアによるウクライナ侵略開始以降、日本は、ウクライナおよび周辺国に総額76億ドルの人道、財政、食料、復旧・復興支援を行っているほか、2023年12月には10億ドル規模の追加支援を決定しました。

人道支援のうち越冬支援として、2023年2月に、国連プロジェクト・サービス機関（UNOPS）を通じて約55万ドルの緊急無償資金協力を行い、ウクライナ国家警察に対して反射材およびカイロを供与しました。また、3月に岸田総理大臣がウクライナを訪問した際に表明した支援を具体化する取組の一つとして、ウクライナ市民に電気、熱、水を供給するための熱電併給設備への電力供給を回復・強化することを目的に、国連開発計画（UNDP）に7,000万ドルを拠出しました。6月6日に、ウクライナ南部でカホフカ水力発電所のダム決壊による洪水被害が発生したことを受けて、日本は、同月20日、国連世界食糧計画（WFP）、国連児童基金（UNICEF）、国際移住機関（IOM）、国連難民高等弁務官事務所（UNHCR）を通じて、食料、水・衛生、保健等の分野で合計500万ドルの緊急無償資金協力を決定しました。23日には、JICAの支援を通じて、浄水装置約160台、排水ポンプ約30台、ポリタンク4,000個、水槽21個を供与すること、国土交通省が供与を決定した安全ロープ8,000メートルと吸着剤3,000枚も輸送することを発表しました。ウクライナが2回目の厳冬期を迎える前の9月には、ウクライナ政府に対して、UNDPを通じ、大型変圧施設2基を供与したほか、2024年1

月に上川外務大臣がウクライナを訪問した際には、500万人以上が裨益することが見込まれる、UNDPを通じた大型変圧器7基の輸送支援、JICAおよびUNDPを通じたガスタービン発電機5基の供与を行いました。破壊されたエネルギー・インフラ施設を支援することで、ウクライナの人々が冬を乗り越えるための電力や暖房供給の回復・強化に寄与します。

（復旧・復興支援）

日本は、ウクライナの今後の安定を見据え、復旧・復興の前提となる地雷対策・がれき処理、電力等の基礎インフラ整備を含む生活再建、農業生産回復・産業振興、民主主義・ガバナンス強化等の分野で、早期の段階から同国の復旧・復興を支援してきています。2023年3月には、この方針に基づいて、「緊急復旧計画」および「緊急復旧計画フェーズ2」として総額755.1億円の無償資金協力を実施することを決定しました。

2月、ウクライナの民主主義強化に資する支援として、首都キーウにおいて、ウクライナ公共放送局（PBC）への放送機材の引渡し式が実施されました。また3月には、キーウにおいて、ウクライナの基幹産業である農業の生産力回復を図り、もって世界で主要な食料生産国である同国の経済安定化に貢献し、ひいては世界規模の食料供給改善にも寄与する支援の一環として、ウクライナ政府に対し、JICAを通じ、ひまわりおよびとうもろこし種子を供与する式典が実施されました。9月には、ウクライナ訪問中の林外務大臣（当時）が臨席する中、ウクライナ非常事態庁（SESU）に対して、地雷や不発弾処理に必要とされるクレーン付きトラック24台の供与式が行われました。11月には、ウクライナ訪問中の辻外務副大臣および岩田経済産業副大臣が臨席する中、SESUに対して、日本製地雷探知機（ALIS）50台および車両40台の供与式が行われました。

今後、2024年2月の復興会議の経緯を踏まえ、官民一体となった支援を進めていきます。

（財政支援）

ロシアの侵略による経済的影響を軽減するため、日本は、ウクライナの緊急の短期的な資金ニーズへの支援を実施しています。2023年には、法改正により、世界銀行が行うウクライナ向け融資の信用補完を可能

とし、総額55億ドルの財政支援を表明しました。また、G7議長国として、G7各国の合意を取りまとめIMF支援プログラムに道筋をつけるとともに、当面の流動性確保のため世銀融資の利払いスケジュールを工夫するなどの取組も実施しました。

（ポーランド、モルドバ支援）

ロシアによるウクライナ侵略の長期化により、周辺国への負荷も長期化しています。日本は、周辺国の負担を軽減し、ウクライナへの人道、復旧・復興支援を効果的に行う観点から、周辺国に対しても支援を行っています。

2023年3月、岸田総理大臣は、ウクライナに続いて、約100万人のウクライナからの避難民を受け入れているポーランドを訪問し、ドゥダ・ポーランド大統領およびモラヴィエツキ同国首相とそれぞれ会談し、ウクライナに対する軍事および人道支援の拠点として最前線で対応するポーランドとの間で、戦略的パートナーシップに基づき、ロシアによるウクライナ侵略への対応を含め、二国間および国際場裡での協力を強化することを確認しました。モラヴィエツキ首相との会談において、岸田総理大臣は、事態の長期化により増加しているポーランドを含む周辺国の負担を軽減し、ウクライナへの人道、復旧・復興支援を効果的に行う観点から、ポーランドに直接ODAを供与することを決定した旨を述べました。ポーランドには、国際機関やNGOを通じ、ウクライナ避難民への復興住宅支援や社会統合促進事業などの人道支援や、ウクライナ避難民児童の通学バスの供与等を行い、長期化するウクライナ避難民の生活を支援しています。

また、264万人の人口に対して、ウクライナからの11万人の避難民を受け入れているモルドバに対しては、4月、国際復興開発銀行（IBRD）に対して供与した円借款（600億円）を活用して約8,336万ドルを世界銀行に設置されたグローバル譲許的資金ファシリティ（GCFF）に拠出し、そのうち約1,700万ドルがモルドバ政府による金利支払い負担軽減のために活用されました。さらに7月には、モルドバの社会、経済をより強靱なものとするため、135億円の円借款を供与することを決定しました。

10月には上川外務大臣が、第4回モルドバ支援閣僚級会合にビデオ・メッセージで参加しました。上川外務大臣は、モルドバ支援にあたっても、日本がこれ

まで「女性・平和・安全保障（WPS）」の考えの下、国連女性機関（UN Women）への資金拠出を通じ、ロシアのウクライナ侵略により影響を受けるモルドバの脆弱な立場の人々、特に女性および女児の支援に一貫して取り組んできたこと、また、これからも支援を続けていく旨を述べました。

公共交通の利用促進を目的とした交通教育の取り組み「交通すごろく」に参加するボスニア・ヘルツェゴビナのこどもたち（写真：株式会社アルメック）

■ 西バルカン地域支援

西バルカン諸国 注17 は、1990年代の紛争の影響で改革が停滞していましたが、ドナー国・国際機関などの復興支援および各国自身による改革の結果、復興支援の段階から卒業し、現在は持続的な経済発展に向けた支援が必要な段階にあります。結束する欧州を支持する日本は、EUなどと協力しながら開発協力を展開しており、「西バルカン協力イニシアティブ」 注18 （2018年）の下、同諸国がEU加盟に向けて必要とする社会経済改革などを支援しています。

セルビアでは、民間セクター開発、環境保全、経済社会サービスの向上を重点事項として、質の高い経済成長を促進する支援を行っています。2020年11月から実施している「ベオグラード市公共交通改善プロジェクト」では、市民の主要な移動手段である公共交通（バス、トラム、トロリーバス）の運行の効率化や運賃収受改善等に向けた取組を通じ、市公共交通部の能力強化を行い、同市が目標とする環境に優しい公共交通システムの構築を目指しています。また、西部のシド市では、発生源分別、廃棄物の減量化を含む3R（Reduce＝廃棄物の発生抑制、Reuse＝再利用、Recycle＝再資源化）の推進を通じて中小自治体における効率的で持続可能な一般廃棄物管理のモデルを確立し、広域廃棄物管理システムを推進することを目的とした「廃棄物管理能力向上プロジェクト」を実施しています。

北マケドニアでは2017年以降、「持続可能な森林管理を通じた、生態系を活用した防災・減災（Eco-DRR）能力向上プロジェクト」を実施しています。同プロジェクトで得られた知見を活用し、コソボおよびモンテネグロに対しても、森林火災などの自然災害リスクを削減するための「国家森林火災情報システム（NFFIS）とEco-DRRによる災害リスク削減のための能力強化プロジェクト」を実施しています。

また、日本は、新型コロナウイルス感染症の拡大を受けて脆弱な保健・医療体制を強化することを目的に、2020年以降、アルバニア、ウクライナ、北マケドニア、コソボ、セルビア、ボスニア・ヘルツェゴビナ、モルドバ、モンテネグロの8か国に対して、総額12億円の保健・医療関連機材の供与を実施しています（北マケドニアにおける保健・医療分野への支援については109ページの「案件紹介」を参照）。

注17 アルバニア、北マケドニア、コソボ、セルビア、ボスニア・ヘルツェゴビナ、モンテネグロの6か国。
注18 西バルカン諸国のEU加盟に向けた社会経済改革を支援し、民族間の和解・協力を促進することを目的とする取組。

案件紹介

9

地域ニーズに応えるきめ細かな支援

保健・医療分野における草の根・人間の安全保障無償資金協力プロジェクト（計20件）
草の根・人間の安全保障無償資金協力（2021年〜2023年）

北マケドニア

　西バルカン地域の多民族国家である北マケドニアは、面積が九州の3分の2ほどの小さい国で、首都スコピエを中心に開発が進んでいます。しかし、地方では教育、保健、環境分野等の社会インフラ整備のための予算が不足し、地域間格差が課題となっています。日本は、持続可能で包摂的な発展を支援するため、1996年から2023年までの27年間に、北マケドニア全土で計177件、総額890万ユーロ以上の草の根・人間の安全保障無償資金協力[注1]を実施してきました。このうち約8割が保健・医療分野および教育分野の協力であり、病院への医療機材供与、学校の修復等を通じ、地域住民の生活改善に貢献しています。

　同国では2020年以降、新型コロナウイルス感染症の影響による経済状況の悪化や、医療体制に対する負荷の増大、医療サービスの地域格差の拡大がみられ、保健・医療体制の強化が喫緊の課題となっていました。

　そこで日本は、保健・医療分野の支援を強め、2020年度以降、現在まで20件の草の根・人間の安全保障無償資金協力プロジェクトを採択し、新型コロナ対策および同国の保健・医療体制の強化を支援しています。

　これまで、感染症治療を行う病院に対して、医療廃棄物処理装置を供与したほか、保健センターの救急医療サービス向上のため、医療機材一式の供与などを実施してきました。また、医療サービスの

草の根・人間の安全保障無償資金協力で供与した超音波診断装置を使用し診察する様子

地域格差を考慮し、地方の医療関係機関に対する積極的な協力を行っています。最先端・高品質の技術を有する日本の供与製品は広く感謝されています。

　日本はプロジェクトの形成、実施からフォローアップまで、現地の実施機関と密に連携し、きめ細かな支援を行っています。

注1 84ページの注87を参照。

ウクライナおよび周辺国での日本の取組

迅速な復旧・復興に向けた支援

> ウクライナ

無償資金協力「緊急復旧計画」・「緊急復旧計画（フェーズ2）」

　3月、地雷・不発弾対策やがれき処理、基礎インフラ整備を含む生活再建、農業の回復および民主主義・ガバナンス強化に必要な資機材等の整備のため、松田駐ウクライナ日本国大使とクブラコフ復興担当副首相が「緊急復旧計画」（224.4億円）および「緊急復旧計画（フェーズ2）」（530.72億円）に関する交換公文に署名。

地雷・不発弾処理への支援

> ウクライナ

無償資金協力「非常事態庁へのトラックおよび地雷探知機供与」

　非常事態庁（SESU）が行う人道的地雷・不発弾対策の支援の一環として、不発弾等爆発物輸送のためのクレーン付きトラック24台を林外務大臣（当時）臨席の下、供与。また、カンボジア地雷対策センターの協力の下、カンボジアでの地雷対策に係る研修を経て、地雷探知機（ALIS）50台を供与。

農家の生産力回復と収入改善に貢献

> ウクライナ

技術協力「農業支援：種子の配布」

　生計支援として、FAOと連携しひまわりおよびとうもろこしの種子をウクライナの農家から調達。3月および4月、戦闘の影響で農業生産および農家所得の減少が著しいハルキウ州の零細農家のうち、経営者が女性および若年者の農家を優先して約400戸に配布。

（写真：Svitlana Haponyk, Kharkiv regional center of advice public association）

ポーランド

越冬支援

> ウクライナ

ウクライナにおける越冬支援

　2月、UNOPSを通じてウクライナ国家警察に反射材およびカイロを供与。9月には、UNDPのプロジェクト「戦争による多次元的な危機への対応を通したウクライナ内外の人間の安全保障の推進」を通じ大型変圧施設2基を供与。

（写真：UNDP Ukraine/Ksenia Nevenchenko）

スロバキア

ハンガリー

ウクライナ公共放送局（PBC）を通じた民主化支援

> ウクライナ

技術協力「公共放送組織体制強化プロジェクト」

　2月、松田駐ウクライナ日本国大使出席の下、複数のモバイル中継装置をPBCのキーウ本局およびウクライナ国内の各地支局に供与し、PBCの戦時における正確で公平かつ公正な報道体制の構築に貢献。

追加財政支援

> ウクライナ

G7議長国として、ウクライナの資金ニーズに関する国際的議論を主導・財政支援の実施

　法改正により、世界銀行が行うウクライナ向け融資の信用補完を可能とし、総額55億ドルの財政支援を表明。G7の合意を取りまとめIMF支援プログラムに道筋をつけるとともに、当面の流動性確保のため世銀融資の利払いスケジュールを工夫するなどの取組も実施。

（写真：財務省）

日本は、ロシアによるウクライナ侵略の長期化を受け、ウクライナおよび周辺国などで様々な支援を2023年も引き続き実施しています。ここでは、日本の取組の一部を紹介します。

日本のNGOによる顔の見える支援

発電機等の供与

ウクライナ

日本国際民間協力会（NICCO）「ウクライナ・オデーサ州における国内避難民への現金給付、発電機供与事業」

南部オデーサ州イズマイル市の国内避難民に対し、現金の給付および発電機の供与を実施。

（写真：NICCO）

（写真：AMDA）

国内避難民への支援

ウクライナ

AMDA「ウクライナ避難者緊急支援事業」

ウクライナのザカルパチア州ウジュホロドおよびハルキウ地域の国内避難民の生活を、ハンガリー、ウクライナの連携団体と共に医療・物資面で支援する事業を実施。

スロバキアでの避難生活支援

スロバキア

ADRA Japan「ウクライナ戦争被災者スロバキア国内避難民生活自立支援事業」

スロバキアに滞在するウクライナ避難民に対し、現金給付、生活必需品の供与、心理カウンセリング、就労支援を含む自立支援を実施。

シェルター・衣食住の提供やこどもへの学習・心理社会的支援

ルーマニア　一般公募

グッドネーバーズ・ジャパン（GNJP）「ルーマニア国ガラツィ市におけるウクライナ避難民へのシェルター/物資、教育、心理社会および現金給付複合支援事業」

ガラツィ市のウクライナ避難民に対し、衣食住および活動機会の提供、こどもたちへの学習支援および心理社会的支援の提供、避難民世帯への現金給付を実施し、避難民の保護、生活環境・教育環境の改善を支援。

ウクライナ

モルドバ

ルーマニア

（写真：ADRA Japan）

（写真：GNJP）

カホフカダムの決壊に伴う緊急人道支援

ウクライナ

ウクライナ南部における洪水被害に対する緊急人道支援

6月、南部のカホフカ水力発電所のダム決壊による洪水被害に対して国際機関（WFP、UNICEF、IOMおよびUNHCR）を通じて緊急無償資金協力を実施。追加支援としてJICAを通じヘルソン州の被害地域住民の飲料水の緊急確保のため、手動浄水器100台、大型水槽21個、ポリタンク4,000個、浄水装置約60台、排水ポンプ約30台を供与。

（写真：UNICEF/UNI404147/Filippov）

6 中央アジア・コーカサス地域

中央アジア・コーカサス地域は、東アジア、南アジア、中東、欧州、ロシアを結ぶ地政学的な要衝に位置し、その発展と安定は、ユーラシア地域全体の発展と安定にも大きな意義を有しています。この地域は、石油、天然ガス、ウラン、レアアースなどの豊富な天然資源を有し、また、カザフスタンを始めとするカスピ海周辺地域から欧州・ロシア・中国に向けてパイプラインが設置されており、重要なエネルギー輸送路に位置していることから、エネルギー安全保障の観点からも戦略的に重要な地域です。特に、2022年2月のロシアによるウクライナ侵略以降、中央アジア・コーカサス地域は、ロシアを経由しない欧州と東アジア地域の連結性の要として注目されています。

1991年の独立以降、中央アジア・コーカサス各国は市場経済体制への移行と経済発展に向け取り組んできていますが、旧ソ連時代の経済インフラの老朽化や、市場経済化のための人材育成、保健・医療などの社会システム構築などの課題を抱えています。一方、同地域は、地政学的に周辺の大国の影響や近隣諸国の治安の影響を受けやすい地域でもあり、アフガニスタン等の紛争地域から帰還した人々の再統合に伴う社会不安が懸念されています。また、連結性強化のために、税関システムの改善を通じて物流の円滑化をはかることや、国境管理の強化等により実効的な麻薬対策を講じること等が求められています。

日本は、経済・社会インフラ整備、民主主義・市場経済発展支援、国境管理、麻薬対策などを重点課題として、中央アジア・コーカサス地域の自由で開かれた持続可能な発展に向けた協力を行っています。

日本の取組

日本は2004年から「中央アジア＋日本」対話を立ち上げ、自由で開かれた国際秩序を維持・強化するパートナーである中央アジアの平和と安定に寄与することを目的とした域内協力を促進しています。2023年3月に東京で開催された「中央アジア＋日本」対話・第12回東京対話では、「中央アジア・コーカサスとの連結性」をテーマとして、中央アジア諸国に加えて、中央アジアと海を結ぶ地域として重要なアゼル

バイジャン、ジョージアからの実務者の出席を得て、税関分野での国際協力に取り組む世界税関機構（WCO）や日本側の関係省庁、日本企業も参加して、公開シンポジウムを開催しました。参加者からは、それぞれ各国における地域協力の現状や今後の課題について報告がなされたほか、日本企業から見た課題や日本の事例紹介等、日本側パネリストも交えて活発な議論が行われました。

5月、日本の支援によって校舎が改修されたアルメニアのエチミアジン市立第13幼稚園を訪問する吉川外務大臣政務官（当時）

コーカサス諸国との関係では、2023年5月、吉川外務大臣政務官（当時）が、アルメニア、ジョージアおよびアゼルバイジャンの3か国を訪問し、それぞれと地域の連結性強化や人づくり支援を強化していくことなどで一致しました。

人材育成支援としては、保健、農業、教育の分野などを中心に、日本は1993年から2022年までに中央アジア・コーカサス諸国から約1万2,100人の研修

ジョージアのムツヘタ地区で、住民の衛生環境の改善および環境保全に寄与するため、草の根・人間の安全保障無償資金協力を通じて供与されたゴミ収集車

員を受け入れるとともに、同諸国に約3,300人の専門家を派遣しています。また、若手行政官等の日本留学プロジェクトである人材育成奨学計画（JDS）や、開発大学院連携プログラム、日本人材開発センターによるビジネス人材育成などを通じて、国造りに必要な人材の育成を支援しています。

基礎的社会サービスについては、日本は新型コロナウイルス感染症拡大で大きく影響を受けた各国の保健・医療体制の強化に向けた支援を行っています。

近年、中央アジア・コーカサス地域では、民族間の対立の火種が顕在化しています。2023年9月には、アゼルバイジャンによりナゴルノ・カラバフでの軍事行動が行われ、この影響により、10万人以上の避難民がアルメニアに退避しています。これを踏まえ、日本は国際機関を通じて、アルメニアおよびアゼルバイジャンにおけるナゴルノ・カラバフの避難民等に対し、200万ドルの緊急無償資金協力を実施しました。

そのほか、隣接するアフガニスタンの情勢などを踏まえ、日本は、タジキスタンのアフガニスタン国境周辺地域において、国境警備所の設置、国境管理のオンライン化用機材の供与や研修等を通じた治安維持体制の強化につながる支援を行っています。また、アフガニスタンと国境を接する中央アジア5か国では、紛争地域や国外の出稼ぎから帰国した青年が社会に統合できるよう、技能訓練や就労支援を行うほか、コミュニティ活動等を通じ社会参加を促進する等、社会の安定化や治安の強化を図る支援も行っています。

案件紹介 10

雪崩から市民を守る道路防災

ビシュケク-オシュ道路雪崩対策計画

無償資金協力（2016年3月～2023年11月）

キルギス

内陸国キルギスでは、国内道路網は国民の生活を支えるインフラであるとともに、周辺国との交易を担う経済インフラの役割を担っています。中でも首都ビシュケクと国内第2の都市オシュを結ぶ道路は、国内の南北をつなぐ唯一の主要幹線道路であり、またロシア、カザフスタンからキルギスを抜けてアフガニスタンまでをつなぐ国際回廊アジアハイウェイの一部でもあります。年間を通して何十万台もの車両が通行しますが、急峻な山岳地帯を通るルートで、毎年冬期には吹雪による通行障害や雪崩等の自然災害が多発する危険な状態でした。日本は、無償資金協力を通じて、最も雪崩が頻発する区間において、キルギスでは初となるスノーシェッド注1の建設を支援しました。支援にあたっては、日本の豪雪地域の山間道路における積雪対策で蓄積された技術を活用し、雪崩対策の強化に取り組みました。

これにより、同区間の冬期の車両通行の安全性が確保されることが期待されます。また、円滑な通行が維持されることで、国内および周辺国へのアクセスが強化され、物流の円滑化に結び付くことが期待されます。

建設にあたっては、日・キルギスの工事関係者が協力し、厳しい気象条件等を乗り越えて工事を遂行しま

本協力で建設されたスノーシェッド（防災トンネル）（写真：JICA）

した。キルギス政府は、このトンネルを「キルギス・日本友好トンネル」と名付け、日本の支援に謝意を表明しています。

日本は、今後もキルギスの産業の成長・多角化および輸出能力の向上を図る経済・社会インフラの整備を支援していきます。

注1 雪崩から通行の安全を確保するための道路を覆うトンネル状の施設。

日本は原油輸入の約9割を中東・北アフリカ地域に依存しており、世界の物流の要衝でもある同地域は、日本の経済とエネルギーの安全保障の観点から、極めて重要です。また、高い人口増加率で若年層が拡大し、今後成長が期待される潜在性の高い地域です。

同時に中東・北アフリカ地域は、様々な不安定要因や課題を抱えています。直近では、10月7日のハマス等によるイスラエルへのテロ攻撃を契機とする軍事衝突により、パレスチナ・ガザ地区の人道状況が極めて深刻化しています。また、イランをめぐる緊張の高まり、シリアにおける戦闘継続による難民・国内避難民の発生などが、周辺国も含めた地域全体の安定に大きな影響を及ぼしています。2021年8月のアフガニスタンにおけるタリバーン復権後は、同国および周辺国においても人道的ニーズが高まっています。「イラクとレバントのイスラム国（ISIL）」のような暴力的過激主義の拡散のリスクも今なお各地に残存しています。近年では自然災害にも重ねて見舞われており、人道・治安状況への影響も懸念されています。

国際社会の責任ある一員として、日本はこれまで、ODA等を通じて、中東・北アフリカ地域の平和と安定に大きく貢献してきており、今後も、これまで各国と築いてきた良好な関係をいかし、この地域の緊張緩和と情勢の安定化に向け、積極的な外交努力を展開していきます。

日本の取組

この地域の平和と安定は、日本を含む国際社会全体の安定と繁栄にとって極めて重要です。持続的な平和と安定の実現に向けて、経済的支援や人材育成などを通じて支援していくことが求められています。

■ シリア・イラクおよびその周辺国に対する支援

国際社会の懸案事項であるシリア問題について、日本は、2023年6月に開催された「シリアおよび地域の将来の支援に関する第7回ブリュッセル会合」において、2月に発生したトルコ南東部を震源とする地震への対応として表明した約4,000万ドルの人道支援を含め、これまで約2億2千万ドルの拠出を決定した旨を表明し、シリア国民および周辺国のニーズに沿った支援を今後も継続していくとの決意を改めて表明しました。この支援には、シリアおよびその周辺国に対する人道支援や社会安定化といった分野への支援が含まれています（シリア難民に対する支援については115ページの「案件紹介」を参照）。

イラクに対しては、日本は、イラク経済の根幹である石油・ガス分野や基礎サービスである電力・上下水道分野において、円借款などを通じた支援を実施しています。イラクが安定した民主国家として自立発展するため、ガバナンス強化支援にも取り組んでいます。

2011年のシリア危機発生以降、日本のシリア・イラクおよびその周辺国に対する支援の総額は約35億ドルとなっています。このように、絶えず人道状況が変化している同地域において、日本は時宜に即した効果的な支援を実施しています（45ページの第Ⅲ部2(1)も参照）。

日本は「日・ヨルダン・パートナーシップ・プログラム」に基づき、イラク難民の受け入れやイラク復興支援において重要な役割を果たしているヨルダンにおいて、イラクを始めとする近隣諸国の人材育成のための研修を行っています。また、2011年のシリア危機発生以降、ヨルダンは多くのシリア難民を受け入れており、日本はシリア難民およびホストコミュニティ支援として、人口増加による水不足の解消のため、上水道設備による安定的な水供給および効率的で効果的な水資源活用を支援しています。2023年9月には、電力セクター改革のための約1億ドル（150億円）の借款、電力安定化に向けた8.97億円の無償資金協力の署名式を行いました。

また、日本は、人材育成や難民の自立支援に向けた取組も行っています。日本は、将来のシリア復興を担う人材を育成するため、2017年度から2023年12

自立支援を通じてシリア難民の尊厳を守る
〜UNHCRの支援〜

ヨルダンにおける難民保護

ヨルダン

　2011年から続くシリア紛争はいまだ出口が見えず、国内で約680万人、周辺国で約520万人が避難生活を送っています。65万人以上のシリア人が避難する隣国ヨルダン[注1]は、寛容な難民受入れ政策で知られ、難民に基本的な公的サービスを保障し、新型コロナウイルス感染拡大の際もワクチン接種対象に難民を含むなど、柔軟な対応を行ってきました。しかし、慢性的な人道支援の資金不足、経済の疲弊などにより、難民は様々な困難に直面しており、避難生活の長期化により支援ニーズも多様化しています。

UNHCRとヨルダン政府が連携して整備した、8万人以上の難民が暮らすザアタリ難民キャンプ（写真：UNHCR）

　そこで国連難民高等弁務官事務所（UNHCR）は、日本の資金協力を得て、ヨルダンに滞在するシリア難民の命と尊厳を守るための支援を実施しています。その一つが、難民自身がコミュニティ内で保護活動を行えるようにするためのボランティアの育成です。また、地元の女性団体などと連携して、難民の女性が自立に向けた生計向上の機会にアクセスできるよう取り組んでいます。

　脆弱な難民家族に対しては、日々の暮らしに必要な資金を毎月給付しています。UNHCRヨルダン事務所の澤田芽衣職員は「日々の暮らしに必要な資金の供与は、難民の自立や経済

首都アンマンのコミュニティセンターで、生計向上プログラムの一環として石鹸づくりを学ぶシリア難民の女性（写真：UNHCR）

活動を助け、地元経済の活性化にもつながる大切な支援の形です。」と話します。2023年は約25万人にこの支援を届け、「食費や家賃、こどもの医療費や教育費に充てることができた。」という感謝の声が聞かれています。

　故郷を追われた一人ひとりのニーズに適切かつタイムリーに応えることができるよう、UNHCRはパートナー団体と連携し、「現場にとどまって支援を続ける」をモットーに人道支援を続けています。

注1　人口あたりの難民受入れが世界で2番目に多い。

月までに「シリア平和への架け橋・人材育成プログラム（JISR）」[注19]および国費留学生あわせて136人のシリア人留学生を受け入れました。

■イエメン支援

　イエメンでは、紛争の長期化により、全人口の約8割が何らかの人道支援を必要とする「世界最悪の人道危機」に直面しています。こうした中、日本は、主要ドナー国として、2015年以降、国際機関を通じて総額約4億ドル以上の人道支援を実施してきました。2023年も国際機関を通じた人道支援に加え、イエメンの自立的な安定化を後押しするための人材育成支援として、イエメンからの国費留学生の受入れ、JICAによるイエメン人専門家を対象とした研修など、日本での教育・研修を実施しています。また、人々が経済

活動を行えるような環境を整備するための支援として、アデン市内の道路修復支援や、老朽化によって石油流出の可能性がある浮体式貯蔵・取卸施設サーフィル号に関して、その石油が積み替えられた代替施設を係留するための機材供与を実施しています。

■アフガニスタン支援

　2021年8月のタリバーンによるカブール制圧以降も、アフガニスタンでは、国際機関やNGOが機能を維持し、国際社会からの多くの支援が実施されています。しかし、女性・女児の権利に対する制限の強化をはじめとしたタリバーンによる抑圧的な政策の影響もあり、同国の人道状況は依然として深刻です。そうした中、日本は国際社会と協調して、状況改善に向けたタリバーンへの働きかけを継続するとともに、G7や

注19　2016年5月に日本が表明した中東支援策の1つで、シリア危機により就学機会を奪われたシリア人の若者に教育の機会を提供するもの。ヨルダン、レバノンに難民として逃れているシリア人の若者を対象に、国連難民高等弁務官事務所（UNHCR）の協力を得ながら実施している。

国連安保理をはじめとする国際場裡で積極的な人道支援の方針を表明し、アフガニスタンに安定をもたらすことの重要性を強調しています。

具体的な支援として、日本は、2021年8月以降、国際機関やNGOなどを通じて、シェルター、保健、水・衛生、食料、農業、教育等の分野で支援を行っており、この中には、国連食糧農業機関（FAO）を通じた農業生産の向上・地域社会主導型灌漑の普及や、国連開発計画（UNDP）を通じた女性の生計向上支援が含まれています。また、2023年10月にアフガニスタン西部で発生した地震の直後には、JICAを通じて、緊急援助物資を供与し、その後の被害の継続・拡大を受けて、食料、保健等の分野における緊急無償資金協力も実施しました。

日本は2001年以降、アフガニスタンの持続的・自立的発展のため、二度の閣僚級支援会合のホスト（2002年、2012年）や、人道、保健、教育、農業・農村開発、女性の地位向上など、様々な分野で開発支援を行ってきました。今後のアフガニスタン支援については、国際社会と緊密に連携しながら、自立した経済の確立や女性のエンパワーメント等も念頭に、アフガニスタンの人々のニーズをしっかりと見極めた上で適切に対応していきます。

■ 中東和平（パレスチナ支援）

日本は、パレスチナに対する支援を中東和平における貢献策の重要な柱の一つと位置付け、1993年のオスロ合意以降、23億ドル以上の支援を実施しています。具体的には、東エルサレムを含むヨルダン川西岸地区の社会的に弱い立場に置かれる人々やガザ地区の紛争被災民に対して、その厳しい生活状況を改善するため、国際機関やNGOなどを通じた様々な人道支援を行ってきました。2023年3月には、約2,477万ドルの国際機関経由の無償資金協力を実施し、8月には、イスラエルの攻撃により大きな被害を受けたパレスチナのジェニン難民キャンプに対する支援として、国連パレスチナ難民救済事業機関（UNRWA）を通じて、100万ドルの緊急無償資金協力を実施しました。9月には、パレスチナの食料安全保障を改善し、開発課題の解決に寄与することなどを目的として、国連世界食糧計画（WFP）を通じて、2億円の支援を実施しました。

日本は、将来のパレスチナ国家建設に向けた準備

JICAを通じて供与されたテント（写真：JICA）

と、パレスチナ経済の自立化を目指して、パレスチナの人々の生活の安定・向上、財政基盤の強化と行政の質の向上など、幅広い取組を行っています。2月、JICAは、パレスチナ自治区の大手民間金融機関パレスチナ銀行（Bank of Palestine）との間で3,000万ドルの劣後融資を供与する契約に調印したことを発表しました。パレスチナ向けの初の海外投融資案件であり、融資の拡大を通じて中小零細事業者の金融アクセス改善に貢献することが期待されます。また、9月には、水道サービスの向上を図るため、パレスチナ西岸地区ジェニン市の上水道施設等の改修等を行う供与額27.93億円の無償資金協力に関する書簡の署名・交換が行われました。

10月7日のハマス等によるイスラエルへのテロ攻撃を契機として、イスラエル国防軍によるガザ地区における軍事作戦が始まり、ガザ地区の人道状況は著しく悪化しました。日本は、10月にUNRWAおよび赤十字国際委員会（ICRC）を通じて、食料、水、医療等について1,000万ドルの緊急無償資金協力を実施しました。11月3日、上川外務大臣は、パレスチナを訪問した際に、約6,500万ドルの追加的なパレスチナへの支援およびガザ地区への物資供給を実施する考えである旨を発表しました。これを具体化するものとして、JICAを通じて、エジプト、パレスチナ赤新月社およびUNRWAと協力してテントや毛布等の支援物資をガザ地区に届けたほか、ジャパン・プラットフォーム（JPF）を通じ、食料、生活物資、保健・医療、水、衛生などの分野において6億円（約440万ドル）の支援を実施しました。その他、国際機関（UNRWA、WFP、国際赤十字・赤新月社連盟（IFRC）等）を通じて、食料・栄養、母子保健、医療サービス

等の分野における人道支援として、約83億円（約6,000万ドル）を令和5年度補正予算として措置しました 注20 。

11月、中東訪問時、ガザ地区出身のパレスチナ人中学生3名と懇談する上川外務大臣

■ 北アフリカ地域への支援

エジプトでは、エルシーシ大統領の主導により就学前教育から大学院までの日本式教育が導入されているほか、カイロ地下鉄四号線やボルグ・エル・アラブ国際空港等の交通インフラ事業、灌漑セクター等農業支援、大エジプト博物館（GEM）建設と遺物修復等の多岐にわたる分野において、無償資金協力、円借款や技術協力を組み合わせた支援を行っています。2023年4月、岸田総理大臣はエジプトを訪問してエルシーシ大統領との首脳会談を実施し、「カイロ地下鉄四号線第一期整備計画（III）」の1,000億円の円借款の供与に関する交換公文の署名を行いました。このほか、食料安全保障強化に関する協力、教育分野における日本式教育の普及、エジプト日本科学技術大学（E-JUST）における博士課程を中心とした150人の留学生の受け入れ、GEMに関する協力の実施等、日本のODA

を通じた支援の着実な進展を確認しました。

リビアは、アフリカ最大の原油埋蔵量を誇る資源大国であるにもかかわらず、長引く紛争・政治的混乱から脱却できておらず、難民問題を含め、地域の不安定要因となっています。9月、東部で、集中豪雨とダムの決壊により発生した洪水により、多数の死傷者・被災民と物的被害が生じました。日本は、テント、毛布、浄水器等の緊急援助物資を供与したほか、緊急人道支援として、国際移住機関（IOM）および国連児童基金（UNICEF）を通じて、合計300万ドル（4億1,100万円）の緊急無償資金協力および約160万ドルの食料支援を実施しました。

日本人専門家により、チュニジア国内の公立病院で働く医療専門家らを対象に実施された、病院運営のためのカイゼン研修の様子（写真：JICA）

モロッコでは、9月に中部で発生した地震により甚大な被害が発生しました。日本は、IFRCを通じて、一時的避難施設や食料等の200万ドルの緊急無償資金協力を実施したほか、JPFを通じ、日本のNGOによる100万ドルの支援を行うことを決定しました。

注20 2024年1月26日に発覚したUNRWA職員のテロへの関与疑惑を受け、1月28日、日本はパレスチナ支援の一部であるUNRWAへの資金拠出（約3,500万ドル）を一時停止した。

8 アフリカ地域

2050年には世界の人口の4分の1を占めると言われるアフリカは、若く、希望にあふれる大陸です。豊富な資源と経済市場としての高い潜在性を有しており、ダイナミックな成長が期待されています。一方、貧困、脆弱な保健システム、テロ・暴力的過激主義の台頭など、様々な課題にも直面しています。

こうした課題に対応するため、アフリカ諸国は、アフリカ自身の開発アジェンダである「アジェンダ2063」注21 に基づき、持続可能な開発に取り組んでいます。ロシアによるウクライナ侵略など国際社会の根幹を揺るがす動きが続き、これまで以上に国際社会が一致して対応することが重要になる中で、国際社会におけるアフリカの位置付けも大きく変化し、アフリカは国際社会における主要なプレーヤーとして、その重要性と発言力はますます高まっています。このため、アフリカ諸国との協力を一層推進していく必要があります。

日本の取組

日本はアフリカ開発会議（TICAD）解説などを通じて、長年にわたり、アフリカの持続可能な開発に貢献しています。2022年8月にチュニジアで開催されたTICAD 8において、日本は、「人への投資」、「成長の質」を重視し、グリーン投資、投資促進、開発金融、保健・公衆衛生、人材育成、地域の安定化、食料安全保障に取り組むこと、また、産業、保健・医療、教育、農業、司法・行政等の幅広い分野での人材育成を行っていくことを表明し、着実に実施しています。

日本は、アフリカの「声」を直接聞くことを重視しています。G7広島サミットの直前となる2023年4月29日から5月3日にかけて、岸田総理大臣はアフリカの東西南北の主要国であるエジプト、ガーナ、ケニア、モザンビークを訪問し、各国が直面する様々な課題に耳を傾けました。G7広島サミットでは、アフリカ連合（AU）議長国のコモロを招待した上で、アフリカ歴訪での成果をサミットでの真剣な議論につなげました。7月31日から8月3日には、林外務大臣

（当時）が、南アフリカ、ウガンダおよびエチオピアを訪問し、日本による長年の支援やさらなる連携強化について意見交換しました。

8月26日には、TICADが立ち上げられてから30年になることを記念して、TICAD 30周年行事「TICAD 30年の歩みと展望」を東京で開催し、TICADのこれまでの歩みと今後の展望について活発な意見交換が行われました。

2023年8月にTICAD 30周年を記念して行われた「TICAD 30年の歩みと展望」のパネルディスカッション3「TICADの将来」の様子

2024年には東京でTICAD閣僚会合が、2025年には横浜でTICAD 9が開催されることが決定しています。日本は、アフリカと「共に成長するパートナー」として、「人」に注目した日本らしいアプローチで取組を推進し、アフリカ自身が目指す強靱なアフリカを実現していきます。

■ 経済

TICAD 8において、日本は新型コロナウイルス感染症、ウクライナ情勢等による食料・エネルギー分野等における影響からのより良い回復を実現し、人々の生活を守るため、自由で開かれた国際経済システムを強化するとともに、各国のグリーン成長を支援し、強靱で持続可能なアフリカの実現を目指していくこと、また、活力ある若者に焦点を当て、民間企業・スタートアップの進出を後押ししていくことを表明し、その実現に取り組んでいます。

注21 「持続可能な開発のための2030アジェンダ」が採択された2015年、アフリカ連合（AU）首脳会合において採択。

質の高い成長の実現に向けた「人への投資」として、日本はこれまでビジネスの推進に貢献する産業人材の育成を行ってきており、ABEイニシアティブでは、これまでに6,700人を超えるアフリカの若者に対し、研修の機会を提供しています（ABEイニシアティブについては、139ページの第Ⅴ部1（6）および143ページの第Ⅴ部2（2）アを参照）。産業人材のほかにも、技術協力を通じたICT人材の育成や、「Project NINJA」 注22 によるスタートアップ・起業家支援なども行っています（ルワンダにおけるABEイニシアティブ修了生の活躍については36ページの「国際協力の現場から」、タンザニアにおける養蜂分野での取組については27ページの「匠の技術、世界へ」を参照）。

また、連結性の強化に向け、3重点地域 注23 を中心に、「質の高いインフラ」投資の推進にも取り組んでいます。デジタル・トランスフォーメーション（DX）を活用し、インフラ整備やワンストップ・ボーダーポスト（OSBP）等を通じた物流の改善や、世界税関機構（WCO）と協力して国境管理や関税等徴収の分野での能力構築支援などを実施しています。

ロシアによるウクライナ侵略の長期化により、食料・肥料・エネルギー価格が高騰し、アフリカにおける食料危機が深刻化していることを受け、2022年7月、アフリカ諸国に対して約1.3億ドルの食料支援を決定しました。また、中長期的な食料生産能力の強化のため、コメの生産量の倍増に向けた支援やアフリカ開発銀行（AfDB）の緊急食糧生産ファシリティへの約3億ドルの協調融資、今後3年間で20万人の農業人材育成を目指した能力強化支援などを行っています。日本は、食糧援助等の短期的支援と、農業生産能力向上等の中長期的支援の双方を通じて、引き続きアフリカの食料安全保障強化に貢献していきます。

■ 社会

TICAD 8では、人間の安全保障、SDGs、「アジェンダ2063」を踏まえ、顕在化した格差の是正と質の高い生活環境の実現を目指していくことを表明しまし

日本の無償資金協力で建設されたベナンのコトヌ漁港の環境改善に向け、ごみ箱の設置を現地NGOスタッフと検討するJICA海外協力隊員（写真：JICA）

た。

感染症対策は引き続きアフリカの大きな課題です。日本は、COVAXファシリティ 注24 への財政的貢献や、コールド・チェーン 注25 整備等のラスト・ワン・マイル支援、ワクチン接種に対する忌避感情改善のための取組、ワクチンの域内製造・供給・調達支援など、包括的かつきめ細かい日本らしい取組を進めています。また、感染症を含む公衆衛生上の脅威に対応するため、アフリカ7か国 注26 に対し、国連児童基金（UNICEF）を通じてデジタルを活用した予防接種情報管理体制を整備するための支援も実施しています。さらに、感染症対策の拠点となる現場への支援を強化すべく、アフリカ疾病対策センター（CDC）などとも連携しながら、医療人材の育成にも取り組んでいます。

TICAD 8の機会に発表したグローバルファンドに対する最大10.8億ドルのプレッジ（供与の約束）を始めとする国際機関等を通じた支援や二国間支援を通じ、日本は、引き続きアフリカにおける保健システムの強化に取り組んでいます。また、将来の公衆衛生危機に対する予防・備え・対応（PPR）も念頭に、「誰の健康も取り残さない」という信念の下、アフリカにおけるユニバーサル・ヘルス・カバレッジ（UHC）の達成に向け貢献しています。

注22　144ページの注23を参照。
注23　東アフリカ・北部回廊、ナカラ回廊、西アフリカ成長の環にわたる3地域。
注24　73ページの用語解説を参照。
注25　71ページの注66を参照。
注26　ウガンダ、コンゴ共和国、コンゴ民主共和国、チュニジア、ベナン、マラウイ、南スーダン。

経済成長には、成長の担い手となる「人づくり」が重要であり、若者や女性を含め、質の高い教育へのアクセス向上に取り組んでいます。日本は、TICAD 8でSTEM教育 注27 を含む質の高い教育を900万人に提供すること、400万人の女子の教育アクセスを改善することを表明し、技術協力等を通じて就学促進、包摂性の向上、給食の提供等に取り組んできています。例えば、学校、保護者、地域社会と協働してこどもの学習環境を改善する「みんなの学校プロジェクト」 注28 は、2004年の開始以降、アフリカ9か国の約7万校の小中学校に広がっています（ケニアにおける障害児支援については86ページの「案件紹介」を参照）。

アフリカでは、急速に進む都市化に伴う様々な課題への対応も急務となっています。日本は、「アフリカのきれいな街プラットフォーム」 注29 の下、廃棄物管理を通じた公衆衛生の改善を推進するとともに、JICA-JAXA熱帯林早期警戒システム（JJ-FAST）による森林の定期監視を行うなど、気候変動対策を含む環境問題にも取り組んでいます（エチオピアでの廃棄物管理における支援については、66ページの「匠の技術、世界へ」、ウガンダにおける緑化を通した強靭なコミュニティづくりへの取組については122ページの「案件紹介」を参照）。

アフリカ10か国からの参加者が、チュニジアで廃棄物管理・都市衛生に関する第三国研修に参加し、回収した木材を堆肥にする施設を視察する様子（写真：JICA）

アンゴラ「母子健康手帳を通じた母子保健サービス向上プロジェクト」において豊田通商株式会社現地法人CFAO Motors Angola, S.A.から提供された母子健康手帳寄贈式の様子（写真：JICA）

■ 平和と安定

TICAD 8において、日本は、人間の安全保障および平和と安定を阻害する根本原因にアプローチする「アフリカの平和と安定に向けた新たなアプローチ（NAPSA）」解説 の下、経済成長・投資や生活向上の前提となる平和と安定の実現に向けて、アフリカ自身の取組を後押ししていくことを表明し、その実現に着実に取り組んでいます。

平和で安定した社会や持続可能な成長は、法の支配があって初めて成し遂げることができます。日本は、法の支配に関連してアフリカ自身の取組を後押しする具体的協力として、警察官への研修や国境管理支援等を行っています。加えて、司法・行政分野の制度構築、ガバナンス強化のための人材育成、公正で透明な選挙の実施や、治安確保に向けた支援などを行っています。平和と安定の礎となる行政と住民の間の相互理解・協力関係を促進するため、コミュニティ・レベルで行政と住民が協働する取組支援も行っています。

また、日本は、アフリカ自身の仲介・紛争予防努力を、アフリカのPKO訓練センターにおけるPKO要員の能力強化やアフリカ連合（AU）等の地域機関への支援を通じて後押ししています。2008年以降、アフリカ15か国内のPKO訓練センター等が裨益するプロジェクトに対し1.1億ドル以上の支援を行い、60人以上の日本人講師を派遣し、施設の訓練能力強化や研修の実施などを支援しています。また、PKO要員への支援枠組みである「国連三角パートナーシップ・プログラム（TPP）」を拡充し、AUが主導する平和支

注27 79ページの注76を参照。
注28 79ページの注77を参照。
注29 67ページの用語解説を参照。

援活動に派遣される要員への訓練を実施するために、約850万ドルを拠出することを決定しました。2023年9月、岸田総理大臣は、国連総会での一般討論演説において平和の担い手への支援を拡充する旨を述べました。

サヘル地域においては、NAPSAの下、サヘル諸国の行政制度の脆弱性に焦点を当てながら、治安維持能力強化につながる機材の提供、制度構築に携わる人材育成、若者の職業訓練・教育機会の提供、PKO人材の育成強化などを通じて、同地域の平和と安定に貢献しています。例えば、サヘル地域の安定のため、国連開発計画（UNDP）を通じてリプタコ・グルマ地域 注30 住民に対する支援を行うなど行政サービスの改善に向けた取組を実施しており、コミュニティの基盤強化に貢献しています。

南スーダンにおいて日本は、2011年の独立以来、同国の国造りを支援しています。現在は、国際連合平和維持活動等に対する協力に関する法律（PKO法）に基づき、国連南スーダン共和国ミッション（UNMISS）に対し、司令部要員として自衛官を派遣しています。日本は、東アフリカの地域機構である政府間開発機構（IGAD）などを通じて、南スーダン自身のイニシアティブである和平プロセスへの支援も行っており、インフラ整備や人材育成支援、食糧援助などの支援と並んで、南スーダンにおける平和の定着と経済の安定化に大きな役割を果たしています（南スーダンにおける水分野への支援については76ページの「案件紹介」を参照）。

また、国民の融和、友好と結束を促進するため、南スーダンの青年・スポーツ省による国民体育大会「国民結束の日」の開催への支援を第1回大会（2016年）から毎年行っています。2023年は3月から4月にかけて第7回大会が開催され、全国を代表する17歳未満の336人が参加しました。また、7月には「スポーツを通じた平和促進プロジェクト」の一環で、南スーダンの青年・スポーツ省、一般教育・指導省などから計13人を日本に招聘し、競技の視察や教育機関への訪問を含む研修を実施しました。参加者は視察先での体験や意見交換などを通じて、人々の融和、人材育成等に対するスポーツの力を再認識しました。今後も平和の定着を同国の国民が実感し、再び衝突が繰り返されないように、国際社会が協力して南スーダンの平和の定着を支援していくことが重要です。

用語解説

アフリカ開発会議（TICAD：Tokyo International Conference on African Development）
1993年に日本が立ち上げたアフリカ開発に関する首脳級の国際会議。国連、国連開発計画（UNDP）、世界銀行、アフリカ連合委員会（AUC）との共催により、アフリカ開発におけるアフリカ諸国の「オーナーシップ」と国際社会による「パートナーシップ」の理念を具現化するもの。2022年8月には、チュニジアでTICAD 8が開催され、20名の首脳級を含むアフリカ48か国が参加。

アフリカの平和と安定に向けた新たなアプローチ（NAPSA：New Approach for Peace and Stability in Africa）
2019年8月に横浜で開催されたTICAD 7において、日本が提唱した新たなアプローチ。アフリカのオーナーシップの尊重および紛争やテロなどの根本原因に対処するとの考えの下、アフリカ連合（AU）や地域経済共同体（RECs）などによる紛争の予防、調停、仲介といったアフリカ主導の取組、制度構築・ガバナンス強化、若者の過激化防止対策や地域社会の強靱化に向けた支援を行うもの。2022年8月のTICAD 8でも、日本はNAPSAの下、経済成長・投資や生活向上の前提となる平和と安定の実現に向けたアフリカ自身の取組を後押ししていくことを示した。

注30 テロ攻撃が頻発しているニジェール、ブルキナファソ、マリの3か国国境地帯。

案件紹介 12

住民と共に行う地域の強靱性強化

ウガンダ北部における道路インフラ整備・地域の緑化を通した
強靱なコミュニティづくり

日本NGO連携無償資金協力（2023年3月〜2024年3月）

ウガンダ

　東アフリカ、ウガンダの北部では1980年代から約20年間続いた紛争により、インフラ開発が著しく立ち遅れ、他地域との格差が課題となっています。また、寛容な難民受入れ政策の下、南スーダンなど周辺国から大量の難民を受け入れる中、難民が燃料として周辺の森林を伐採するなどして、環境への負荷も懸念されています。

　そこで、特定非営利活動法人道普請人は、北部2県（グル県、キトゥグム県）を対象に、住民の生計向上と地域の強靱性強化を通してコミュニティの活性化を支援しています。

「自分たちでできるインフラ整備・環境保全」を目標に掲げ、（1）土のう工法を用いた農村道路整備活動、（2）住民主体の育苗場の設置と植林を通した緑地面積の回復、（3）薪燃料の使

土のう工法を用いた農道補修訓練（写真：特定非営利活動法人道普請人）

用量を70％減少できる「省エネ型かまど」の作成を実施しています。併せて、小学生への環境教育、生理用品作成などの女子学生支援にも取り組んでいます。

　土のう工法については、年間150人の訓練生に技術移転を行い、若者の雇用につなげるとともに、団体として地元政府に登録することによって活動を継続できるシステム作りも支援しています。グル県では、これまで560メートルの農道補修が行われました。

住民主体の苗木生産も進んでおり、住民全体を巻き込んだ植林イベントを通し、今後、年間10ヘクタールの緑化を目指しています。

訓練生と今後の活動の継続性について話し合う日本人職員（写真：特定非営利活動法人道普請人）

また、331基のかまど作成が完了し、世帯での実用化が始まっています。

（単位：百万ドル）

順位	国名または地域名	二国間政府開発援助								
		贈　与				政府貸付等		(A) − (B)	合計（支出純額）	合計（支出総額）
		無償資金協力	国際機関等経由	技術協力	計	貸付実行額(A)	回収額(B)			
	アジア地域合計	342.16	222.96	477.57	1,042.69	9,954.64	4,471.12	5,483.52	6,526.20	10,997.33
	東アジア地域合計	193.24	92.22	290.92	576.38	3,466.51	2,983.08	483.43	1,059.80	4,042.89
	（ASEAN計）*¹	182.52	66.62	252.64	501.77	3,455.91	2,345.95	1,109.96	1,611.73	3,957.68
1	フィリピン	7.83	26.67	64.13	98.63	1,369.49	388.72	980.78	1,079.41	1,468.13
2	タイ	5.46	0.38	26.23	32.07	585.55	277.95	307.59	339.66	617.62
3	インドネシア	26.68	6.70	47.20	80.58	510.57	1,029.69	-519.12	-438.53	591.15
4	カンボジア	69.91	2.55	31.02	103.48	394.14	11.87	382.27	485.75	497.62
5	ベトナム	33.92	4.07	37.78	75.77	311.03	555.49	-244.46	-168.69	386.80
6	ミャンマー	14.17	22.92	16.30	53.38	267.14	—	267.14	320.52	320.52
7	ラオス	24.07	2.13	22.19	48.38	17.98	5.85	12.13	60.52	66.37
8	モンゴル	5.56	—	20.06	25.62	5.46	28.38	-22.93	2.69	31.08
9	東ティモール	5.16	0.46	10.51	16.14	5.14	1.77	3.37	19.51	21.28
10	マレーシア	0.48	1.20	7.79	9.47	—	76.38	-76.38	-66.91	9.47
11	中国	—	—	0.75	0.75	—	606.98	-606.98	-606.23	0.75
12	※ブルネイ	—	—	0.01	0.01	—	—	—	0.01	0.01
	東アジアの複数国向け*²	—	25.14	6.96	32.10	—	—	—	32.10	32.10
	南西アジア地域合計	105.74	85.50	153.38	344.62	6,321.89	1,302.37	5,019.52	5,364.14	6,666.51
1	インド	3.11	5.17	57.22	65.49	3,801.63	896.48	2,905.15	2,970.64	3,867.12
2	バングラデシュ	23.18	21.67	38.06	82.91	2,291.73	91.63	2,200.11	2,283.02	2,374.65
3	ネパール	19.59	2.96	14.19	36.74	117.92	7.91	110.00	146.74	154.65
4	スリランカ	12.54	6.94	13.70	33.18	80.55	75.92	4.64	37.81	113.73
5	パキスタン	29.42	24.63	16.57	70.62	4.54	228.21	-223.67	-153.05	75.16
6	ブータン	7.21	1.15	9.82	18.17	25.52	1.31	24.21	42.39	43.70
7	モルディブ	10.69	3.46	2.69	16.84	—	0.92	-0.92	15.92	16.84
	南西アジアの複数国向け*³	—	19.54	1.13	20.67	—	—	—	20.67	20.67
	中央アジア・コーカサス地域合計	42.78	16.35	26.50	85.63	83.19	123.79	-40.59	45.04	168.83
1	ウズベキスタン	2.54	6.31	8.27	17.12	82.62	40.45	42.17	59.29	99.75
2	タジキスタン	19.56	5.33	5.07	29.96	—	—	—	29.96	29.96
3	キルギス	18.22	0.82	8.30	27.35	0.57	8.16	-7.59	19.76	27.92
4	ジョージア	0.76	1.12	1.98	3.87	—	6.59	-6.59	-2.73	3.87
5	アゼルバイジャン	0.59	0.89	0.79	2.27	—	26.66	-26.66	-24.39	2.27
6	アルメニア	0.82	0.90	0.52	2.24	—	8.54	-8.54	-6.30	2.24
7	カザフスタン	0.21	0.97	0.87	2.06	—	31.72	-31.72	-29.67	2.06
8	トルクメニスタン	0.07	—	0.34	0.42	—	1.66	-1.66	-1.25	0.42
	中央アジア・コーカサスの複数国向け	—	—	0.36	0.36	—	—	—	0.36	0.36
	アジアの複数国向け*⁴	0.39	28.89	6.77	36.05	83.05	61.88	21.17	57.22	119.10
	大洋州地域合計	89.55	4.19	32.62	126.37	123.59	14.61	108.98	235.35	249.96
1	フィジー	4.36	—	4.49	8.85	76.09	0.92	75.16	84.02	84.94
2	パプアニューギニア	9.96	1.21	6.70	17.87	39.61	10.49	29.12	46.99	57.48
3	ソロモン諸島	26.92	—	2.17	29.09	—	—	—	29.09	29.09
4	パラオ	5.31	—	5.91	11.22	7.89	0.48	7.41	18.63	19.11
5	ミクロネシア連邦	15.19	—	0.43	15.63	—	—	—	15.63	15.63
6	トンガ	5.40	2.05	4.38	11.84	—	—	—	11.84	11.84
7	マーシャル諸島	10.77	—	0.89	11.67	—	—	—	11.67	11.67
8	サモア	1.74	—	2.15	3.89	—	1.52	-1.52	2.38	3.89
9	キリバス	2.68	—	0.34	3.02	—	—	—	3.02	3.02

第Ⅳ部

順位	国名または地域名	二国間政府開発援助							合計(支出純額)	合計(支出総額)
		贈与				政府貸付等		(A)−(B)		
		無償資金協力	国際機関等経由	技術協力	計	貸付実行額(A)	回収額(B)			
10	ツバル	2.53	−	0.02	2.55	−	−	−	2.55	2.55
11	バヌアツ	0.63	−	1.69	2.31	−	1.20	-1.20	1.12	2.31
12	ナウル	1.74	−	0.00	1.74	−	−	−	1.74	1.74
13	※クック諸島	1.22	−	0.00	1.22	−	−	−	1.22	1.22
14	ニウエ	0.91	−	0.00	0.91	−	−	−	0.91	0.91
15	[トケラウ]	−	−	0.00	0.00	−	−	−	0.00	0.00
	大洋州の複数国向け	0.18	0.93	3.45	4.56				4.56	4.56
	中南米地域合計	60.47	31.45	111.42	203.33	713.93	222.12	491.81	695.15	917.27
1	ドミニカ共和国	0.33	−	7.47	7.80	193.85	3.27	190.59	198.39	201.66
2	コロンビア	0.92	−	2.22	3.14	139.15	−	139.15	142.29	142.29
3	パナマ	0.21	0.73	3.46	4.40	113.27	23.47	89.80	94.21	117.68
4	ホンジュラス	8.03	−	4.22	12.25	87.98	−	87.98	100.24	100.24
5	ブラジル	0.50	−	15.43	15.93	70.61	77.64	-7.03	8.90	86.54
6	エクアドル	1.49	−	5.33	6.82	37.58	3.23	34.35	41.18	44.40
7	エルサルバドル	2.06	−	7.27	9.33	30.98	20.40	10.58	19.91	40.31
8	ボリビア	20.20	−	6.41	26.61	0.14	−	0.14	26.75	26.75
9	メキシコ	0.04	−	8.52	8.56	16.49	2.02	14.47	23.03	25.05
10	パラグアイ	0.75	−	4.63	5.38	14.64	27.61	-12.97	-7.59	20.02
11	グアテマラ	3.06	0.06	6.73	9.85	−	9.86	-9.86	-0.01	9.85
12	セントルシア	7.72	−	1.29	9.01	−	−	−	9.01	9.01
13	ペルー	0.61	−	5.08	5.69	1.07	38.57	-37.50	-31.82	6.76
14	ハイチ	5.55	−	0.25	5.80	−	−	−	5.80	5.80
15	ドミニカ国	5.28	−	−	5.28	−	−	−	5.28	5.28
16	コスタリカ	0.09	−	0.72	0.82	4.17	13.66	-9.49	-8.68	4.99
17	ベネズエラ	0.63	3.91	0.18	4.72	−	−	−	4.72	4.72
18	ニカラグア	0.61	−	3.43	4.04	0.46	−	0.46	4.50	4.50
19	キューバ	0.27	0.05	4.07	4.38	−	−	−	4.38	4.38
20	※チリ	0.33	−	3.70	4.03	−	0.77	-0.77	3.26	4.03
21	アルゼンチン	0.23	−	3.27	3.50	−	1.34	-1.34	2.17	3.50
22	ジャマイカ	0.60	−	0.86	1.45	1.31	−	1.31	2.76	2.76
23	※トリニダード・トバゴ	−	−	1.27	1.27	−	−	−	1.27	1.27
24	ベリーズ	0.45	−	0.48	0.94	−	−	−	0.94	0.94
25	セントビンセント	−	−	0.84	0.84	−	−	−	0.84	0.84
26	※ウルグアイ	0.27	−	0.27	0.54	−	−	−	0.54	0.54
27	スリナム	0.21	−	−	0.21	−	−	−	0.21	0.21
28	※バルバドス	−	−	0.13	0.13	−	−	−	0.13	0.13
29	ガイアナ	0.02	−	0.05	0.08	−	−	−	0.08	0.08
30	※アンティグア・バーブーダ	−	−	0.02	0.02	−	−	−	0.02	0.02
31	グレナダ	−	−	0.01	0.01	−	−	−	0.01	0.01
32	※セントクリストファー・ネービス	−	−	0.01	0.01	−	−	−	0.01	0.01
	中南米の複数国向け		26.70	13.77	40.47	2.22	0.28	1.94	42.41	42.69
	欧州地域合計	28.62	126.43	15.71	170.75	648.72	54.89	593.83	764.58	819.47
1	ウクライナ	21.09	108.12	3.90	133.10	593.63	15.87	577.77	710.87	726.74
2	セルビア	0.45	1.01	2.29	3.75	45.61	23.97	21.65	25.40	49.37
3	モルドバ	5.01	13.39	1.06	19.46	9.23	−	9.23	28.69	28.69
4	コソボ	0.34	0.70	3.58	4.62	−	−	−	4.62	4.62
5	アルバニア	0.62	0.93	2.28	3.83	0.15	5.36	-5.20	-1.37	3.98
6	ボスニア・ヘルツェゴビナ	0.23	1.87	0.43	2.54	0.09	5.71	-5.63	-3.09	2.62

順位	国名または地域名	二国間政府開発援助							合計（支出純額）	合計（支出総額）
	援助形態	贈　　与				政府貸付等				
		無償資金協力	国際機関等経由	技術協力	計	貸付実行額(A)	回収額(B)	(A)－(B)		
7	北マケドニア	0.65	−	1.00	1.65	−	3.98	-3.98	-2.33	1.65
8	モンテネグロ	0.10	−	0.51	0.61	−	−	−	0.61	0.61
9	ベラルーシ	0.12	0.41	0.03	0.57	−	−	−	0.57	0.57
	欧州の複数国向け*5	−	−	0.62	0.62	−	−	−	0.62	0.62
	中東・北アフリカ地域合計	52.03	315.98	74.08	442.10	1,913.04	641.90	1,271.15	1,713.24	2,355.14
1	イラク	0.35	16.70	5.87	22.92	753.65	179.47	574.18	597.09	776.56
2	エジプト	3.55	4.70	16.43	24.68	430.62	160.08	270.54	295.22	455.29
3	トルコ	0.50	1.82	0.91	3.22	431.68	113.79	317.89	321.12	434.91
4	アフガニスタン	5.07	141.62	9.98	156.67	−	−	−	156.67	156.67
5	ヨルダン	9.98	7.25	5.54	22.77	114.13	51.05	63.08	85.86	136.90
6	モロッコ	0.15	−	4.72	4.87	123.37	71.45	51.92	56.79	128.24
7	チュニジア	4.84	1.45	5.74	12.02	56.62	53.09	3.53	15.54	68.64
8	[パレスチナ]	17.39	29.51	16.75	63.65	−	−	−	63.65	63.65
9	シリア	1.29	41.86	1.75	44.90	−	−	−	44.90	44.90
10	イラン	0.98	24.90	3.99	29.86	−	4.62	-4.62	25.24	29.86
11	イエメン	0.76	28.79	0.14	29.69	−	−	−	29.69	29.69
12	レバノン	0.94	11.52	0.22	12.68	−	2.65	-2.65	10.03	12.68
13	リビア	−	3.03	0.03	3.06	−	−	−	3.06	3.06
14	アルジェリア	0.17	1.40	0.55	2.12	−	0.61	-0.61	1.51	2.12
15	※サウジアラビア	−	−	0.83	0.83	−	−	−	0.83	0.83
16	※アラブ首長国連邦	−	−	0.00	0.00	−	−	−	0.00	0.00
17	※バーレーン	−	−	0.00	0.00	−	−	−	0.00	0.00
	(中東計)*6	37.26	303.96	45.97	387.20	1,299.46	351.58	947.88	1,335.08	1,686.66
	(北アフリカ計)*7	8.70	10.57	27.47	46.74	610.60	285.24	325.37	372.11	657.34
	中東・北アフリカの複数国向け*8	6.06	1.45	0.64	8.16	2.98	5.08	-2.11	6.05	11.14
	サブサハラ・アフリカ地域合計	354.71	343.84	316.41	1,014.96	662.47	111.78	550.69	1,565.65	1,677.43
1	ケニア	9.36	10.41	42.81	62.58	181.45	58.31	123.13	185.72	244.03
2	コートジボワール	32.70	0.12	8.36	41.18	99.77	−	99.77	140.94	140.94
3	モザンビーク	30.76	7.04	15.28	53.07	53.44	2.27	51.17	104.24	106.51
4	セネガル	19.97	2.29	20.49	42.76	49.48	0.23	49.25	92.00	92.24
5	マダガスカル	16.56	5.07	10.57	32.20	49.65	−	49.65	81.85	81.85
6	ルワンダ	28.46	3.68	16.54	48.68	18.80	−	18.80	67.48	67.48
7	ガーナ	34.64	11.00	16.02	61.66	0.31	−	0.31	61.97	61.97
8	エチオピア	17.40	24.17	13.74	55.31	1.89	−	1.89	57.20	57.20
9	ウガンダ	5.13	2.31	12.81	20.24	22.54	12.25	10.28	30.53	42.78
10	タンザニア	10.35	1.07	9.36	20.78	11.80	8.95	2.85	23.63	32.58
11	ソマリア	−	29.16	1.28	30.45	−	−	−	30.45	30.45
12	ナイジェリア	2.44	19.89	7.72	30.05	−	4.34	-4.34	25.71	30.05
13	ブルキナファソ	9.61	15.09	5.10	29.79	−	−	−	29.79	29.79
14	ジブチ	18.12	0.70	9.48	28.31	−	−	−	28.31	28.31
15	マラウイ	9.20	9.24	8.80	27.24	−	−	−	27.24	27.24
16	カメルーン	6.74	11.06	6.09	23.88	1.55	1.76	-0.20	23.68	25.44
17	シエラレオネ	6.23	12.04	6.42	24.69	−	−	−	24.69	24.69
18	ギニア	17.91	3.52	2.88	24.31	−	−	−	24.31	24.31
19	コンゴ民主共和国	4.82	6.34	10.81	21.96	−	−	−	21.96	21.96
20	南スーダン	6.64	5.53	7.38	19.55	−	−	−	19.55	19.55
21	ザンビア	0.66	1.13	12.13	13.93	3.29	−	3.29	17.21	17.21
22	ブルンジ	8.38	5.54	1.23	15.14	−	−	−	15.14	15.14
23	スーダン	6.78	0.03	6.65	13.47	−	−	−	13.47	13.47
24	チャド	2.28	10.82	0.09	13.19	−	−	−	13.19	13.19

| 順位 | 国名または地域名 | 二国間政府開発援助 | | | | | | | 合計（支出純額） | 合計（支出総額） |
| | | 贈　与 | | | | 政府貸付等 | | | | |
		無償資金協力	国際機関等経由	技術協力	計	貸付実行額(A)	回収額(B)	(A) − (B)		
25	ニジェール	4.34	5.58	2.89	12.81	−	−	−	12.81	12.81
26	モーリタニア	8.12	−	1.79	9.91	−	−	−	9.91	9.91
27	ジンバブエ	3.37	1.90	3.42	8.69	−	−	−	8.69	8.69
28	モーリシャス	4.35	−	1.27	5.63	2.93	2.51	0.42	6.05	8.56
29	ボツワナ	0.18	0.40	2.04	2.62	4.95	3.59	1.36	3.98	7.58
30	中央アフリカ	−	7.05	0.03	7.08	−	−	−	7.08	7.08
31	カーボベルデ	4.58	0.23	0.26	5.06	1.67	2.58	-0.91	4.16	6.73
32	ガンビア	6.29	−	0.18	6.47	−	−	−	6.47	6.47
33	リベリア	1.90	1.89	2.19	5.98	−	−	−	5.98	5.98
34	マリ	0.14	4.12	1.35	5.61	−	−	−	5.61	5.61
35	アンゴラ	0.97	1.71	2.79	5.47	−	−	−	5.47	5.47
36	コモロ	2.28	3.10	0.05	5.43	−	−	−	5.43	5.43
37	ナミビア	0.38	3.26	1.77	5.41	−	−	−	5.41	5.41
38	トーゴ	4.49	−	0.91	5.40	−	−	−	5.40	5.40
39	ベナン	2.24	1.01	1.98	5.23	−	−	−	5.23	5.23
40	南アフリカ	0.10	−	4.97	5.07	−	−	−	5.07	5.07
41	コンゴ共和国	−	4.59	0.33	4.92	−	−	−	4.92	4.92
42	レソト	0.47	3.67	0.36	4.50	−	−	−	4.50	4.50
43	ギニアビサウ	−	3.67	0.20	3.87	−	−	−	3.87	3.87
44	エスワティニ	0.05	2.53	1.11	3.68	−	1.53	-1.53	2.15	3.68
45	ガボン	0.41	−	2.85	3.27	−	−	−	3.27	3.27
46	サントメ・プリンシペ	2.11	−	0.05	2.15	−	−	−	2.15	2.15
47	赤道ギニア	0.08	0.70	0.01	0.78	−	−	−	0.78	0.78
48	エリトリア	−	−	0.53	0.53	−	−	−	0.53	0.53
49	※セーシェル	−	−	0.07	0.07	−	−	−	0.07	0.07
	サブサハラ・アフリカの複数国向け*9	2.71	101.20	30.96	134.87	158.96	13.44	145.51	280.39	293.83
	複数地域にまたがる援助等	39.12	1248.16*10	1,340.82	2,628.10	4.04	−	4.04	2,632.14	2,632.14
	合計	966.66	2,293.02	2,368.63	5,628.30	14,020.44	5,516.41	8,504.02	14,132.33	19,648.74

（注）
・順位は支出総額の多い順。
・四捨五入の関係上、合計が一致しないことがある。
・［−］は、実績が全くないことを示す。
・ここでいう「無償資金協力」は、日本が実施している援助形態としての無償資金協力ではない。
・複数国向け援助とは、調査団の派遣やセミナー等、複数の国にまたがる援助を含む。
・複数地域にまたがる援助等とは、地域・国を特定しない国際機関等経由贈与や調査・研究等の技術協力など、地域分類が不可能なもの。
・マイナスは貸付などの回収額が供与額を上回ったことを示す。
・※は「開発途上地域」指定国、［　　　］は地域名を示す。
＊1　（ASEAN合計）は、インドネシア、カンボジア、タイ、フィリピン、ブルネイ、ベトナム、マレーシア、ミャンマー、ラオスを対象とした援助額の合計。
＊2　「東アジアの複数国向け」の実績には、DACの基準に基づく数値を使用しているため、ミャンマーを含む複数国向けの実績が含まれていない。
＊3　「南西アジアの複数国向け」の実績には、DACの基準に基づく数値を使用しているため、アフガニスタンを含む複数国向け、およびミャンマーを含む複数国向けの実績が含まれている。
＊4　「アジアの複数国向け」の実績には、DACの基準に基づく数値を使用しているため、一部の中東地域を含む複数国向けの実績が含まれている。
＊5　「欧州の複数国向け」の実績には、DACの基準に基づく数値を使用しているため、トルコを含む複数国向けの実績が含まれている。
＊6　中東小計は、アフガニスタン、アラブ首長国連邦、イエメン、イラク、イラン、サウジアラビア、シリア、トルコ、バーレーン、［パレスチナ］、ヨルダン、レバノンを対象とした援助額の合計。
＊7　北アフリカ小計は、アルジェリア、エジプト、チュニジア、モロッコ、リビアを対象とした援助額の合計。
＊8　「中東・北アフリカの複数国向け」の実績には、DACの基準に基づく数値を使用しているため、アフガニスタンを含む複数国向け、トルコを含む複数国向け、および北アフリカとサブサハラ・アフリカにまたがる複数国向けの実績が含まれていない。
＊9　「サブサハラ・アフリカの複数国向け」の実績には、DACの基準に基づく数値を使用しているため、一部北アフリカおよびサブサハラ・アフリカにまたがる複数国向けの実績が含まれている。
＊10　国際機関等経由実績に債務救済実績を含む。

第 V 部

効果的・戦略的な
開発協力の推進

チュニジア柔道連盟カラートアンダルース支部で、同僚コーチと一緒にこどもたちに指導するJICA海外協力隊員（写真：Ahmed Souayed/JICA）

❶ 共創を実現するための多様なパートナーとの連帯 ··· 128
❷ 戦略性の強化ときめ細やかな制度設計 ·· 142
❸ 開発協力の適正性確保のための取組 ·· 147
❹ 開発協力人材・知的基盤の強化、発信に向けた取組 ································· 149

1　共創を実現するための多様なパートナーとの連帯

新たな開発協力大綱では、明確な解決策が見つかっていない様々な開発課題に対して、民間企業や公的金融機関など様々な主体が互いの強みを持ち寄り、対話・協働することにより、新たな社会的価値を共に創り出す「共創」を基本方針に掲げています。

(1) 民間企業との連携

日本政府は、日本企業の持つ総合力が、外務省やJICAが行うODA事業等においてもさらに発揮されるよう、日本の民間企業の優れた技術・知識・経験・資金の効果的な活用に努めています。また、民間の知見やノウハウをODAの案件形成の段階から取り入れたり、基礎インフラはODAで整備し、投資や運営・維持管理は民間で行うといったように、官民で役割を分担したりし、民間による投資事業等との連携を促進しています。民間企業との連携を強化して、より効果的・効率的な事業を行うことで開発効果を高めていきます。

ア　民間提案型の官民連携支援スキーム

日本政府およびJICAは、民間企業の意見や提案を積極的に取り入れるべく、「中小企業・SDGsビジネス支援事業」や「協力準備調査（海外投融資）」といった民間提案型の官民連携支援スキームも推進しています。

■ 中小企業・SDGs ビジネス支援事業

中小企業・SDGsビジネス支援事業**解説**は、民間企業の自由な発想に基づいたアイデアを開発協力に取り込み、民間企業の製品・技術を活用し、ビジネスを通じた現地の課題解決や多様なパートナーとの連携を進めることを目的としています。JICAホームページで公示を行い、企業から提出された企画書の内容を踏ま

え JICA が採択します。2010年から2023年までの累計採択数は、1,516件に上っています。

2023年度公示では、29か国における合計68件の事業（ニーズ確認調査：32件、ビジネス化実証事業：23件、普及・実証・ビジネス化事業：「中小企業支援型」12件、「SDGsビジネス支援型」1件）が採択されました（27ページおよび135ページの「匠の技術、世界へ」も参照。事業の仕組み、対象分野・国などについては、JICA ホームページ **注1** を参照）。

モンゴルでのドローンによる血液輸送の実証実験の様子（株式会社エアロネクスト／中小企業・SDGs ビジネス支援事業）

■ 協力準備調査（海外投融資）

近年、官民協働による開発途上国のインフラ整備および民間事業を通じた経済社会開発の動きが活発化しています。JICAは、海外投融資での支援を念頭に、民間資金を活用した事業の形成を図るため、協力準備調査（海外投融資）を実施しています。開発途上国における事業参画を検討している民間企業から事業提案を広く公募し、事業計画策定のためのフィージビリティ調査を支援しています（事業の仕組み、対象分野・国などについては、JICA ホームページ **注2** を参照）。2010年から2022年度までの採択案件数は、86件に上っており、2023年はアジア地域において1件事業が採択されています。

注1 中小企業・SDGsビジネス支援事業について　https://www.jica.go.jp/priv_partner/activities/sme/index.html
注2 協力準備調査（海外投融資）　https://www.jica.go.jp/priv_partner/activities/psiffs/index.html

■ JICA海外協力隊（民間連携）

　2012年に創設された「JICA海外協力隊（民間連携）」では、2023年3月までに129人が38か国に派遣され、企業の海外展開を積極的に支援してきました。派遣された隊員は、隊員活動を通して、その国特有の商習慣や市場ニーズを把握し、帰国後の企業活動へ還元することが期待されています。なお、このプログラムは2023年4月に、「JICA海外協力隊（連携派遣）」として、大学連携、自治体連携といった他の連携制度と統合されました（146ページの「案件紹介」も参照）。

図表V-1　ODAを活用した官民連携支援スキーム

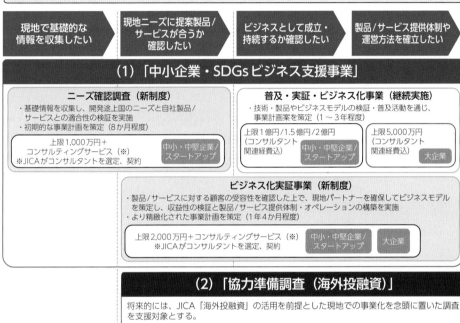

イ　海外投融資

　海外投融資**解説**は、開発効果の高い事業を開発途上国で行う企業に対し、民間金融機関から十分な資金が得られない場合に、JICAが必要な資金を出資・融資するものです。2011年から2022年度末までに累計114件の出融資契約を調印しており、多くの日本企業も参画しています（事業の仕組み、対象分野・条件などについては、JICAホームページ **注3** を参照）。

　最近の好事例としては、2023年に調印されたラオスでの風力発電事業（融資事業）やアフリカにおけるスタートアップ企業支援事業（ファンドへの出資）があります。前者は、ラオス初の風力発電事業であり、ベトナム電力公社（EVN）に国境を超えて売電するもので、メコン地域の連結性強化にも資するもので

注3　海外投融資　https://www.jica.go.jp/activities/schemes/finance_co/loan/index.html

す。発電所が建設されるラオスにおいて、再生可能エネルギー発電による電力供給能力の増強に寄与するとともに、売電先となるベトナムでも温室効果ガス排出量の削減による気候変動対策に寄与します。後者は、ベンチャー・キャピタルファンドへの出資を通じて、イノベーションを駆使してアフリカの金融包摂、保健医療、気候変動等の社会課題解決に取り組むスタートアップ企業へ投資を行い、アフリカの持続的な経済成長に貢献することを目指します。日本は、これまでにも「Project NINJA」注4 等を通じて、アフリカで起業家支援活動を行ってきていますが、本事業により創業初期段階にある企業に向けた金融支援へと支援の幅を広げることが可能となります。また、本事業では日本企業との連携促進も期待されます。

2023年5月20日に岸田総理大臣がG7広島サミットに際し開催した、グローバル・インフラ投資パートナーシップ（PGII）に関するサイドイベントにおいて、官民のインフラ投資を通じてパートナー国の持続可能な開発に貢献することを表明したことを踏まえ、気候変動対策、食料安全保障、金融包摂の3つの分野における融資枠を創設しました（詳細は第Ⅰ部2の9ページを参照）。

日本の開発協力は、多様なアクターとのパートナーシップの下で推進されています。開発協力の実施にあたっては、JICAとその他の公的資金（OOF）を扱う機関（株式会社国際協力銀行（JBIC）解説、株式会社日本貿易保険（NEXI）、株式会社海外交通・都市開発事業支援機構（JOIN）、株式会社海外通信・放送・郵便事業支援機構（JICT）、独立行政法人エネルギー・金属鉱物資源機構（JOGMEC）等）との間の連携を強化するとともに、政府が、民間部門を含む多様な力を動員・結集するための触媒としての役割を果たすことが重要です。

なお、国連開発計画（UNDP）および国連児童基金（UNICEF）などの国際機関も、開発途上国における豊富な経験と専門性をいかし、日本企業による包摂的ビジネス解説を支援しています。

ウ　事業・運営権対応型無償資金協力

2014年度から、日本政府は、民間企業が施設整備から運営・維持管理まで包括的に関与して実施する公共事業に無償資金協力を行う、事業・運営権対応型無償資金協力を実施しています。本無償資金協力は、日本企業の開発途上国における事業権・運営権の獲得を促進することを通じて、日本の技術・ノウハウを当該国の経済社会開発に役立てることを目的としています。

用語解説

中小企業・SDGsビジネス支援事業
民間企業からの提案に基づき、開発途上国の開発ニーズと企業が有する優れた製品・技術等とのマッチングを支援し、開発途上国での課題解決に貢献するビジネスの形成を後押しするもの。また、本事業は、日本の中小・中堅企業の海外展開を支援するのみならず、日本国内の経済や地域活性化を促進することも期待されている（129ページの図表Ⅴ-1も参照）。

海外投融資
JICAが行う有償資金協力の一つで、開発途上国での事業実施を担う民間セクターの法人などに対して、必要な資金を出資・融資するもの。民間企業の開発途上国での事業は、雇用を創出し、経済の活性化につながるが、様々なリスクがあり、高い収益が望めないことも多いため、民間の金融機関から十分な資金が得られないことがある。海外投融資は、そのような事業に出資・融資することにより、開発途上国の開発を支援している。支援対象分野は、(1) インフラ・成長加速、(2) SDGs（貧困削減、気候変動対策を含む）。

国際協力銀行（JBIC）
日本政府が全株式を保有する政策金融機関。一般の金融機関が行う金融を補完することを旨としつつ、(1) 日本にとって重要な資源の海外における開発および取得の促進、(2) 日本の産業の国際競争力の維持および向上、(3) 地球温暖化の防止などの地球環境の保全を目的とする海外における事業の促進、(4) 国際金融秩序の混乱の防止またはその被害への対処、の4つの分野について業務を行い、日本および国際経済社会への健全な発展に寄与することを目的としている。

包摂的ビジネス（Inclusive Business）
包摂的な市場の成長と開発を達成するための有効な手段として、国連および世界銀行グループが推奨するビジネスモデルの総称。社会課題を解決する持続可能なBOPビジネス（開発途上国・地域の低所得者層（Base of the Economic Pyramid）を対象にした、社会的な課題解決に役立つことが期待されるビジネス）を含む。

注4 144ページの注23を参照。

（2）諸外国・国際機関との連携

ア　G7・G20における連携

　G7においては、2023年、日本は議長国として、開発を含む国際社会が直面する重要な課題への対応に関する議論を主導しました（詳細は第Ⅰ部2を参照）。なお、G7開発関連の取組として、2月、東京でG7開発担当高官会合を開催し、3月にはその議論を受けた議長総括を発出し、開発途上国との連帯の重要性を再確認するとともに、広島サミットに向け、開発金融、グローバル・インフラ投資パートナーシップ（PGII）、食料安全保障、栄養、人道支援、気候変動、保健、防災、教育等の分野の開発協力の優先課題に関する進展を加速化させる旨表明しました。

　G20においては、6月にG20開発大臣会合がインドのヴァラナシで開催され、日本からは武井外務副大臣（当時）が出席し、SDGs達成に向けた資金ギャップが拡大する中、G20がSDGs達成に向けた力強いコミットメントを再確認すべきである旨をG20各国に呼びかけました。また、武井外務副大臣（当時）は各国出席者と個別に意見交換し、開発分野における連携を確認しました。

　9月のG20ニューデリー・サミットでは、日本からは岸田総理大臣が出席し、G7広島サミットの成果をG20につなげるとの考えの下、国際社会の重要課題について、日本の立場と取組を積極的に発信しました。議論の総括として発出されたG20ニューデリー首脳宣言では、食料安全保障、環境、保健といった分野でG7の成果が記載されました。

　岸田総理大臣は、セッション1「一つの地球」において、ロシアによるウクライナ侵略により、食料・エネルギーを含め世界経済の困難は深刻化しており、G20として対処する必要がある旨指摘しました。食料問題に関しては、G7広島サミットで招待国も交えて具体的な行動計画をとりまとめ、データの充実化に向けたG20の「農業市場情報システム（AMIS）」や、インドが主導する「雑穀とその他古代穀物に関する国際研究イニシアティブ（MAHARISHI）」といった取組の重要性を確認した旨紹介しつつ、持続可能で強靱な農業・食料システムの構築に取り組んでいきたい旨述べました。気候・エネルギーに関しては、岸田総理大臣は、包摂的な投資を通じた、経済成長やエネルギー安全保障を損なわない脱炭素経済への転換も必須

であり、各国の事情に応じた多様な道筋の下で、ネット・ゼロという共通のゴールを目指すべき旨強調しつつ、日本として、あらゆる技術やエネルギー源を活用してイノベーションを推進し、各国の取組を後押ししていくとの考えを表明しました。

　岸田総理大臣は、セッション3「一つの未来」において、国際社会が直面する課題を克服し、より良い未来を実現するためには、多国間システムの改革が必要である旨述べつつ、世界の未来は途上国の未来にかかっており、その持続可能な成長を支えていく必要がある旨指摘し、途上国の開発ニーズに応えるため、国際開発金融機関（MDBs）の改革に取り組んでいく旨述べました。国際ルール・スタンダードを遵守した透明で公正な開発金融については、より多くの債権国および債務国の間で重要性を共有していく必要があり、G20でも取組を促進すべき旨述べるとともに、深刻化する途上国の債務問題に対応すべく、「債務支払猶予イニシアティブ（DSSI）を越えた債務措置に係る共通枠組」やスリランカの債権国会合等による迅速な債務再編が不可欠である旨強調しました。さらに、岸田総理大臣は、インフラ投資に際しては「質の高いインフラ投資に関するG20原則」の実施を促進すべきであり、日本は、2023年3月に発表した「自由で開かれたインド太平洋（FOIP）」の新たなプランの中で、インフラ面で2030年までに官民合わせて750億ドル以上の資金をインド太平洋地域に動員し、各国と共に成長していく旨述べました。また、保健に関し、ユニバーサル・ヘルス・カバレッジ（UHC）の達成、危機に際する迅速かつ効率的な資金供給などの次なる健康危機への予防・備え・対応（PPR）の強化を重視している旨述べました。特に、G7広島サミットで打ち出した感染症危機対応医薬品等（MCM）のデリバ

G20ニューデリー・サミット　セッション1およびワーキングランチに臨む岸田総理大臣（写真：内閣広報室）

リーの強化について、G20でも重要性を確認できたとし、G20各国や世界保健機関（WHO）、世界銀行などと連携していきたい旨述べました。

イ　主要ドナーとの対話

日本は、主要ドナーとの間で対話を実施し、お互いの優先課題・政策について意見交換を行っています。武井外務副大臣（当時）は、2023年1月にミッチェル英国外務・英連邦・開発省担当大臣、2月にサージャン・カナダ国際開発大臣（当時）との意見交換をオンラインで行い、G7サミットに向けて協力していくことで一致しました。また、2月に日英開発政策対話（局長級）をロンドンで実施しました。

2023年8月の日米韓首脳会合を踏まえ、10月、日米韓開発・人道支援政策対話（局長級）を実施し、日米韓3か国の開発協力を促進することにより、「自由で開かれたインド太平洋（FOIP）」へのコミットメントを再確認しました。この機会を捉えて、日米開発政策対話、日韓開発政策対話も実施しました（局長級）。

伝統的に開発協力を担ってきた経済協力開発機構（OECD）開発援助委員会（DAC）諸国に加え、近年、中国、インド、インドネシア、サウジアラビア、トルコ、ブラジル、南アフリカなどの新興国も開発途上国に対して支援を行い、開発課題に大きな影響力を持つようになっています。日本は、新興国を含む諸国とも連携し、これらの新興国から開発途上国に対する援助が効果的に促進されるよう、新興国への支援も行っています。

なお、中国との関係では、2021年6月、第2回日中開発協力局長級協議を開催し、中国の対外援助、様々な開発課題に関して意見交換しました。

開発協力を効果的・効率的に進めていくための取組として、ドナー国のみならず、開発途上国、国際機関、民間セクター、市民社会、地方公共団体等の様々な開発主体が一同に会して話し合う「効果的な開発協力に関するグローバル・パートナーシップ（GPEDC）」があります。この関連で、2023年12月、釜山グローバル・パートナーシップ・フォーラムが開催され、オーナーシップの尊重、成果重視、幅広いパートナーシップ、援助の透明性・相互説明責任といった

GPEDCの4原則の重要性が改めて強調されました。

ウ　国際機関との連携

日本は、様々な開発および人道上の課題や地球規模の課題に対応するため、国際機関との連携を進めています。

武井外務副大臣（当時）は、2023年3月にサンズ・グローバルファンド事務局長、6月にはアヴァフィア・ユニットエイド事務次長およびゴア医薬品特許プール（MPP）事務局長の表敬を受けました。上川外務大臣は10月に訪日したラザリーニ国連パレスチナ難民救済事業機関（UNRWA）事務局長、グランディ国連難民高等弁務官とそれぞれ会談しました。

また、国際機関との連携による支援を円滑に進めるため、国連機関を始めとする主要な国際機関との対話も実施しています。2023年は、国連児童基金（UNICEF）、国連開発計画（UNDP）、国連難民高等弁務官事務所（UNHCR）などとの定期的な政策対話を実施しました（国連食糧農業機関（FAO）で働く日本人職員について、150ページの「国際協力の現場から」を、国際機関で活躍する日本人職員については50ページを参照）。

エ　国際開発金融機関との連携

国際開発金融機関（MDBs）**注5**は、開発途上国の貧困削減や持続的な経済・社会的発展を支援する国際機関の総称であり、パンデミックや気候変動等の国境を超える課題により貧困が深刻化し、不平等が拡大する中、世界銀行を始めとするMDBsにおいて、地球規模課題への対応強化に向けたMDBsの改革や、開発資金ニーズの増加に対応するための既存資本の活用（CAFレビュー）**解説**といった取組がすすめられています。

MDBsの機能強化に向けた改革の重要性については、5月のG7広島サミットや9月のG20ニューデリー・サミットにおいても議論がなされ、MDBsの改革を進めることに対する支持が各国首脳からも表明されています。日本はG7議長国として議論を主導し、G7の支援により世界銀行で350億ドルを超える貸出余力の増加が見込まれています。

注5 32ページの用語解説を参照。

用語解説

CAFレビュー

国際開発金融機関（MDBs）の自己資本の十分性に関する枠組（Capital Adequacy Framework）の独立レビュー。MDBsの既存資本を最大限活用するための方策を検討するG20の取組。2023年7月のG20財務大臣・中央銀行総裁会議において、CAFレビューに関する進捗等を整理したロードマップが策定され、9月のG20ニューデリー・サミットでも報告された。

案件紹介 13

難民のこどもに医療支援を届ける

レバノンのパレスチナ難民キャンプにおける医療・保健、心理社会的支援
ジャパン・プラットフォーム（2022年9月～2023年6月）

レバノン

2011年以降の中東地域における政治社会情勢の混乱により、レバノンには多くの避難民が滞在しています。この中には、シリアから戦火を逃れてきたパレスチナ難民のような二重難民も含まれ、その大半は劣悪な環境での生活を余儀なくされています。ホストコミュニティも重い社会的・経済的負担を強いられており、その中でも、こどもや女性、障害者は、特に脆弱な立場に置かれやすく、一層の支援が求められる状況です。

このような状況を受け、ジャパン・プラットフォーム（JPF）注1 加盟団体の一つ、特定非営利活動法人パレスチナ子どものキャンペーン（CCP Japan）は、日本政府の支援を得て、レバノンに滞在するパレスチナ難民キャンプで医

歯科治療を受ける難民キャンプのこども（写真：CCP Japan）

療、特にこどもの歯科や精神科の支援が大きく不足している状況に着目し、7か所の難民キャンプで約6,000人に、歯科診療や衛生教育、児童精神科の診療支援、心理社会的支援を行いました。また、ソーシャルワーカーやボランティアなど活動に携わる人材の育成も行いました。

日本は、JPFとその加盟団体である日本のNGOを通じて、引き続き脆弱な人々にきめ細やかに寄り添う支援を行っていきます。

診療支援を受けるこどもの保護者への日本人職員による聞き取り（写真：CCP Japan）

注1 137ページの用語解説を参照。

(3) 日本のNGOとの連携

日本のNGOは、開発途上国・地域において様々な分野で地域住民のニーズに寄り添い、直接裨益する開発協力活動を実施しています。地震・台風などの自然災害や紛争等の現場においても、迅速かつ効果的な緊急人道支援活動を展開しています。NGOは、開発途上国それぞれの地域に密着し、現地住民の支援ニーズにきめ細かく対応することが可能であり、政府や国際機関による支援では手の届きにくい草の根レベルでの支援を行うことができます。日本政府は、こうした「顔の見える開発協力」を行う日本のNGOを、開発協力の戦略的パートナーと新たに位置付け、NGOが行う事業に対する資金協力、NGOの能力向上に資す

る支援、NGOとの対話の3点を柱に連携を進めています（国際協力とNGOについては外務省ホームページ 注6 も参照）。

ア　NGOが行う事業に対する資金協力

日本政府は、日本のNGOが開発途上国・地域において、開発協力事業および緊急人道支援事業を円滑かつ効果的に実施できるよう、様々な協力を行っています。

■ 日本NGO連携無償資金協力

日本政府は、日本NGO連携無償資金協力として、日本のNGOが開発途上国で実施する経済社会開発事業に資金を提供しています。事業の分野も保健・医療・衛生、農村開発、障害者支援、教育、防災、地

注6　国際協力とNGO　https://www.mofa.go.jp/mofaj/gaiko/oda/shimin/oda_ngo.html

第V部

❶ 共創を実現するための多様なパートナーとの連帯

こどもたちの抱える退学リスクに取り組む活動のために、日本の NGOによる研修に参加した地域住民（日本NGO連携無償資金協力）（写真：AAR Japan［難民を助ける会］）

雷・不発弾処理等、幅広いものとなっています。この枠組みを通じて、2022年度は日本の57のNGOが、41か国・1地域において、117件、総額約70億円の事業を実施しました（122ページの「案件紹介」も参照）。

■ ジャパン・プラットフォーム（JPF）

ジャパン・プラットフォーム（JPF）**解説**は、日本のNGO、経済界および政府が協力し、NGOの緊急人道支援活動を支援・調整する組織です。2022年度には、イラク・シリア人道危機対応支援、アフガニスタン人道危機対応支援、ミャンマー避難民人道支援、パレスチナ・ガザ地区人道危機緊急対応支援、南スーダン難民緊急支援、エチオピア紛争被災者支援、ウクライナ人道危機、パキスタン水害被災者支援、トルコ南東部地震被災者支援、食糧危機支援など、18のプログラムで142件の事業を実施しました（110ページ

の「ウクライナおよび周辺国での日本の取組」および133ページの「案件紹介」も参照）。2023年12月時点で47のNGOが加盟しています。

■ NGO事業補助金

日本政府は、日本のNGOへの補助金交付事業を実施しています。対象となる事業は、開発協力事業の案件発掘・形成および事業実施後の評価を実施する「プロジェクト調査事業」、国内外において国際協力活動の拡大や深化に資する研修会や講習会などを実施する「国内における国際協力関連事業」ならびに「国外における国際協力関連事業」の3つです。2022年度には、6つの日本のNGOに対して、NGO事業補助金を交付し、プロジェクト形成調査および事後評価、オンラインを含む国内外でのセミナーやワークショップなどの事業を実施しました。

■ JICA・草の根技術協力事業

草の根技術協力事業は、国際協力の意思のある日本のNGO／市民社会組織（CSO）、その他民間の団体、地方公共団体または大学が、開発途上国の住民を対象として、その地域の経済および社会の開発または復興に協力することを目的として行う国際協力活動です。団体が有する技術、知見、経験をいかして提案する活動を、JICAが提案団体に業務委託してJICAと団体の協力関係の下に実施する共同事業です（制度の詳細や応募の手続等は、JICAホームページ **注7** を参照）。草の根技術協力事業は約80か国を対象に、毎年200件程度を実施しています。

モロッコ中部における地震発生の翌々日に現地で緊急初動調査を行う日本のNGO職員（JPFを通じた日本の緊急人道支援）（写真：特定非営利活動法人ピースウィンズ・ジャパン）

ケニア・マチャコス地方の住民集会で早期妊娠予防活動を行う特定非営利活動法人ケニアの未来と住民ボランティア（JICA・草の根技術協力事業）

注7 草の根技術協力事業　https://www.jica.go.jp/partner/kusanone/index.html

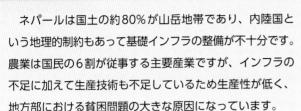

匠 の技術、世界へ
和紙原料「みつまた」の栽培・加工技術を原産地ネパールで日本企業が普及

ネパールは国土の約80%が山岳地帯であり、内陸国という地理的制約もあって基礎インフラの整備が不十分です。農業は国民の6割が従事する主要産業ですが、インフラの不足に加えて生産技術も不足しているため生産性が低く、地方部における貧困問題の大きな原因になっています。

このような状況を前に、大阪を拠点として政府刊行物の販売のほか、和紙原料であるみつまたの販売も行う株式会社かんぽうは、ネパールの農林業を活性化させて課題解決を図ろうと、JICAの中小企業・SDGsビジネス支援事業を活用し、ネパールにおいてみつまたの栽培・加工の技術移転を行っています。

日本では、明治時代から紙幣原料の一部としてみつまたが使われてきましたが、国内生産量は年々減少しています。(株)かんぽうは、社会貢献事業としてネパールに井戸を贈る活動を行っていましたが、1990年からみつまたの原産地であるネパールで調査を開始し、みつまたが自生する地域で村おこしを兼ねて、刈った分は植林することで森林を保全しながら、みつまたの栽培・加工技術を指導するようになりました。そして現地法人を立ち上げ、ネパール人スタッフを育成し、契約農家の技術指導にあたってきました。

村の女性たちに作業指導するかんぽうネパールのスタッフ（写真：株式会社かんぽう）

2013年にネパールのみつまた事業を受け継いだ同社の代表取締役、松原 正（ただし）氏は、「『みつまたのおかげで村では貧困のためにこどもが売買されることもなくなり、自分も娘を立派に育てることができた』という村の長老の言葉が忘れられません。それを聞いて、必ずやこの事業を軌道に乗せて貧困をなくそうと心に誓いました。」と当時を振り返ります。

同社がこの事業を継続させる手段を検討する中で、在ネパール日本国大使館に相談したところ、JICA事業の紹介がありました。同社は2016年にビジネス化に向けた案件化調査を開始し、2019年からは「ネパール国森林利用グループに対する『みつまた』の栽培・加工技術に係る普及・実証事業」を実施しています。

松原氏は、「土地を持たない貧しい農民は、国の許可を受けて国有地でみつまたを栽培していますが、これまでは政権が代わるたびに

生産者とミーティングを行う松原氏（写真左）
（写真：株式会社かんぽう）

許可申請を求められるなど事業の継続に苦労していました。JICAの案件として採択されてからは、JICAがネパールで培ってきたネットワークと信用のおかげで、許認可も迅速に行われるようになり、活動範囲も首都から遠く離れた地方まで一気に広がりました。今では約30か所の生産拠点で年間約150トンものみつまたを生産しており、生産量は10年前の約3倍になりました。」とJICA事業活用のメリットを語ります。ネパール産のみつまたは日本に輸入され、国立印刷局の製造する紙幣の原材料となっています。

本事業によって雇用の機会が生まれ、女性の社会参画にも貢献しています。「みつまたの加工は、大きな施設や動力を必要とせず、女性でも簡単にできるため、女性の社会参画を含めて村全体に仕事を創出することができます。新型コロナウイルス感染症拡大を受けて首都から戻ってきた出稼ぎ者の受け皿にもなっています。また、村ではみつまたで得た収入をもとに学校を建設するなど、自律した村の運営にもつながっています。」と松原氏は事業の成果を語ります。

ネパールでの新たな雇用創出と、農林業の一層の活性化に向けて、(株)かんぽうはみつまたをネパールの特産品にするとともに、みつまた事業で培ったネット

ヒマラヤ山脈を背景に花をつけるみつまたの木
（写真：株式会社かんぽう）

ワークを利用して新たな農作物の生産も視野に入れています。ネパールの山間地域に暮らす人々に雇用が生まれ、貧困削減につながることが期待されます。

イ　NGOに対する活動環境整備支援

国際協力において、政府以外の主体による活動および民間資金活用の重要性が高まる中、日本のNGOの組織体制や事業実施能力をさらに強化し、人材育成を図ることを目的として、外務省は、以下の取組を行っています。

■ NGO相談員制度

外務省の委嘱を受けた全国各地の経験豊富なNGO団体が「NGO相談員」となり、市民やNGO関係者から寄せられるNGOの国際協力活動、NGOの設立、組織の管理・運営、開発教育の進め方などに関する質問や相談に答える事業です。2022年度は外務省の委嘱を受けた15団体が、1万件以上の質問・相談に応対し、120件の出張サービス 注8 を行いました。

■ NGOインターン・プログラム／NGOスタディ・プログラム

外務省は、人材育成を通じた組織強化を目的として、NGOインターン・プログラムおよびNGOスタディ・プログラムを実施しています。NGOインターン・プログラムは、将来的に日本の国際協力NGOで活躍しうる若手人材の育成を目的としており、2022年度は、計7人がインターンとしてNGOに受け入れられました。

NGOスタディ・プログラムは日本の国際協力NGOに所属する中堅職員が国内外で研修を受け、研修成果を所属団体や他のNGOに広く共有し、日本のNGO全体の能力強化に寄与することを目的としており、2022年度は、このプログラムにより8人が研修を受けました。

■ NGO研究会

複数のNGOが自らの事業実施能力・専門性の向上を図るために行う研究活動を外務省が支援しています。各研究会では、NGOが直面する共通の課題をテーマとして、調査・研究、セミナー、ワークショップ、シンポジウムなどを行い、具体的な改善策を報告・提言することによって、組織や能力の強化を図ります。2022年度は、「国際協力におけるジェンダー主流化に向けた課題と実践」と「日本の国際協力NGOの資金調達リデザイン化と財務内容の強化」の2つのテーマに関する研究会を実施しました。この活動の報告書や成果物は外務省のホームページ 注9 に掲載されています。

ウ　NGOとの対話（NGO・外務省定期協議会およびNGO-JICA協議会）

NGO・外務省定期協議会**解説**については、2022年度は「全体会議」が11月に、小委員会の「連携推進委員会」が7月、12月および2023年3月に、「ODA政策協議会」が2022年7月、11月および2023年3月に開催され、新型コロナウイルス感染症の影響が拡大する以前と同じ回数が実施されたほか、2022年9月には開発協力大綱改定に関する臨時全体会議が開催され、活発な意見交換が行われました（NGO・外務省定期協議会の詳細および議事録などについては外務省ホームページ 注10 を参照）。

また、JICAは、NGOとJICAの対話と連携を目的とするNGO-JICA協議会を実施しています。2022年度はオンラインで2回実施され、1回目は40団体、2回目は25団体が参加しました（NGO-JICA協議会の詳細および議事録などについてはJICAホームページ 注11 を参照）。

注8　地方自治体や協力機関と協力し、国際協力関係のイベントなどにおいて相談業務や講演を行うサービス。
注9　NGO研究会報告書　https://www.mofa.go.jp/mofaj/gaiko/oda/shimin/oda_ngo/houkokusho/kenkyukai.html
注10　NGO・外務省定期協議会　https://www.mofa.go.jp/mofaj/gaiko/oda/shimin/oda_ngo/taiwa/kyougikai.html
注11　NGOとの定期会合　https://www.jica.go.jp/partner/ngo_meeting/index.html

用語解説

ジャパン・プラットフォーム（JPF）

大規模災害時や紛争により大量の難民・避難民等が発生したときなどに日本のNGOによる迅速で効果的な緊急人道支援活動を支援・調整することを目的として、2000年にNGO、政府、経済界の連携によって設立された緊急人道支援組織。JPFは、日本政府から供与されたODA資金や企業・市民からの寄付金を活用して、大規模な災害が起きたときや、紛争により大量の難民・避難民等が発生したときなどに、生活物資の配布や生活再建などの緊急人道支援を実施する。

NGO・外務省定期協議会

NGOと外務省との連携強化や対話の促進を目的とし、ODAに関する情報共有やNGOとの連携の改善策などに関して定期的に意見交換する場として、1996年度に設けられた。全体会議、ODA政策協議会と連携推進委員会の2つの小委員会で構成。

（4）地方自治体等との連携

開発途上国においては、急速な経済発展が進む中で、大都市のみならず、地方都市においても、都市化の進展とともに、水、エネルギー、廃棄物処理、都市交通、公害対策分野等の都市問題に対応するニーズが急増しています。このような中で、様々な分野で知見を蓄積している日本の地方自治体が、開発途上国のニーズにきめ細かに対応することは、開発途上国の開発にとって大変有益です。地方自治体が国際協力に参画することは、国際協力の担い手やグローバル人材の育成にもつながります。このため、日本政府は地方自治体のODAへの参画を推進してきました。また、地方自治体も、日本の地域の活性化や国際化の促進のため、地方の産業を含めた地方自治体の海外展開を積極的に推進しています（ODAを活用した地方公共団体の海外展開支援については、外務省ホームページ 注12 を、具体的事例については、138ページの「国際協力の現場から」を参照）。

また、全国15か所に設置されているJICA国内拠点は、「地域と開発途上国の結節点」として、市民、NGO、地方自治体、民間企業等の多様なアクターとの連携を強化し、国際協力に関する情報提供等、地域の特色をいかした多様な事業を展開しています。

（5）大学・研究機関等との連携

日本政府は、大学が有する開発途上国の経済社会開発に関する役割、すなわち、日本ならではの開発協力に関する哲学や理論の整理・探求および発信から、開発協力の実践、国民への教育還元および国際協力人材の育成までの開発協力全般への広い知的な側面におい

て、大学と連携を図っています。また、それら取組の中で、開発途上国と日本の学生や研究者の交流・共同研究による国際頭脳循環を推進しています。実際に、様々な大学と共同で、技術協力、円借款および草の根技術協力を始めとする事業を推進しています。

一例として、日本政府は、開発途上国の経済社会開発の中核となる高度人材の育成を目的とする人材育成奨学計画（JDS）を通じて、開発途上国の若手行政官等を留学生として国内累計41大学で受け入れています。2022年度には、19か国から300人以上の留学生を受け入れ、これまでに来日した留学生は、修士課程と博士課程合わせて5,700人を超えます（モンゴルにおけるJDS帰国留学生のネットワーク化と帰国生の活躍は140ページの「国際協力の現場から」を参照）。また、産業構造と企業活動の高度化が進むASEAN諸国に対し、「アセアン工学系高等教育ネットワーク（AUN/SEED-Net）」プロジェクト解説や専門家派遣を通じて、日ASEANの大学間のネットワーク強化や産業界との連携、域内および日本との共同研究を支援し、ASEANの発展を支える高度な工学系人材の育成に向けた取組を実施しています。

加えて、外務省・JICAは文部科学省、科学技術振興機構（JST）、日本医療研究開発機構（AMED）と連携し、「地球規模課題対応国際科学技術協力プログラム（SATREPS）」注13 を実施しており、日本と開発途上国の大学・研究機関等の間で国際共同研究が行われています（実績については第Ⅲ部1（2）の37ページを、マレーシアでの協力については95ページの「匠の技術、世界へ」を参照）。

JICAと本邦の大学が連携し、これらの修士・博士課程に在籍する開発途上国からの留学生を対象に、日本の開発の歴史を学ぶ機会を提供するプログラム

④ 北九州市の「配管網のブロック化」のノウハウで
カンボジアにおける安全な水の供給に貢献

一般公募

カンボジアでは1991年に和平協定が結ばれるまで続いた内戦により、上水道施設は壊滅的な状況でした。老朽化による漏水に加えて、水道管の不法接続による盗水も行われ、1993年には漏水と盗水を合わせた無収水量率が70%に達していました。日本はカンボジア政府からの要請を受けて1993年から世界銀行やアジア開発銀行（ADB）等と共に水道インフラの再建をスタートさせました。1999年には北九州市の職員を個別専門家として派遣し、その後、JICAの技術協力プロジェクトを立ち上げ、北九州市から漏水防止技術指導のため職員を派遣し、水道行政で培った知見を伝えてきました。この協力により、プノンペン都の無収水量率は先進国並みの8%にまで改善し、「水道事業人材育成プロジェクト」第1フェーズ実施終了時の2006年時点では水道水が飲料可能なレベルにまで達するなど、水道サービスの劇的な改善を実現しました。その成功例は「プノンペンの奇跡」とも称されています。

北九州市上下水道局海外事業課の笹田和宏係長は、「北九州市の水道事業で行われてきた『配管網のブロック化』のノウハウが、無収水量率を低下させるために大きな成果を上げました。これは配水先の地域をいくつかのブロックに分け、そのブロックごとに漏水率を調査して原因を突き止める手法で、これにより漏水や盗水を減らしていきました。上水道事業の収益改善にもつながり、その資金で水質向上のための施策を実施することができ『奇跡』へとつながったのです。」と当時の取組について述べました。

一方、プノンペン以外の地方都市では水道サービスが不十分な状態にあり、施設整備と運営能力向上が急務となっ

日本の協力によって作られたカンポット州の浄水場で、北九州市職員がカンボジアの水道局職員に、浄水場の運転・維持管理について指導をしている様子（写真：北九州市上下水道局）

笹田氏が現地セミナーで水道関係者にカンボジアの水道行政の現状について説明している様子（写真：北九州市上下水道局）

ていました。このため、日本は無償資金協力で地方の浄水場の建設に協力するとともに、2007年からは第2フェーズ、2012年からは第3フェーズとして技術協力プロジェクトを実施しました。北九州市からも継続して職員を専門家として派遣し、地方都市における持続的な水道事業実施のため、シェムリアップ州など8都市の地方水道を対象に、施設の運転・維持管理能力向上のための技術協力を行いました。笹田氏は「プロジェクトの開始当初は、8都市中7都市の水道事業が単年度赤字決算という厳しい財務状況でしたが、第3フェーズ終了時の2017年決算では8都市全てが単年度黒字に転換するなど、短期間で水道が事業として成立する礎を確立できました。さらに北九州市は2018年から2023年3月まで実施されたJICA『水道行政能力向上プロジェクト』にも参加し、水道セクターを所管する工業科学技術革新省に対して、水道行政のガバナンス強化を目的に、組織強化、法令整備、許認可業務、水道事業者管理、人材育成に関する協力を行いました。」と長年にわたる支援について振り返ります。

カンボジアでは多くの民営水道事業者が水道供給を担っており、ビジネスとして比較的成立しやすい人口密集地を中心に水道供給が行われているものの、国民全員が安全で手頃な価格の水道サービスを受けるための道筋や方針が示されていません。これを受けて、2023年5月からは3年計画でカンボジア全国の水道セクターを対象とした水道事業計画策定を行うプロジェクトが始動しています。笹田氏は、「現地では『水が良くなったのは北九州市のおかげ』と言われることもあり、水道行政を担う一員として誇らしい気持ちになります。」と笑みを浮かべながら語りました。今後も水道事業における北九州市の協力が期待されます。

「JICA開発大学院連携」が実施されています。また、同様の取組を国外にも広げるため、開発途上国各国のトップクラスの大学などを対象に、「日本研究」の講座設立を支援するプログラム「JICAチェア」も行われています。この他にも、放送大学と連携し、日本の近代化の歩みと国際協力の重要性を体系的に紹介する「日本の近代化を知る」シリーズ番組の作成など、オンライン講義も実施しています。

こうした大学との連携は、開発途上国の課題解決における学術面での能力向上、対日理解の促進に寄与していることに加え、海外からの研修員が日本の大学で研修・研究することで、日本の大学の国際化にも貢献しています。

用語解説

アセアン工学系高等教育ネットワーク（AUN/SEED-Net：ASEAN University Network/Southeast Asia Engineering Education Development Network）

ASEANに加盟する10か国における工学分野のトップレベルの大学19校と、日本の支援大学11校から構成される大学ネットワークとして、2001年に発足（現在はASEAN側26校、日本側18校）。日本政府は、同ネットワークを構想段階から支援してきており、これまでJICAを通じて、工学分野で高度な人材を輩出すべく学位取得、共同教育・共同研究、産学連携、ネットワーク強化に係る取組を実施してきている。

(6) 日本への関心・理解が深い人、在外日系人等との連携

日本のODAによる研修参加者や留学経験者等は、日本の文化や価値観を理解する重要な人的アセットです。日本への研修参加者や留学経験者等が、自国へ帰国後、同窓会組織を形成し日本との交流や理解促進に関する活動を行う例も見られ、在外公館を通じて、このような日本への関心・理解が深い人材との連携を促進しています。

ASEAN諸国では、JICA青年研修（旧：青年招へい）の帰国研修員が各国で同窓会組織を作って活動しており、1988年にはASEAN各国の同窓会組織を統合した「AJAFA-21」が発足しました。AJAFA-21は現在もASEAN地域間および日本との間での交流活動を継続して行っており、2023年12月には、日本ASEAN友好協力50周年記念行事として、ASEAN8か国から100人以上のメンバーが訪日し、交流を深めるとともに、今後も同窓会活動を通じて日ASEAN協力に貢献していくことを確認しました。

ABEイニシアティブ 注14 では、同プログラムへの参加者の研修修了後のフォローアップの拡充に取り組んでいます。オンラインも活用しつつ、日本企業関係者とのネットワーキングの機会や日本企業での就職を希望する参加者への情報提供等を行っています。また、ABEイニシアティブ参加者の人的ネットワークを強化する目的で、2020年4月に、SNSを活用した

ネットワークを立ち上げました。2023年11月時点で、現役生・修了生合わせて、約1,070人の参加に加え、日本企業、JICA海外協力隊経験者も参加し、日本企業のアフリカビジネス関連の情報発信や相互の交流を行っています。また、全修了生に対して、修了生間のネットワーキングの場も提供しています。さらに、参加者の有志によって、日本企業とのビジネスパートナーを目指すKakehashi Africaという団体が組織されています。同団体は、アフリカ全土にネットワークを持ち日本とアフリカ54か国に拠点があり、ビジネスに関する調査の実施や情報の提供、日本企業等のニーズと現地リソースのマッチング等の活動を展開しており、起業家育成研修への協力等、JICAとの連携事例も生まれています（日本への留学経験者の活躍については36ページおよび140ページの「国際協力の現場から」を参照）。

帰国後の報告会における日本企業とABEイニシアティブ修了生との交流の様子（写真：JICA）

注14 145ページの用語解説を参照。

⑤ 帰国留学生のネットワーク化
～モンゴルの若手行政官たちを開発課題の解決に貢献するリーダーに育てる～

親日的な国として知られるモンゴルは、豊富な地下資源に恵まれているものの、中長期的な経済成長のためには、その資源を経済発展につなげていくことやその他の産業も発展させていくことが課題となっています。このため、国の将来を担う行政官を育成し、適切な制度構築、健全な財政計画の立案・実施など、政府機関の行政能力を向上させることが重視されています。

受入れ先の日本の大学の教員も参加してモンゴルで実施された同窓会総会の様子（写真：JICE）

日本は、将来モンゴル政府中枢で政策立案に携わる人材の育成のために、無償資金協力「人材育成奨学計画（JDS）」を通じ、若手行政官の日本の大学院留学に協力しています。2001年にモンゴルがJDS対象国となって以来、これまでに400人以上の若手行政官が日本で学び、既に375人が修士号や博士号を取得し、帰国後は大蔵省等中央官庁や中央銀行など様々な分野で活躍しています。

2017年から2年間、JDSを通じて埼玉大学に留学し、帰国後に大蔵省に復職して現在は開発金融・投資局開発金融課長を務めているガンゾリグ・ブルガンクフー氏は、「日本への留学で経済学修士号を取得したことが評価されて、開発金融・投資局開発金融課長に昇進し、政策金融に関わるようになりました。」と日本留学が自身のキャリアアップにつながったと語ります。「政策投資を行う際、日本での学びを指針とし、モンゴルの財産である鉱物資源による収益を国家開発につなげることを念頭に、優先すべき政策に必要な資金を適切に割り当てられるようになりました。」と留学の成果について述べます。

同じく、大蔵省からJDSに参加し、2020年に埼玉大学から経済学修士号を取得したナランチメグ・ルブサンシャラフ氏は、現在、財務局決済課長を務めて

大蔵省開発金融・投資局開発金融課長として勤務するガンゾリグ氏

います。「私が日本で学んだのは、事業を行う前の事前分析と計画性の大切さです。帰国後、新型コロナウイルス感染症が拡大する中で高ま

大蔵省財務局決済課長のナランチメグ氏

るリモートワークの需要に対応するため、政府主導でのオンライン決済システムの導入に携わりましたが、見通しを持って事業を着実に進め、広く国民にサービスが行き届くようになりました。このような日本で学んだ事業の進め方の姿勢が、同僚や後輩たちのお手本になっていると聞いてうれしく思っています。」と、JDS留学の成果を語ります。

また、学業以外の成果について、ナランチメグ氏は「留学経験者とのつながりといった人脈も帰国後の仕事に役立っており、大きな成果です。」、ガンゾリグ氏は「留学経験をいかして日本の協力事業のカウンターパートになっており、在モンゴル日本国大使館やJICAモンゴル事務所などとの橋渡し役にもなっています。」と述べています。モンゴルでは、「JDSモンゴル同窓会」が設置されており、留学経験者、日本の学術機関、大使館およびJICAとのネットワークが構築されています。留学後のフォローアップ・セミナーや新規留学生の壮行会など、様々な機会を通じて、政府機関で活躍する帰国留学生間の絆を深めるとともに、日本で培った知見や経験をモンゴルや世界のためにいかしていこうと話し合っているそうです。

2023年、ガンゾリグ氏とナランチメグ氏を含むJDS帰国生7名は、埼玉大学の指導教授らの協力を得て、共著「Challenges in Fiscal and Monetary Policies in Mongolia（モンゴルの財政・金融政策の課題）」を出版しました。本書には、天然資源の輸出によって国内製造業が衰退する、いわゆる「オランダ病」に陥っているモンゴル経済の現状や財政運営への影響の分析、政府系基金のガバナンス強化策など、同国の政策立案に役立つ分析結果や経済モデルが示されています。

日本で知識と経験を積んだモンゴルの有能な若手行政官たちがリーダーシップを発揮し、モンゴルの経済発展が進むとともに、日本との友好親善や対日理解が促進されることが期待されます。

日系人は、多くの場合居住国で日系社会を形成しており、日本と各国との強い絆（きずな）の礎となっています。全世界の日系人の約60％を占める中南米の日系社会は、地域開発の拠点となって技術移転などを通じて居住国の経済発展に大きく貢献するとともに、日本との「架け橋」や「パートナー」として重要な役割を果たしています。JICAでは、中南米の日系社会と日本の連携に主導的な役割を果たす人材への技術協力として、日系社会研修や、日系社会次世代育成研修を実施しています。2022年度は、中南米9か国152人が日系社会研修に参加しました。また、中南米の日系社会で自身の技術や経験をいかしたいという意欲のある人をJICA海外協力隊として日系社会へ派遣しています。2022年度は5か国に29人が派遣され、日系人、日系社会の人々と共に生活・協働しながら、中南米地域の発展のために協力しています。

案件紹介 14

育て、日系社会の若手起業家
中南米地域日系社会の若手起業家育成セミナー

（2023年3月）

ボリビア、コロンビア、パラグアイ、ペルー、メキシコ

中南米・カリブ地域には日本からの移住者とその子孫が多く暮らし、移住地や日系社会が形成されて発展しています。一方、移住地の日系人の若者の多くは、農業を主体とする地域産業に魅力を見い出せず、職を求めて都市部に移住したり、他国に出稼ぎに出たりする傾向があります。若手日系人の流出とそれに伴う日系社会の高齢化は、日系社会の持続的な発展にとって深刻な課題になっています。

そこで、JICAボリビア事務所は、移住地のあるサンタクルス県で、2023年3月、中南米地域日系社会の若手起業家育成を目的としたセミナーを開催しました。同セミナーには、ボリビアのほか、コロンビア、パラグアイ、ペルーおよびメキシコから18歳から52歳の日系人を中心とする計41人が参加し、ビジネスのアイデア創出に向けた

3日間にわたりビジネスのアイデアを議論した中南米地域全体の日系社会からの参加者一同（写真：JICA）

グループワークが行われました。JICAボリビア事務所では、2022年9月から2023年1月まで、ボリビア日系社会の活性化に向けて、日系若手人材の起業家マインド醸成を主目的に、「Project NINJA（Next Innovation with Japan）注1 in Bolivia」を実施しており、この成果を踏まえ、今回、対象地域を中南米地域全体の日系社会に拡大したものです。

出身国の異なるメンバー間で議論を深める様子（写真：JICA）

同セミナーは、日系起業家の育成に寄与したのみならず、これからの日系社会を牽（けん）引する若手日系人材間における、国境を越えた人的ネットワーク形成の一助にもなりました。

注1　144ページの注23を参照。

2 戦略性の強化ときめ細やかな制度設計

(1) 政策と実施の一貫性の強化

ア　開発協力政策の枠組み

　政府の開発協力の理念や原則等を定める開発協力大綱の下、外務省は国別開発協力方針 注15 を定めると同時に、分野別開発政策を策定しています。

　国別開発協力方針は、相手国の政治・経済・社会情勢を踏まえ、その国の開発計画、開発上の課題等を総合的に勘案して、日本の援助重点分野や方向性を示すものです。また、開発協力の予見可能性を高めることに役立つ資料として、実施決定から完了までの段階にあるODA案件を、その国の援助重点分野・開発課題・協力プログラムに分類して一覧にした事業展開計画を作成し、関係者間で共有しています。

　持続可能な開発目標（SDGs）など、開発に関する国際的な取組を踏まえて、分野別開発政策 注16 も策定しています。

　より効果的な開発協力のため、中期的な開発協力の重点分野や開発協力政策を相手国政府と共有するとともに、相手国政府との政策協議を強化し、相互の認識や理解を共有する取組も進めています。

イ　開発協力の実施体制

　開発協力政策に則した開発協力の実施に際しては、政府と実施機関が一体となり、無償資金協力、技術協力、有償資金協力といったスキームの効果的な活用に努めています。二国間協力と国際機関やNGOを通じた多国間協力などを、共創を実現するための様々な主体との連帯を通じて、最適な組合せで実施し、開発効果を最大化することを目指しています。

　具体的な案件の形成・選定・実施につなげていくための体制を強化するために、二国間関係、相手国の政治・経済・社会情勢を踏まえた開発ニーズや開発協力の実態を最も直接的に把握できる立場にある現地の大使館やJICA事務所などから構成される現地ODAタスクフォース解説 を、原則全てのODA対象国に設置しています。ODAタスクフォースでは、開発協力ニーズの把握に加えて、国別開発協力方針や事業展開計画の策定への参画、協力候補案件の形成・選定、他ドナーや国際機関、現地で活躍する日本企業やNGOとの連携強化、開発協力手法の連携や見直しに関する提言を行っています。

　個々の事業が長年にわたって相手国政府および国民に広く認知され、事業終了後も正しく評価されるためのフォローアップも行っています。

ウ　ODAの管理改善と説明責任

　開発協力の効果・効率性の向上に加え、国民への説明責任を果たす観点からも、適切に評価を行い、評価結果を政策や事業の改善につなげることは重要です。日本はこれまで、ODAの管理改善と説明責任を果たすために（i）PDCAサイクル（政策立案・案件形成（Plan）、実施（Do）、評価（Check）、改善（Act））の強化、（ii）プログラム・アプローチの強化、（iii）「見える化」の徹底を進め、開発協力の政策立案、実施、評価、改善のサイクルにおける戦略的な一貫性の確保に努めてきています。

　PDCAサイクルの強化について、日本は、（i）全ての被援助国についての国別開発協力方針の策定、（ii）開発協力適正会議の開催、（iii）個別案件ごとの指標の設定、（iv）評価体制の強化といった取組を進めています。

　より効果的・効率的なODAを行うためには、事業レベルだけではなく、政策レベルでPDCAサイクルを強化していくことが必要です。そのため、「行政機関が行う政策の評価に関する法律」に基づいて経済協力に係る施策などについて政策評価を実施 注17 するとともに、客観性や公平性を確保するため第三者によ

注15　各国の国別開発協力方針・事業展開計画　https://www.mofa.go.jp/mofaj/gaiko/oda/seisaku/kuni_enjyo_kakkoku.html

注16　分野別開発政策　https://www.mofa.go.jp/mofaj/gaiko/oda/bunyabetsu/index.html

注17　施策レベル以外にも、交換公文（E/N）供与限度額150億円以上の有償資金協力プロジェクト、およびE/N供与限度額10億円以上の無償資金協力プロジェクトについて事前評価を実施している。また、「未着手・未了案件（未着手案件とは、政策決定後、5年を経過した時点で貸付契約が締結されていない、あるいは貸付実行が開始されていない等の案件。未了案件とは、政策決定後10年を経過した時点で貸付実行が未了である等の案件を指す。）」の事後評価を行っている。

るODA評価を実施し、評価の結果から得られた提言や教訓をODA政策にフィードバックすることで、ODAの管理改善を図っています 注18 。

図表V-2　PDCAサイクル

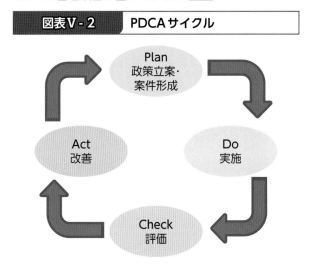

第三者評価は、被援助国の開発に役立っているかという「開発の視点」に加え、日本の国益にとってどのような好ましい影響があるかという「外交の視点」から実施しています。

「開発の視点」では、ODA政策が日本の上位政策や国際的な優先課題、被援助国のニーズに整合しているか（政策の妥当性）、実際にどのような効果が現れているか（結果の有効性）、政策の妥当性や結果の有効性が確保されるようなプロセスが取られていたか（プロセスの適切性）の3つの評価基準に基づいて評価を実施します。「外交の視点」では、日本の国益にどのように貢献することが期待されるか（外交的な重要性）、日本の国益の実現にどのように貢献したか（外交的な波及効果）の2つの基準に基づいて評価を実施しています。

また、2022年度に実施した「過去のODA評価案件（2015～2021年度）のレビュー」で得られた提言も踏まえて、開発協力大綱の重点政策、アプローチおよび実施原則に照らしたODA評価を強化していきます。

評価結果は、外務省ホームページ 注19 で公表し、国民への説明責任を果たすとともに、ODAの透明性を高めてODAに対する国民の理解と支持を促進しています。

事業レベルでは、無償資金協力・有償資金協力および技術協力の各プロジェクトについての評価やテーマ別の評価を主にJICAが実施しています。JICAは、各プロジェクトの事前、実施中、事後まで一貫した評価を行うとともに、それぞれの援助手法に整合性のある評価の仕組みを確立しています。なお、一定金額以上の案件については、JICAは外部評価者による事後評価を実施しています。事業の効果を定量的に把握することも重要であり、インパクト評価 注20 の強化にも取り組んでいます。

外務省およびJICAが実施するODA評価は、主に経済協力開発機構（OECD）開発援助委員会（DAC）の評価基準 注21 を踏まえて実施しています。

(2) 日本の強みをいかした協力ときめ細やかな制度設計

日本が自国の伝統を大切にしつつ、民主的な経済発展を遂げた歩みの中で構築してきた人材、知見、質の高い技術力、制度などは、開発協力を行う上での財産であり、こうした強みをいかす開発協力の実施に努めています。

ア　人への投資

日本は、1954年にODAを開始して以来、研修員受入事業や専門家派遣など、日本の技術やノウハウを伝える「人への投資」を一貫して重視し、きめ細やかな人づくりに取り組んでいます。開発途上国の課題解決に貢献することを目指して、行政、農林水産、鉱工業、エネルギー、教育、保健・医療、運輸、通信など多岐にわたる分野で研修員受入事業を実施しており、2022年度は、135か国・地域から新規に8,227人が日本国内で実施される本邦研修に参加、開発途上国・地域で実施される現地国内研修には、4か国で新規に1,086人、第三国研修は、103か国・地域から新規

注18　政策レベルのODA評価（第三者評価）に加え、2017年度からは外務省が実施する無償資金協力についても、交換公文（E/N）供与限度額10億円以上の案件については予算上実施可能な範囲で第三者評価を、2億円以上10億円未満の案件については内部評価を実施し、これらの事後評価結果が次のODAの案件形成にいかされるよう努めている。

注19　ODA評価　http://www.mofa.go.jp/mofaj/gaiko/oda/kaikaku/hyoka.html

注20　開発事業の効果を、統計学や計量経済学の手法を用いて検証する評価方法のこと。

注21　DAC評価基準：1991年から活用されてきた妥当性（Relevance）、有効性（Effectiveness）、効率性（Efficiency）、インパクト（Impact）、持続性（Sustainability）に、2019年12月に整合性（Coherence）が追加された。

に1,624人がそれぞれ参加しました。また、相手国政府に対する高度な政策提言や現地に適合した技術の開発などを通じて、相手国人材の能力構築を行うことにより、開発効果を顕在化させることを目的とする専門家派遣では、2022年度は、新規および継続で6,776人のJICA専門家を101か国・地域に派遣しました。

産業人材の育成に向けた取組として、日本は、産官学連携によるABEイニシアティブ（アフリカの若者のための産業人材育成イニシアティブ）**解説**やカイゼン **注22** イニシアティブ、国際機関と連携した技術支援などを通じた支援を行ってきており、ABEイニシアティブでは、2023年12月までに約6,700人を超えるアフリカの若者に研修の機会を提供しました。ABEイニシアティブの研修生が、研修を終えた後に自国に戻り、日系企業に就職したり、起業したり、また、自国の行政機関や大学で要職に就く等、日本で身に付けた専門的な知識や技能をいかして、自国の発展や日本企業の海外展開に貢献する好事例も生まれています（ABEイニシアティブ修了生の活躍については36ページの「国際協力の現場から」を、研修終了後のフォローアップについては、139ページの第Ⅴ部1(6)を参照）。また、開発途上国におけるスタートアップ・エコシステム支援として「Project NINJA (Next Innovation with Japan)」 **注23** を創設し、様々な関係者と連携し、起業家が抱える課題の特定、政策提言、企業経営の能力強化、起業家間の連携促進、開発途上国の起業家と日本企業とのマッチングや投資促進などを支援しています。

イ　借款の改善

日本政府は、日本の優れた技術やノウハウを活用し、開発途上国への技術移転を通じて「顔の見える援助」を促進するため、本邦技術活用条件（STEP：Special Terms for Economic Partnership）を導入し、適用範囲の拡大、金利引き下げなど制度を改善してきました。また、日本企業が参画する官民連携（PPP：Public-Private Partnership）方式を活用したインフラ整備案件の着実な形成と実施を促進するため、開発途上国政府の施策の整備と活用を踏まえエクイティバックファイナンス（EBF）円借款 **注24** や採算補填（VGF）円借款 **注25** なども導入しています。近年、日本企業の借款事業の受注比率は6〜7割程度で推移しており、日本企業の海外展開の後押しにもなっています。

そのほかにも、日本政府は、「質の高いインフラパートナーシップ」 **注26** のフォローアップ策として、円借款の手続の迅速化や新たな借款制度の創設など、円借款や海外投融資の制度改善を行っています。また、新しい円借款制度として、公衆衛生上の脅威に備える上で危機発生時に機動的に対応（R：Response）できる資金を確保するとともに予防（P：Prevention）および備え（P：Preparedness）を確保することが重要であることに鑑み、技術協力の提供と併せて借入国による予防・備えの強化に必要な資金を取組の成果に応じて供与する成果連動型借款、パンデミックなどの公衆衛生危機発生時に必要となる資金需要に対応すべく、危機発生前にあらかじめ融資枠を供与する公衆衛生危機スタンドバイ借款を創設しました。なお、成果連動型借款は保健分野以外にも適用可能で、円借款制度の迅速化・柔軟化に貢献することが期待されます。

ウ　オファー型協力

日本が有する高い技術や科学技術は大きな強みである一方で、新興国や開発途上国の技術も発展し、求められるニーズも多様化しており、資機材提供、施設建設などの質の高いハード面での協力に、運営・維持管理への関与や制度構築、人材育成を含めたソフト面での協力などを組み合わせた、付加価値のある開発協力の実践が重要になっています。このような現状も踏ま

注22 どうすれば少しでも生産過程の無駄を省き、品質や生産性を上げることができるか、生産現場で働く一人ひとりが自ら発案し、実行していく手法。戦後の高度成長期の日本において、ものづくりの品質や生産性を高めるために製造業の現場で培われた取組で、「整理・整頓・清掃・清潔・しつけ」（5S）などが基本となっている。

注23 JICAが2020年1月に始動させた、開発途上国におけるビジネス・イノベーション創出に向けた起業家支援活動。

注24 EBF（Equity Back Finance）円借款は、開発途上国政府・国営企業等が出資をするPPPインフラ事業に対して、日本企業も事業運営主体に参画する場合、開発途上国の公共事業を担う特別目的会社（SPC：Special Purpose Company）に対する開発途上国側の出資部分に対して円借款を供与するもの。

注25 VGF（Viability Gap Funding）円借款は、開発途上国政府の実施するPPPインフラ事業に対して、原則として日本企業が出資する場合において、SPCが期待する収益性確保のため、開発途上国がSPCに供与する採算補填（VGF）に対して円借款を供与するもの。

注26 2015年に発表。日本の経済協力ツールを総動員した支援量の拡大・迅速化、アジア開発銀行（ADB）との連携、国際協力銀行（JBIC）の機能強化等によるリスク・マネーの供給拡大、「質の高いインフラ投資」の国際スタンダードとしての定着を内容の柱としている。

えて、対話と協働による共創の中で生み出された新たな社会的価値や解決策も活用しつつ、ODAとOOF（その他公的資金）等様々なスキームを有機的に組み合わせて相乗効果を高め、日本の強みをいかした魅力的なメニューを積極的に提案していくオファー型協力の強化を打ち出しました（オファー型協力詳細および実施に向けた準備状況は、第Ⅰ部1の4ページを参照）。

エ　JICA海外協力隊（JICAボランティア事業）

1965年に発足し、半世紀以上の実績を有するJICA海外協力隊（JICAボランティア事業）は、累計で99か国に55,300人以上を派遣しています。まさしく国民参加型の事業であり、日本の「顔の見える開発協力」として開発途上国の発展に貢献してきました。

本事業は、開発途上国の経済・社会の発展のみならず、現地の人たちの日本への親しみを深めることを通じて、日本とこれらの国との間の相互理解・友好親善にも寄与しており、国内外から高い評価を得ています。また、グローバルな視野を身に付けた協力隊経験者が日本の地方創生や民間企業の開発途上国への進出

に貢献するなど、協力隊経験の社会還元という側面も注目されています。

日本政府は、こうした取組を促進するため、帰国隊員の進路開拓支援を行うとともに、現職参加の普及・浸透に取り組むなど、より多くの人が本事業に参加しやすくなるよう努めています（現職参加の協力隊員の活躍については146ページの「案件紹介」を、企業の社員をJICA海外協力隊として開発途上国に派遣する制度（連携派遣）については第Ⅴ部1（1）の129ページを参照）。

助産師隊員として、カウンターパートと一緒に州病院で活動を行うカンボジアのJICA海外協力隊員（写真：JICA）

用語解説

現地ODAタスクフォース

2003年度から、開発途上国における日本の開発協力を効果的・効率的に実施するため、大使館およびJICAを中心に、独立行政法人日本貿易振興機構（JETRO）、株式会社国際協力銀行（JBIC）などの現地事務所を主要な構成メンバーとして立ち上げられた。

ABEイニシアティブ（アフリカの若者のための産業人材育成イニシアティブ：African Business Education Initiative for Youth）

アフリカの産業人材育成と日本企業のアフリカでのビジネスをサポートする「水先案内人」の育成を目的として、第5回アフリカ開発会議（TICAD V）（2013年）において発足し、以降継続して取組が行われている。同プログラムでは、アフリカの若者に対し、日本の大学での修士号取得の機会や、日本企業などでのインターンシップ、日本語研修、ビジネス・スキル研修などのビジネス・プログラムを提供している。

農家の人たちの生計向上を目指す！

JICA海外協力隊（民間連携）注1　職種：コミュニティ開発
鬼村　勇哉（江崎グリコ株式会社）（2016年4月～2017年3月）

フィリピン

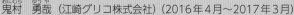

　私は、フィリピンのボホール島という小さな島に派遣され、農家の人たちの生計向上を目的とした農産物の販売促進プロジェクトに参加しました。現地には多くの農家があり、地域ごとに農業組合を作って農産品やその加工品を生産していましたが、「商品は作れるけれど売り方がわからない。」という課題を抱えていました。私は、その課題解決のため、ボホール州政府や農業組合と一緒に農家の人たち自身が運営する農産物の直売所を開設し、売上拡大を目指しました。

水牛のミルクから作る石鹸の加工所を視察する筆者（写真：鬼村勇哉）

　所属先である江崎グリコ株式会社で営業担当としてスーパー等での売上促進活動を行っていた経験をいかし、直売所の売上促進のためのマーケティング指導を主に行いました。来店したお客様が見やすい商品の陳列方法や、チラシ、SNSを活用した集客活動を、農家の人たちと一緒に考え、実施しました。また店内活動だけでなく、展示会への出店や飲食店への売り込みも行い、客数、売上ともに開設当初の1.5倍以上に増加させることができました。直売所は2023年現在も運営されています。

組合の人たちと販売方法を協議する様子（写真：鬼村勇哉）

　JICA海外協力隊の任期終了後は、江崎グリコ（株）の駐在員として6年間フィリピンに滞在し、現地法人の立ち上げと商品の売上拡大に従事しました。協力隊で培った、現地の人たちとのコミュニケーション能力やマネジメント能力、またフィリピンの人たちが何を大切にして、何を楽しいと感じるのかといった、日本人との感性の違いを肌で感じられたことは、現地で業務をする上でとても役立ちました。

　現在は日本に戻り海外への輸出業務を担当しています。今後も協力隊の経験をいかして日本と海外拠点をつなぎ、商品の海外販路拡大に貢献していきたいと思います。

注1　2016年当時は、企業からJICA海外協力隊に現職参加する「民間連携」として派遣。現在では民間企業、大学、自治体等様々な団体を対象として「連携派遣」として募集（第Ⅴ部1（1）の129ページも参照）。

③ 開発協力の適正性確保のための取組

ODAを中心とする開発協力は、開発途上国の開発や成長だけでなく、日本と開発途上国との間の友情と信頼関係の確かな絆を築くとともに、国際社会における日本の地位の向上や、日本自身の平和と繁栄の確保に大いに貢献してきました。その一方で、ODA事業に関連して不正が行われたことや、不測の事態によって十分な援助効果が上げられなかったり、遅れが生じたりしたこともあります。

日本政府は、こうした経験を将来への教訓とするため、評価制度の整備、透明性の向上、事業管理プロセスの改善、受入国や市民社会を含む幅広い関係者との対話の実施など、様々な努力を続けてきました。日本政府は、今後もより効果的で適正な開発協力の実施に向けた不断の努力を行っていきます。

また、環境・社会面に配慮した案件の実施のため、JICAでは、開発協力の適正性を確保する取組の一環として、環境社会配慮ガイドラインを定めています。

(1) 不正行為の防止

ODA事業に関連した不正行為は、適正かつ効果的な実施を阻害するのみならず、国民の税金を原資とするODAへの信頼を損なうものであり、絶対に許されるものではありません。

外務省およびJICAは、過去に発生した不正行為の教訓を踏まえつつ、これまで、監視体制の強化（不正腐敗情報に係る窓口の強化、第三者検査の拡大など）、ペナルティの強化（参加資格停止措置期間の上限引上げ、違約金の引上げ、重大な不正行為を繰り返した企業に対する減点評価の導入など）、および参加資格停止措置の対象拡大（措置対象者の企業グループや、措置期間中の者から事業譲渡などを受けた者も対象に加えるなど）を行い、不正行為を防止するための取組を強化してきました。

日本は、ODA事業に関連した不正行為は断じて許さないという強い決意の下、引き続き、不正行為の防止に向け、しっかりと取り組んでいきます。

(2) 国際協力事業関係者の安全対策

ODA事業を中心とする開発協力の実施にあたっては、JICA関係者のみならず、ODAに携わる企業、NGOなど全ての国際協力事業関係者の安全確保が大前提です。そのために、外務省およびJICAでは平素から十分な安全対策や体制整備を行っています。2023年のスーダン、ニジェール、イスラエル、パレスチナ等での治安情勢の悪化に際しては、情勢を的確に見極めながら、国際機関等とも連携し、現地の国際協力事業関係者の迅速な国外退避を実施するなど、人命最優先で関係者の安全確保に努めました。

また、2016年7月のバングラデシュ・ダッカ襲撃テロ事件後、関係省庁、政府関係機関および有識者が参加した国際協力事業安全対策会議での再検証の結果公表された「最終報告」注27 を受け、外務省およびJICAは、同報告書に記載された安全対策 注28 の実施に取り組むとともに、国際協力事業関係者の安全対策の実効性を確保するための対応を継続・強化しています。最終報告以降に常設化された2023年の同会議では、国際協力事業関係者の安全に関わる各種情勢や対策・取組等について議論を行いました。

同事件を受け、国際協力事業関係者を含む中堅・中小企業関係者の海外安全対策を強化すべく2016年に創設された「中堅・中小企業海外安全対策ネットワーク」注29 は、日本企業の海外展開に関係する省庁や機関が参加し、局長級の本会合を年1回程度開催しています。直近では2022年11月に開催し、山田外務副大臣（当時）が出席した第7回本会合では、ネットワーク参加組織は積極的な啓発活動に取り組み、中堅・中小企業に安全情報が届くよう積極的なアウトリーチを実践していることが確認されました。次回会

注27 国際協力事業の安全対策　https://www.mofa.go.jp/mofaj/gaiko/oda/about/keitai/page22_000120.html

注28 （1）脅威情報の収集・分析・共有の強化、（2）事業関係者およびNGOの行動規範、（3）ハード・ソフト両面の防護措置、研修・訓練の強化、（4）危機発生後の対応、および（5）外務省・JICAの危機管理意識の向上・態勢の在り方の5点。

注29 中堅・中小企業海外安全対策ネットワーク　https://www.anzen.mofa.go.jp/anzen_info/network.html

第V部

③ 開発協力の適正性確保のための取組

合は2024年の開催を予定しています。

（3）開発協力における性的搾取・虐待などに関する取組

　近年、人道・開発支援における性的搾取・虐待およびセクシャルハラスメント（SEAH）への国際的な関心が高まっています。2018年10月に英国がSEAHに関する国際会議を主催し、日本を含む主要ドナーは取組の強化に関するコミットメントに署名しました。また、2019年7月には、OECD/DACにおいて、「開発協力と人道支援における性的搾取・虐待・セクシャルハラスメントの撲滅に関するDAC勧告」が採択されました。

　こうした動きを踏まえ、外務省では、研修などを通じた職員の啓発に加え、国民の理解促進のため、日本の基本的な立場や勧告の概要を外務省ホームページ 注30 に掲載しています。

　JICAにおいても、SEAH撲滅に向けての理事長メッセージをホームページ 注31 に掲載するとともに、就業規則やJICA関係者の倫理等ガイドラインにSEAH防止を記載し、JICA事業に関わる幅広い関係者にSEAH防止の重要性を周知しています。また、相談窓口や、万一事案が発生した際の対応およびモニタリング体制の整備にも取り組んでいます。

　また、2021年8月、2022年1月に実施された、NGO・外務省定期協議会連携推進委員会においても、SEAH撲滅が議題の一つとなり、これを受けて令和4年度以降の日本NGO連携無償資金協力の実施要領にSEAHの予防について盛り込むなどの対応をとっており、引き続き、国内との関係者とも連携しつつ、具体的な取組を検討しています。

　2021年12月には、国連諸機関におけるSEAHの予防や対応の一層の取組を求める国連事務総長宛の共同書簡が、英国を中心とする有志国により発出され、日本も署名に加わりました。2023年、日本が議長国を務めたG7広島サミットでは、首脳コミュニケにおいて、G7首脳は、SEAH撲滅の取組へのコミットメントを確認しました。

注30　開発分野における性的搾取・虐待及びセクシャルハラスメント（SEAH）に係る国際的取組
https://www.mofa.go.jp/mofaj/gaiko/oda/about/doukou/page24_000019.html
注31　性的搾取・虐待及びセクシャルハラスメントの撲滅に向けて（理事長メッセージ）
https://www.jica.go.jp/information/info/2019/20191120_01.html

4 開発協力人材・知的基盤の強化、発信に向けた取組

（1）開発協力人材・知的基盤の強化

効果的・戦略的な開発協力の実施には、開発課題に高い知見を有する人材の確保・育成および国民の理解と支持が不可欠です。

日本政府は、国連関係機関で勤務する日本人職員数を2025年までに1,000人とする目標を掲げ、大学や国際機関駐日事務所などと連携しつつ、世界を舞台に活躍する人材の発掘・育成・キャリア構築を積極的に支援しています 注32 。「開発協力を担う人材の育成」（ODAに関する有識者懇談会提言）でも触れられているように、開発協力を担う人材を含めたグローバル人材の育成を喫緊の課題とし、高等教育機関の学生や既就職者などを対象に、国際機関の採用制度を説明するセミナーを国内外で開催しています。最近では主にオンラインで実施することにより、海外在住の現職の国際機関職員も登壇し、具体例を交えて紹介することが可能になっています。このほか、動画配信、国際機関の幹部や人事担当者によるセミナーの実施なども行っています。

また、日本政府は、ジュニア・プロフェッショナル・オフィサー（JPO）派遣制度（詳細は図表V-3「日本人が国際機関職員になるための主な方法」を参照）を通じて、開発協力分野に携わる機関を含む、国際機関で活躍する人材の育成に努めています（国際機関日本人職員の活躍については50ページを、JPO制度で派遣中の国際機関職員のキャリア紹介については150ページの「国際協力の現場から」も参照）。外務省はこれまでに累計1,900人以上、2022年度は64人のJPOを派遣しました。このほか、「平和構築・開発におけるグローバル人材育成事業」 注33 も実施しています。

JICAでは、国際協力キャリア総合情報サイト「PARTNER」 注34 を通じ、省庁、JICAに加え、NGO、国際機関、企業および大学などの幅広い主体の国際協力に関する情報（求人および各種研修・セミナーなど）を一元的に発信しているほか、人材の登録、キャリア相談などを行っています。さらには、開発協力に関わりの深い研究を行い、将来同分野で活躍する意思を有する大学院生などに対し、インターンシップを実施しています。また、JICAは、国際協力専門員制度により、高い専門的な能力と開発途上国での豊富な業務経験を持つ人材を確保するとともに、人材育成のため、ジュニア専門員の採用や、能力強化研修なども実施しています。

JICA緒方貞子平和開発研究所では、開発協力の現場で得られた知見を分析、総合してJICAの事業にフィードバックし、DX分野でSDGs達成に向けた技術活用の提言を行うなど人間の安全保障の実現およびSDGsの達成に貢献するとともに、人材育成にも寄与しています。

セネガル北部・ルーガ州でUNICEFが支援する地域のこどもたちの栄養モニタリング活動を視察するUNICEFセネガル事務所の川合菜月栄養担当官（JPO派遣制度を利用して、2023年からUNICEFセネガル事務所に勤務）（写真：UNICEF Senegal）

注32 外務省国際機関人事センター・ホームページ（https://www.mofa-irc.go.jp/）では、国際機関空席情報や国際機関で働くための様々な情報提供をしています。

注33 46ページの注39を参照。

注34 国際協力キャリア総合情報サイト「PARTNER」 https://partner.jica.go.jp/

国際協力の現場から

6 国際機関で活躍する日本人職員の声
～気候変動下での飢餓撲滅を目指して～

農学からスタートした国際協力の道

「飢餓と飽食」―私が国際協力を志したのは、中高生の頃に気付いたこの矛盾がきっかけでした。私は食べたいものを食べたいだけ食べられるのに、世界にはお腹を空かせながら亡くなっていく人がいる現実を前に、飢餓に苦しむ人たちの役に立つことが、恵まれた環境下で育った自分の使命だと感じました。

食べるためには食料を作らなければなりません。このため、大学・大学院では農学（作物学）を勉強し、在学中にフィリピンの国際稲研究所（IRRI）に1年間留学する機会を得て、気候変動の影響で深刻化する干ばつに適応するための稲作技術の確立に向けた研究を行いました。農家の方々の協力を得て、30軒の農家の水田で実際に技術の検証を行い、彼らの現状や課題を聞く機会にも恵まれました。その中で実感したのは、意味ある農業技術は環境や農家の状況に応じて大きく異なり、技術普及も国際協力も画一的に行うことはできないという当たり前の事実でした。この現場での経験は、国際協力に携わる現在も大きな糧になっています。

IRRIでの研究留学中、フィリピンで農家インタビューを行う筆者（右から2人目）

JPO制度で国連食糧農業機関（FAO）へ

ジュニア・プロフェッショナル・オフィサー（JPO）派遣制度注1でFAOに派遣されたのは、開発コンサルティング企業でJICAの農村開発に関するプロジェクトに携わっていた、社会人3年目でした。私がFAOを希望した大きな理由は、FAOが掲げる目的である、全ての人々の食料安全保障の達成が、私が目指す世界と一致していたことでした。現在、私が担当しているのは、日本も主要ドナー国である「緑の気候基金（GCF）」注2の資金を活用した、アフリカ地域における「農林水産業×気候変動」のプロジェクトの企画・実施支援です。天候に依存する農業とそれに

FAOの所属チームのメンバーと（前列左から2人目が筆者）

従事する多くの貧困層は、気候変動の影響に非常に脆弱です。そこでFAOは、各開発途上国の現状や優先課題に応じて、小規模農家が気候変動に適応できるよう、農家の能力強化や改良技術の導入を支援するプロジェクトや、持続可能な農業活動を通じて森林伐採を縮小し、温室効果ガス削減に貢献するようなプロジェクトを提案し、脆弱な立場の人々の農業活動を支える活動を行っています。気候変動対策プロジェクトの企画・実施に向けて、本部だけでなく、地域事務所や多くの国事務所が協力しており、私は、国籍も専門も異なる同僚たちと働く刺激的な日々を過ごしています。

自分の生活も大切に、飢餓のない世界を目指して

「自分が幸せでないと、人を助けることはできない」―これは、今でも忘れられない高校時代の先生の言葉です。私は子連れ単身赴任の形で、こどもをローマで育てながら働いていますが、理解ある上司や周囲のサポートのおかげで、時に大変ながらも、自分や家族の幸せも大切に、楽しみながらキャリアと子育ての両立を目指しています。

国際機関での勤務は、自分には手が届かない世界のように感じていましたが、自分の目指す世界の実現のため、機会や縁を逃さずに一貫して取り組んできた結果、今の自分があります。国際協力への関わり方は様々ですが、世界中のネットワークを使い、多様なバックグラウンドの人と働くことは国連で働く面白さの一つです。これからも持続可能かつ強靭（レジリエント）な農業活動を通し、飢餓撲滅に向けて一歩ずつ進んでいきたいと思います。

国連食糧農業機関（FAO）イタリア・ローマ本部　加藤星絵

注1　詳細は151ページの図表V-3を参照。
注2　67ページの用語解説を参照。

図表Ⅴ-3	日本人が国際機関職員になるための主な方法		
	空席公募*	JPO派遣制度**	国際機関側の若手育成・採用制度
実施機関	各国際機関	外務省	国連事務局、世界銀行など
年齢制限	特になし	35歳以下	制度による
求められる学歴	修士号以上 （※学士号＋追加的な職歴2年で応募可能なポストもある。）	修士号以上	制度による
求められる職歴	2年以上	2年以上	制度による
ポイント	毎日多くの国際機関から様々な空席公募が出るので、随時応募することができる。	正規の職員になるには、JPO任期後に空席公募を通じて採用される必要がある。	国連事務局、OECDや世界銀行グループが実施するヤング・プロフェッショナル・プログラム（YPP）を始め、国際機関が実施する若手育成・採用プログラムが存在する。

（注）
* 国際機関職員の任期満了などによって空きが生じた場合に国際的に公募されるポストのこと。ポストの条件に自身の経歴などを照らし合わせて応募する。
**若手の日本人を原則2年間、国際機関に職員として派遣し、必要な知識・経験を積んでもらい、派遣後の正規採用を目指す制度。国連関係機関で働く専門職以上の日本人職員のうち、半数近くは外務省の実施するJPOの経験者であり、若手日本人が国際機関職員を目指すうえで非常に有効な手段。世界銀行グループのJPOのように、外務省以外が実施するJPOも存在する。

★それぞれの制度の詳細は下記ホームページをご覧ください。
空席公募　https://www.mofa-irc.go.jp/boshu/open-recruitment.html
JPO派遣制度　https://www.mofa-irc.go.jp/jpo/seido.html
国際機関側の若手育成・採用制度（YPP）　https://www.mofa-irc.go.jp/apply/ypp.html

（2）情報公開、国民の理解と支持の促進に向けた取組

　グローバル化が進んだ現在、日本と開発途上国は共に支え合う関係にあります。日本のODAは、開発途上国を含む世界の平和と繁栄に貢献し、それにより日本の国益の確保を図る上で重要な取組であり、大きな意義を有しています。ODAが国民の公的資金を原資としている以上、こうした開発協力の意義や取組を分かりやすく発信し、国内の幅広い国民の理解と支持を得ることは不可欠です。また、海外においてもこうした日本の取組を正しく理解してもらうことは、友好な二国間関係や日本の国際社会における信頼を高める上でも重要です。こうした観点から、ODA広報の重要性はますます高まっており、民間企業や地方自治体、NGO等の多様な担い手との連携を進めるためにも、多くの人々に認識していただき、参画を得ていくことが重要です。

　日本政府は、ODAに関する広報・情報発信について、次のとおり様々な取組を行っています。

ア　広報・情報発信の強化

　効果的なODA広報を行うために、外務省、JICAは共に連携し取組を進めています。日本国内向けには、ODAホームページやSNS、YouTube動画、メールマガジン、コンテンツ制作、広報イベントの開催、出前講座などを通じて、普段あまりODAに接点のない若者や地方の中小企業関係者などにも届くよう政策広報に取り組んでいます。具体的には、又吉直樹氏をナビゲーターとし「防災」をテーマとするテレビドラマの制作、フリーアナウンサーの中野美奈子氏をナビゲーターとし「紛争や混乱に揺れる国で活躍する日本人女性」をテーマとするドキュメンタリー動画の制作など、知名度の高い出演者を活用し国民に分かりやすく紹介しています。外務省、JICAのみならず日本の開発協力の関係者が一体となって広報発信する取組として、毎年、国際協力の日（10月6日）の前後に、外務省、JICAおよび国際協力NGOセンター（JANIC）の共催で、日本最大級の国際協力イベント「グローバルフェスタJAPAN」を開催しています（具体的な取組み詳細は152ページの「開発協力トピックス」を参照）。また、15か所のJICA国内拠点を活用し、JICA海外協力隊のOB・OGやJICA関係者が講師として経験を伝える国際協力出前講座や、地方公共団体関係者を招いたODA現場体験などにも力を入れています。

　日本国外においては、開発途上国にある日本大使館などで、現地報道機関にODA事業の現場を取材してもらったり、現地語による広報資料を作成したり、供与した機材や建設した施設に日の丸を表示するなど、顔の見える支援に努めています。また、大使や総領事が自らツイッターやインスタグラムで積極的に発信し

⑤ ODA広報
〜ODAをもっと身近に感じてもらうために〜

●開発協力の情報発信

2022年に実施した内閣府世論調査[注1]では、「今後の開発協力のあり方」について、回答者の84%が「積極的に進めるべきだ」または「現在程度でよい」と回答し、開発協力に対して前向きな評価が示されました。こうした前向きな日本国内の世論の背景には、持続可能な開発目標（SDGs）に対する意識の高まりのほか、ロシアによるウクライナ侵略など国際社会が複合的危機に直面する中、災害や感染症など世界的な課題に対して各国が協力して助け合う必要がある、開発協力はエネルギー資源などの安定供給の確保に資する、国際社会での日本への信頼を高める必要がある、そして開発協力は日本の外交政策を戦略的に進める上での重要な手段であるという理解が広がったことなどが挙げられます。

本コラムでは、こうした開発協力の意義についての外務省による情報発信・政策広報の試みをいくつか紹介します。

●開発協力大綱の改定とODAの意義の発信

2015年の策定時からの大きな情勢の変化を背景に、2023年6月、8年ぶりに開発協力大綱を改定しました。これに伴い、ODAの意義や成果について幅広い国民に発信する観点から、ODAによる日本への裨益を意識した資料を新たに作成し、ODAホームページに「日本の開発協力の意義」として掲載[注2]しました。また、ODAメールマガジンにも日本への裨益事例をまとめたシリーズとして「海洋を通じた結びつき」、「日本企業の海外展開支援」、「ODAによる国際社会での信頼向上、それによる日本への裨益」をテーマに3回に分けて配信[注3]しています。

日本の開発協力の意義

10月から12月にかけて、特に若い世代向けの情報発信として、ジャパン・プラットフォーム（JPF）[注4]のオンライン動画共有サービスYouTube上の広報番組に、外務省国際協力局の日下部（くさかべ）NGO担当大使が出演し、現役大学生との対談番

若い世代向けの情報発信として、外務省の日下部NGO担当大使（右から3人目）が現役大学生との対談番組に出演（写真：JPF）

組（11回シリーズ）[注5]を通じて、日本の開発協力の意義や取組等について発信しました。

●テレビドラマ・ドキュメンタリー

外務省は、幅広い層に届くよう、知名度の高い出演者を活用した広報コンテンツの制作にも取り組んでいます。

その一つとして、吉本興業株式会社の協力を得てタレントで作家の又吉直樹（またよし）氏をナビゲーターとし、外務省国際協力局や国際協力の現場を舞台としたテレビドラマ「ファーストステップシリーズ」があります。2023年には、度重なる自然災害で培ってきた日本の経験・知見をいかした防災協力をテーマとし、2015年第3回国連防災会議（仙台）にて日本が提唱し、防災分野における世界標準語となった「より良い復興（Build Back Better）」をキーワードに、登場人物の成長を描いた物語（ファーストステップ2　世界をつなぐ勇気の言葉）[注6]を制作しました。なお、2022年には、ODAを通じて日本から世界に広まった母子健康手帳をテーマに、親子の愛情や登場人物の成長を描いた物語（ファーストステップ　世界をつなぐ愛のしるし）[注7]を制作し、それぞれ放映・発信しています。

また、フリーアナウンサーの中野美奈子氏をナビゲーターとして、ロシアによるウクライナ侵略をはじめ、世界秩序を揺

テレビドラマ第一弾「ファーストステップ　世界をつなぐ愛のしるし」主人公の吉沢みづき（右）が母子手帳をリエンに手渡す場面

外務省国際協力局や開発協力の現場を舞台にしたテレビドラマ第二弾「ファーストステップ2　世界をつなぐ勇気の言葉」

るがす事態が世界で発生している中、「紛争や混乱に揺れる国で活躍する日本人女性」と題したドキュメンタリー動画注8を制作しました。外交的にも重要な「女性・平和・安全保障（WPS: Women, Peace and Security）」を念頭に、NGOの分野では、南スーダンをはじめ内戦などの危機にある国に対して、紛争地で争いが起きる前に防ぐための取組、政府機関（JICA国際緊急援助隊）の分野では、モルドバのウクライナ避難民支援でも使用された、フィリピン生まれ、日本育ちの国際標準カルテMDS（Minimum Data Set）の活用、国際機関の分野では、アフガニスタンにおける女性や貧困層の人道支援の取組を題材とし、女性に焦点を当てた躍動感のある動画を制作しています。

ドキュメンタリー動画「紛争や混乱に揺れる国で活躍する日本人女性」

● グローバルフェスタ JAPAN2023

2023年9月30日および10月1日に国際協力イベント「グローバルフェスタ JAPAN2023」を開催し、前年を上回る約3万9,000人の参加を得ました。32回目となる今回は、「世界をつくる国際

グローバルフェスタ2023オープニングセレモニーで挨拶する穂坂外務大臣政務官

協力。仲間は多い方がいい！」をテーマに、より良い世界をつくるため、国際協力に参加する仲間が増えていくことを願い、前年より30ほど参加団体を増やし、国際協力に携わるNGO、国際機関、企業、大学や在京大使館など130を超える団体による展示や活動報告、物販を始め、多彩なゲストが登壇するステージプログラムや体験ワークショップなどを行いました。

外務省は、オープニングセレモニーを始めとし、普段あまりODAと接点のない中小企業の海外展開に向けたODAの活用をテーマとしたステージプログラムや、社会起業家、スタートアップ関係者を招き、社会課題解決に向けた若者の挑戦をテーマとしたパネルディスカッション、そして「紛争や混乱に揺れる国で活躍をする日本人女性」をテーマとしたドキュメンタリー動画の制作発表を実施しました。また、恒例となる外務省フォトコンテストの授賞式も行いました注9。「世界の仲間と未来をつくる」をテーマにした今回のコンテ

グローバルフェスタステージプログラム「若者たちと語ろうODA！社会課題の解決に向けた若者の挑戦」のステージの様子

ストには、「愛・友情・成長」を感じる作品が多く寄せられ、家族愛、友情、未来に残したい自然の風景など心温まる作品を中心とした過去最多となる422点もの応募の中から、受賞作品を選びました。このほかのプログラムとして、池上 彰（いけがみあきら）氏と増田ユリヤ氏による

日本駐在の大使館、国際機関等の展示が行われたロビーギャラリーの様子。外務省も出展し、世界で役立つ日本のODAをわかりやすく伝えた。

「国際社会の中で見つけたODAを分かりやすく解説！」と題する特別授業を行ったほか、サブステージのプログラムでは、外務省国際機関人事センターによる国際機関キャリアセミナー、外務省国際協力局民間援助連携室とNGO団体の関係者が参加した国際協力NGOの活動報告を行いました。結果は、ODAホームページの開催報告注10をご覧ください。

● ODAメールマガジン、ODA広報X（旧ツイッター）

外務省ではODAメールマガジンを月1回発行し、ホームページにも掲載しています。また、SNSのX（旧ツイッター）でも、ODAについての情報を発信しています。2023年12月時点で、メールマガジンの登録者数は約2万人、Xのフォロワーは1.2万人を超えています。

外務省/ODA広報 @ODA_mofa_japan 絶対フォローしてくださいね！ ©DLE 　　外務省/ODA X　　ODAメールマガジン

注1 2022年10月から11月、内閣府が調査機関に委託し、日本全国の18歳以上の日本国籍を有する3,000人を対象に郵送法で令和4年度外交に関する世論調査が行われた（内閣府世論調査 https://survey.gov-online.go.jp/r04/r04-gaiko/index.html）。
注2 日本の開発協力の意義 https://www.mofa.go.jp/mofaj/gaiko/oda/about/oda/page24_000194.html
注3 第465回〜第467回 ODAメールマガジン世界と日本を豊かにするODA（日本への裨益の事例1〜3） https://www.mofa.go.jp/mofaj/gaiko/oda/mail/bn.html
注4 137ページの用語解説を参照。
注5 JPF広報番組 外務省x現役大学生 第38回〜第48回 https://www.youtube.com/@milakarma
注6 ファーストステップ2 世界をつなぐ勇気の言葉 https://www.mofa.go.jp/mofaj/gaiko/oda/sanka/page22_001633.html
注7 ファーストステップ 世界をつなぐ愛のしるし https://www.mofa.go.jp/mofaj/gaiko/oda/sanka/page22_001443.html
注8 紛争や混乱に揺れる国で活躍する日本人女性 https://www.mofa.go.jp/mofaj/gaiko/oda/sanka/pagew_000001_00029.html
注9 外務省フォトコンテスト「世界の仲間と未来をつくる」開催報告 https://www.mofa.go.jp/mofaj/gaiko/oda/press/event/page23_001395.html
フォトコンテストの応募写真は、ⅷページ写真特集（1）も参照。
注10 グローバルフェスタJAPAN2023開催報告 https://www.mofa.go.jp/mofaj/gaiko/oda/press/event/page22_001739.html

第Ⅴ部

❹ 開発協力人材・知的基盤の強化、発信に向けた取組

ており、現地の人々の日本のODA事業への理解に努めています。

毎年公表する開発協力白書においては、写真や現場からのコラムなどを充実させることで分かりやすく親しみやすい内容を目指し、統計データを掲載することで実施状況に関する透明性の確保に努めており、また、日本語に加え英語でも発行しています。

こうした取組の結果、グローバルフェスタへの参加者や出前講座の件数、動画再生回数など各種広報ツールへの国民の反応は着実に増しており、引き続き一層効果的な広報に努めていきます。

イ　ODAの実施・評価に関する情報公開

日本政府は、「ODA見える化サイト」 注35 をJICAホームページ上に設け、ODA事業の概要、成果および事前・事後評価などを随時掲載しています。

また、外務省ホームページでは、新規ODA案件や統計資料などを掲載しているほか、政策・プログラムレベルのODA評価の結果なども公表 注36 しており、より効果的なODAの実施とODAに対する国民の理解および支持の促進に努めています。

ウ　開発教育の推進

外務省は、外務省職員が国内の教育機関やNGOなどで、ODAを始めとする国際協力について解説する「ODA出前講座」を開催し、過去8年間において合計224回の講座を開催し、約2.4万人の学生を中心とした参加者を得ました。JICAでもJICA海外協力隊経験者や教育委員会との連携を促進するほか、来日中のJICA研修員による出前講座を開催し、2022年度は約1,700回、約15万人の参加を得ました。そのほか、国内拠点で学生の訪問を受け入れる「JICA訪問」、「JICA国際協力中学生・高校生エッセイコンテスト」を実施するほか、展示施設「地球ひろば」を提供するなど、国際協力の理解や参加の促進に努めています。

外務省職員によるODA出前講座の様子

エ　議論や対話の促進

日本政府は、ODAを活用した支援について、NGOや企業、経済団体などに対する説明会を開催しています。また、国際協力をめぐる動きや日本の取組を紹介する講演など開催しており、外交やODAに関心を有する国民と対話する場を随時設けています。

注35 ODA見える化サイト　https://www.jica.go.jp/oda/
注36 ODA評価　https://www.mofa.go.jp/mofaj/gaiko/oda/kaikaku/hyoka.html

資料編

参考統計

❶ 2023年度政府開発援助予算（当初予算）⋯⋯⋯⋯⋯⋯⋯⋯⋯⋯⋯⋯ 156

（1）政府開発援助予算の内訳 ⋯⋯⋯⋯⋯⋯⋯⋯⋯⋯⋯⋯⋯⋯⋯ 156

（2）政府開発援助一般会計予算（政府全体）⋯⋯⋯⋯⋯⋯⋯⋯⋯⋯ 156

（3）政府開発援助事業予算（区分ごと）内訳（政府全体）⋯⋯⋯⋯⋯ 157

（4）政府開発援助事業予算の財源と援助形態別歳出項目 ⋯⋯⋯⋯⋯ 158

（5）省庁別政府開発援助予算推移（一般会計予算）⋯⋯⋯⋯⋯⋯⋯ 159

（6）省庁別政府開発援助予算推移（事業予算）⋯⋯⋯⋯⋯⋯⋯⋯⋯ 159

❷ 2022年の日本の政府開発援助実績 ⋯⋯⋯⋯⋯⋯⋯⋯⋯⋯⋯⋯⋯ 160

（1）政府開発援助の援助形態別・通貨別実績（2022年）⋯⋯⋯⋯⋯ 160

（2）二国間政府開発援助分野別配分（2022年）⋯⋯⋯⋯⋯⋯⋯⋯ 161

巻末資料

索引 ⋯⋯⋯⋯⋯⋯⋯⋯⋯⋯⋯⋯⋯⋯⋯⋯⋯⋯⋯⋯⋯⋯⋯⋯⋯ 162

1 2023年度政府開発援助予算（当初予算）

（1）政府開発援助予算の内訳

（単位：億円、%）

区　　　分	2022年度			2023年度		
	予算額	増減額	伸び率	予算額	増減額	伸び率
一般会計予算	5,612	-68	-1.2	5,709	98	1.7
事業予算（純額）	15,736	-1,621	-9.3	20,415	4,679	29.7
事業規模（総額）	22,890	-1,234	-5.1	27,533	4,643	20.3
（参考）円／ドル・レート	108円			137円		

（注）
・本図表において「増減額」および「伸び率」は、1億円未満の単位で計算しているため、表中の数字での計算結果と合致しない場合がある。

（2）政府開発援助一般会計予算（政府全体）

（単位：億円、%）

区　　　分	2022年度			2023年度		
	予算額	増減額	伸び率	予算額	増減額	伸び率
Ⅰ　贈　　与	5,141	-69	-1.3	5,231	90	1.8
1．二国間贈与	4,124	-68	-1.6	4,235	111	2.7
（1）経済開発等援助	1,633	1	0.1	1,634	1	0.1
（2）技術協力	2,481	-69	-2.7	2,591	110	4.4
（3）その他	10	—	—	10	—	—
2．国際機関への出資・拠出	1,017	-1	-0.1	996	-21	-2.1
（1）国連等諸機関	713	2	0.3	650	-63	-8.9
（2）国際開発金融機関	303	-3	-0.9	346	43	14.0
Ⅱ　借　　款	471	1	0.1	478	8	1.6
JICA（有償資金協力部門）	471	1	0.1	478	8	1.6
Ⅲ　計	5,612	-68	-1.2	5,709	98	1.7

（注）
・本図表において「増減額」および「伸び率」は、1億円未満の単位で計算しているため、表中の数字での計算結果と合致しない場合がある。
・四捨五入の関係上、合計が一致しないことがある。

（3）政府開発援助事業予算（区分ごと）内訳（政府全体）

（単位：億円、%）

区　　分	2022年度			2023年度		
	予算額	増減額	伸び率	予算額	増減額	伸び率
Ⅰ　贈　与	8,623	-430	-4.7	8,528	-95	-1.1
1.　二国間贈与	4,777	-83	-1.7	4,878	101	2.1
（1）経済開発等援助	1,633	1	0.1	1,634	1	0.1
（2）技術協力	3,134	-84	-2.6	3,234	100	3.2
（3）その他	10	—	—	10	—	—
2.　国際機関への出資・拠出	3,846	-347	-8.3	3,650	-196	-5.1
（1）国連等諸機関	1,163	2	0.2	1,070	-93	-8.0
（2）国際開発金融機関	2,683	-349	-11.5	2,580	-103	-3.8
Ⅱ　借　款	14,268	-804	-5.3	19,005	4,738	33.2
（1）JICA（有償資金協力部門）	14,200	-800	-5.3	18,940	4,740	33.4
（2）その他	68	-4	-5.2	65	-2	-3.2
Ⅲ　計（事業規模）	22,890	-1,234	-5.1	27,533	4,643	20.3
（参考）　回収金	-7,154	—	—	-7,118	—	—
純　額	15,736	-1,621	-9.3	20,415	4,679	29.7

（注）
・本図表において「増減額」および「伸び率」は、1億円未満の単位で計算しているため、表中の数字での計算結果と合致しない場合がある。
・四捨五入の関係上、合計が一致しないことがある。

（4）政府開発援助事業予算の財源と援助形態別歳出項目

2022年度事業予算
総額2兆2,890億円(-5.1%)

2023年度事業予算
総額2兆7,533億円(+20.3%)

形態別歳出項目	財　源	財　源	形態別歳出項目
無償資金協力 1,633億円 (+0.1%)	外務省 4,428億円 (-1.6%) 【一般会計 5,612億円 (-1.2%)】	外務省 4,428億円 (+0.0%) 【一般会計 5,709億円 (+1.7%)】	無償資金協力 1,634億円 (+0.1%)
技術協力 3,134億円 (-2.6%)			技術協力 3,234億円 (+3.2%)
その他 10億円（前年同）	11省庁計 1,183億円 (+0.2%)	12省庁計 1,281億円 (+8.2%)	その他 10億円（前年同）
国連等諸機関 （分担金・拠出金） 1,163億円(+0.2%)			国連等諸機関 （分担金・拠出金） 1,070億円(-8.0%)
国際開発金融機関 （拠出金・拠出国債） 2,683億円 (-11.5%)	特別会計 10億円 (+0.7%)	特別会計 11億円 (+9.9%)	国際開発金融機関 （拠出金・拠出国債） 2,580億円 (-3.8%)
	出資・拠出国債 2,823億円 (-10.9%) 【財政投融資等 1兆4,446億円 (-5.4%)】	出資・拠出国債 2,646億円 (-6.2%) 【財政投融資等 1兆9,166億円 (+32.7%)】	
借款 1兆4,268億円 (-5.3%)			借款 1兆9,005億円 (+33.2%)

| 純　額　1兆5,736億円(-9.3%) |
| 回収金　7,154億円 |

| 純　額　2兆415億円(+29.7%) |
| 回収金　7,118億円 |

（注）各々の計数において億円未満を四捨五入している。

（5）省庁別政府開発援助予算推移（一般会計予算）

（単位：百万円、%）

区分	2022年度	2023年度		
	予算額	予算額	増減額	伸び率
内閣本府	－	48	48	皆増
警察庁	18	19	1	4.2
金融庁	191	200	9	4.5
総務省	842	1,022	180	21.4
法務省	368	855	487	132.5
外務省	442,821	442,841	20	0.0
財務省	77,814	82,820	5,007	6.4
文部科学省	17,561	17,506	-55	-0.3
厚生労働省	6,292	10,601	4,309	68.5
農林水産省	2,554	2,510	-44	-1.7
経済産業省	11,902	11,688	-214	-1.8
国土交通省	310	294	-16	-5.1
環境省	492	534	42	8.5
計	561,164	570,937	9,773	1.7

（注）
・本図表において「増減額」および「伸び率」は、百万円未満の単位で計算しているため、表中の数字での計算結果と合致しない場合がある。
・四捨五入の関係上、合計が一致しないことがある。

（6）省庁別政府開発援助予算推移（事業予算）

（単位：百万円、%）

区分	2022年度	2023年度		
	予算額	予算額	増減額	伸び率
内閣本府	－	48	48	皆増
警察庁	18	19	1	4.2
金融庁	191	200	9	4.5
総務省	842	1,022	180	21.4
法務省	368	855	487	132.5
外務省	487,081	484,058	-3,023	-0.6
財務省	1,753,624	2,216,305	462,681	26.4
文部科学省	17,561	17,506	-55	-0.3
厚生労働省	6,661	10,943	4,282	64.3
農林水産省	9,319	9,055	-264	-2.8
経済産業省	12,573	12,490	-83	-0.7
国土交通省	310	294	-16	-5.1
環境省	492	534	42	8.5
計（事業規模）	2,289,040	2,753,329	464,289	20.3
（参考）回収金	-715,438	-711,822	－	－
純　額	1,573,602	2,041,507	467,904	29.7

（注）
・本図表において「増減額」および「伸び率」は、百万円未満の単位で計算しているため、表中の数字での計算結果と合致しない場合がある。
・四捨五入の関係上、合計が一致しないことがある。

2 2022年の日本の政府開発援助実績

（1）政府開発援助の援助形態別・通貨別実績（2022年）

2022年（暦年）	ドル・ベース（百万ドル）			円ベース（億円）		
援助形態	実　績	前年実績	増減率（%）	実　績	前年実績	増減率（%）
無償資金協力	963.55	1,161.96	-17.1	1,266.38	1,275.43	-0.7
債務救済	3.10	―	100.0	4.08	―	100.0
国際機関等経由	2,293.02	2,100.17	9.2	3,013.68	2,305.26	30.7
技術協力	2,368.63	2,425.63	-2.4	3,113.05	2,662.50	16.9
贈与計	5,628.30	5,687.76	-1.0	7,397.19	6,243.19	18.5
政府貸付等（貸付実行額：総額）	14,020.44	12,126.28	15.6	18,426.82	13,310.45	38.4
（回収額）	5,516.41	6,186.94	-10.8	7,250.13	6,791.11	6.8
（債務救済を除く回収額）	5,516.41	6,186.94	-10.8	7,250.13	6,791.11	6.8
（純額）	8,504.02	5,939.34	43.2	11,176.69	6,519.33	71.4
（債務救済を除く純額）	8,504.02	5,939.34	43.2	11,176.69	6,519.33	71.4
二国間政府開発援助計（総額ベース）	19,648.74	17,814.04	10.3	25,824.01	19,553.64	32.1
二国間政府開発援助計（純額ベース）	14,132.33	11,627.10	21.5	18,573.88	12,762.52	45.5
国際機関向け贈与	2,622.39	3,474.15	-24.5	3,446.56	3,813.41	-9.6
国際機関向け政府貸付等（貸付実行額）	―	670.53	-100.0	―	736.01	-100.0
国際機関向け拠出・出資等計	2,622.39	4,144.68	-36.7	3,446.56	4,549.42	-24.2
政府開発援助計（支出総額）	22,271.13	21,958.72	1.4	29,270.57	24,103.06	21.4
政府開発援助計（支出純額）	16,754.71	15,771.78	6.2	22,020.44	17,311.95	27.2
名目GNI値（単位：10億ドル、10億円）	4,502.22	5,248.00	-14.2	591,719.70	576,048.00	2.7
対GNI比（%）（純額ベース）	0.37	0.30		0.37	0.30	

（注）
・換算率：2021年＝109.7653円/ドル、2022年＝131.4283円/ドル（OECD-DAC指定レート）。
・ここでいう「無償資金協力」は、日本が実施している援助形態としての無償資金協力ではない。
・「開発途上地域」指定国向け援助を含む。

(2) 二国間政府開発援助分野別配分（2022年）

2022年（暦年）　　　　　　　　　　　　　　　　　　　　　　　　　　（約束額ベース、単位：百万ドル）

形態／分野	無償資金協力	技術協力	贈与計	政府貸付等	二国間ODA	構成比(%)
Ⅰ．社会インフラおよびサービス	1,682.56	609.17	2,291.74	1,593.12	3,884.85	20.86
1．教育	150.14	273.30	423.44	243.48	666.92	3.58
2．保健	1,042.71	140.58	1,183.30	941.32	2,124.62	11.41
3．人口政策およびリプロダクティブ・ヘルス	11.92	15.74	27.65	－	27.65	0.15
4．水と衛生（上下水道等）	186.97	78.28	265.25	408.32	673.57	3.62
5．政府と市民社会	172.06	44.53	216.59	－	216.59	1.16
6．その他社会インフラおよびサービス	118.77	56.74	175.51	－	175.51	0.94
Ⅱ．経済インフラおよびサービス	283.08	267.70	550.79	7,722.16	8,272.95	44.42
1．輸送および貯蔵	138.23	161.45	299.69	6,859.02	7,158.71	38.43
2．通信	11.06	29.12	40.18	－	40.18	0.22
3．エネルギー	126.46	49.46	175.92	767.01	942.93	5.06
4．銀行および金融サービス	5.21	8.07	13.29	96.14	109.42	0.59
5．ビジネス支援	2.12	19.60	21.71	－	21.71	0.12
Ⅲ．生産セクター	176.41	271.95	448.36	1,480.73	1,929.10	10.36
1．農林水産業	161.30	163.53	324.83	336.99	661.81	3.55
1）農業	121.59	123.50	245.08	336.99	582.07	3.13
2）林業	2.82	24.77	27.59	－	27.59	0.15
3）漁業	36.89	15.26	52.15	－	52.15	0.28
2．工業・鉱業・建設業	5.14	72.61	77.75	1,143.75	1,221.50	6.56
1）工業	5.14	69.92	75.05	230.70	305.76	1.64
2）鉱物資源および鉱業	－	2.70	2.70	913.05	915.74	4.92
3）建設業	－	－	－	－	－	－
3．貿易および観光	9.98	35.81	45.78	－	45.78	0.25
1）貿易	5.43	27.46	32.89	－	32.89	0.18
2）観光	4.54	8.35	12.89	－	12.89	0.07
Ⅳ．マルチセクター援助	537.99	546.87	1,084.86	638.13	1,722.99	9.25
1．環境保護（環境政策、生物多様性等）	18.32	22.93	41.25	80.16	121.41	0.65
2．その他マルチセクター（都市・地方開発等）	519.67	523.94	1,043.61	557.97	1,601.58	8.60
Ⅴ．商品援助／一般プログラム援助	64.42	－	64.42	1,478.37	1,542.79	8.28
1．一般財政支援	－	－	－	1,478.37	1,478.37	7.94
2．食糧援助	64.22	－	64.22	－	64.22	0.34
3．輸入支援	0.20	－	0.20	－	0.20	0.00
Ⅵ．債務救済*1	3.10	－	3.10	－	3.10	0.02
Ⅶ．人道支援（緊急食糧援助、復興、防災等）	528.78	7.95	536.72	－	536.72	2.88
Ⅷ．行政経費等	69.72	663.50	733.22	－	733.22	3.94
総　合　計	3,346.07	2,367.14	5,713.21	12,912.51	18,625.72	100.00

人間の基礎生活分野（BHN）	2,436.86	780.65	3,217.50	1,930.10	5,147.61	27.64

（注）
・四捨五入の関係上、合計が一致しないことがある。
・ここでいう「無償資金協力」は、日本が実施している援助形態としての無償資金協力ではない。
・「開発途上地域」指定国向け援助を含む。
・人間の基礎生活分野（BHN）は上記の項目のうちⅠ.社会インフラ、Ⅲ.1農林水産業、Ⅴ.2食糧援助、Ⅶ.人道支援を加えたもの
　BHN：Basic Human Needs　人間の基礎生活分野（衣食住や教育など人間としての基本的な生活を営む上で最低限必要なもの）。
・本データはDACの基準に基づく。

*1 「Ⅵ.債務救済」は、既に供与した政府貸付等の返済条件等を変更するものであって新規に資金を供与するものではない。
　　なお、2022年の実績は商業上の債務の免除のみであり、債務繰延の実績はなし。

索引 (2023年版)

あ

アジア海賊対策地域協力協定 (ReCAAP：Regional Cooperation Agreement on Combating Piracy and Armed Robbery against Ships in Asia) ····· 53

アジア開発銀行 (ADB：Asian Development Bank) ···················· 26, **32**, 40, 67, 70, 71, 138, 144

アジア・ゼロエミッション共同体 (AZEC：Asia Zero Emission Community) 構想 ·················· 8, **62**, 63

アジア太平洋地域教育 2030 会合 (APMED2030) ···· 79

アジア・太平洋電気通信共同体 (APT：Asia-Pacific Telecommunity) ······························· **34**, 35

アジェンダ 2063 ························· **118**, 119

アセアン工学系高等教育ネットワーク (AUN/SEED-Net：ASEAN University Network/Southeast Asia Engineering Education Development Network) ································ 28, 137, **139**

アフリカ稲作振興のための共同体 (CARD：Coalition for African Rice Development) ····················· 30, **32**

アフリカ開発会議 (TICAD：Tokyo International Conference on African Development) ······ 29, 30, 31, 32, 40, 44, 62, 65, 70, 72, 79, 118, 119, 120, **121**, 145

アフリカ開発銀行 (AfDB：African Development Bank) ······························· 31, **32**, 44, 119

アフリカのきれいな街プラットフォーム (ACCP：African Clean Cities Platfrom) ··············· 65, 66, **67**, 120

アフリカの平和と安定に向けた新たなアプローチ (NAPSA：New Approach for Peace and Stability in Africa) ······························· 120, **121**

アフリカの民間セクター開発のための共同イニシアティブ (EPSA) ·· **44**

アフリカ連合 (AU：African Union) ···· 6, 46, 83, 118, 120, 121

アフリカの若者のための産業人材育成イニシアティブ (ABE イニシアティブ：African Business Education Initiative for Youth) ···· 28, 36, 79, 119, 129, 139, 144, **145**

い

一村一品キャンペーン ······························ 25, **31**

1.5 度目標 ······························ **61**

一般特恵関税制度 (GSP：Generalized System of Preferences) ························· 25

イノベーティブ・アジア ···················· 26, 92

違法・無報告・無規制 (IUU：Illegal, Unreported, Unregulated) 漁業 ··········· 64

インド太平洋に関する ASEAN アウトルック (AOIP：ASEAN Outlook on the Indo-Pacific) ········· 90, **94**

う

宇宙航空研究開発機構 (JAXA：Japan Aerospace Exploration Agency) ····························· 54, 120

え

栄養改善拡充のための日本信託基金 ············· 30, **32**

エクイティバックファイナンス (EBF) 円借款 ········· **144**

エビアン・アプローチ ····························· 41

円借款 ·······8, 20, 24, 29, 41, 44, 60, 68, 71, 96, 97, 98, 107, 114, 117, 129, 137, 144

エンパワーメント ······· 8, 56, 78, 81, 82, 83, 85, 116

お

欧州復興開発銀行 (EBRD：European Bank for Reconstruction and Development) ············· 9, **32**

大阪ブルー・オーシャン・ビジョン ···················· 63

オファー型協力 ····················· **4**, 5, 33, **144**, 145

温室効果ガス ···· 29, 61, 62, 63, 66, 67, 95, 130, 150

か

海外交通・都市開発事業支援機構 (JOIN：Japan Overseas Infrastructure Investment Corporation for Transport & Urban Development) ·········· 130

海外通信・放送・郵便事業支援機構 (JICT：Fund Corporation for the Overseas Development of Japan's ICT and Postal Services) ················· 130

海外投融資 ··················· 9, 116, 128, 129, **130**, 144

カイゼン ··· **28**, 117, 144

開発協力大綱 ············· **2**, 3, 12, 31, 42, 69, 128, 136, 142, 143, 152

「開発途上地域」指定国 ·········· **12**, 13, 126, 160, 161

海洋プラスチックごみ ···················· **63**, 64, 91

顧みられない熱帯病 (NTDs：Neglected Tropical Diseases) ····························· **72**

顔の見える開発協力／支援／援助 ········· 12, 101, 111, 133, 144, 145, 151

科学技術イノベーション (STI：Science, Technology, and Innovation) ···························· **37**

科学技術振興機構（JST：Japan Science and
　Technology Agency）……………… 38, 137
拡大HIPCイニシアティブ ……………… **41**, 44
カーボンニュートラル ……………… 61, 62, 95
カリブ共同体／カリコム（CARICOM：Caribbean
　Community）…………………………… 103
感染症危機対応医薬品等（MCM）………… 7, 68, 131
感染症危機対応医薬品等（MCM）への公平なアクセスのた
　めの広島ビジョン ……………………… 7, 68
感染症対策 ………… 57, 58, 68, 70, 71, 73, 92, 119
カンボジア地雷対策センター（CMAC）……… 47, 48, 93,
　110
官民連携（PPP：Public-Private Partnership）／官民パー
　トナーシップ ……… 71, 73, 91, 102, 128, **129**, 144

き

気候変動 ‥ 2, 3, 4, 6, 8, 9, 28, 29, 32, 38, 45, 49, 50,
　54, 58, **61**, 62, 63, 64, 67, 75, 76, 77, 78, 84, 88,
　91, 96, 99, 100, 101, 120, 130, 131, 132, 150
気候変動枠組条約（国際連合気候変動枠組条約）
　（UNFCCC：UN Framework Convention on
　Climate Change）……………………… **61**, 67
気候変動枠組条約第28回締約国会議（COP28）……… **61**
基礎教育 ……………………………………… 78
基礎生活分野（BHN：Basic Human Needs）……… 161
北大西洋条約機構（NATO：North Atlantic Treaty
　Organization）…………………………… 59, 83
教育のためのグローバル・パートナーシップ（GPE：
　Global Partnership for Education）（旧称：FTI（ファ
　スト・トラック・イニシアティブ））……… 78, 79, **81**
教育2030行動枠組 …………………………… 78, **81**
教育を後回しにはできない基金（ECW：Education
　Cannot Wait）……………………………… 78, **81**
強靱なグローバル食料安全保障に関する広島行動声明 ‥ 7
京都コングレス ≫ 第14回国際連合犯罪防止刑事司法会議
京都宣言 …………………………………… **55**, 56
協力準備調査 …………………………… **128**, 129
緊急対応基金（CFE：Contingency Fund for
　Emergencies）…………………………… 68, **73**
緊急無償資金協力 ……… 47, 58, 59, 93, 97, 106, 111,
　113, 116, 117
金融活動作業部会（FATF：Financial Action Task
　Force）……………………………………… **53**

く

草の根技術協力 ……………………… **134**, 137
草の根・人間の安全保障無償資金協力 ……… **84**, 86, 101,
　109, 112

草の根・メコンSDGsイニシアティブ …………… 92
グッド・ガバナンス ……………… 3, 43, 55, 57
国が決定する貢献（NDC：Nationally Determined
　Contribution）…………………………… **61**, 67
国別開発協力方針 …………………………… **142**
グリーントランスフォーメーション（GX）…………… 4
グローバル・インフラ投資パートナーシップ（PGII：
　Partnership for Global Infrastructure and
　Investment）……………… 6, **9**, **39**, 130, 131
グローバル・サウス ………………………………… 6
グローバル譲許的資金ファシリティ（GCFF：Global
　Concessional Financing Facility）……………… 107
グローバル難民フォーラム（GRF：Global Refugee
　Forum）………………………… 46, **49**, 83
グローバル・ファイナンシング・ファシリティ（GFF：
　Global Fainancing Facility）…………… 30, **32**
グローバルファンド ……… **71**, 72, 119, 132
グローバルフェスタJAPAN ………… 151, **153**, 154
グローバルヘルス・アーキテクチャー（GHA：Global
　Health Architecture（国際保健の体制））…… 7, 67, **68**
グローバルヘルス技術振興基金（GHIT）……… 8, 71, 72
グローバルヘルス戦略 …………………………… 67
グローバルヘルスのためのインパクト投資イニシアティブ
　（トリプル・アイ（Triple I））……………… 8, 68

け

経済協力開発機構（OECD：Organisation for Economic
　Co-operation and Development）……… 6, 12, 15,
　21, 25, 32, 39, 40, 151,
経済協力開発機構開発援助委員会（OECD/DAC）／
　（DAC：Development Assistance Committee）
　…… 12, 13, 15, 16, 18, 19, 20, 21, 22, 126, 132,
　143, 148, 161
経済連携協定（EPA：Economic Partnership
　Agreement）………………………… 25, **31**
結核 ………………………………… 71, 72, 102
健康危機プログラム（WHO Health Emergencies
　Programme）……………………………… 68, **73**
現職参加 ………………………………… 145, 146
現地ODAタスクフォース ………………… 142, **145**

こ

効果的な開発協力に関するグローバル・パートナーシップ
　（GPEDC：Global Partnership for Effective
　Development Co-operation）………………… 132
公衆衛生危機 ……………… 7, 67, 70, 119, 144
公正なエネルギー移行パートナーシップ（JETP：Just
　Energy Transition Partnership）……………… **61**, 62

後発開発途上国 (LDCs：Least Developed Countries)
………………………………… 22, 25, **31**, 90

コールド・チェーン ………………………… **71**, 74, 119

国際移住機関 (IOM：International Organization for
Migration) ……… 46, 47, 49, 51, 53, 69, 97, 102,
103, 106, 111, 117

国際海事機関 (IMO：International Maritime
Organization) ……………………………………… 54

国際開発協会 (IDA：International Development
Association) ……………………………………… 30

国際開発金融機関 (MDBs：Multilateral Development
Banks) ……… 6, 30, **32**, 67, 131, 132, 133, 156,
157, 158

国際家族計画連盟 (IPPF：International Planned
Parenthood Federation) ……………………… 70

国際協力機構 (JICA：Japan International Cooperation
Agency) ……… 4, 26, 27, 33, 34, 35, 36, 38, 44, 47,
54, 58, 60, 62, 64, 67, 75, 80, 84, 99, 101, 105,
106, 107, 111, 115, 116, 120, 128, 129, 130,
134, 135, 136, 137, 138, 139, 140, 141, 142,
143, 144, 147, 148, 149, 151, 154, 156, 157

国際協力キャリア総合情報サイト (PARTNER) 129, **149**

国際協力銀行 (JBIC：Japan Bank for International
Cooperation) ……………………… 9, **130**, 144, 145

国際協力の日 ……………………………………… 151

国際緊急援助隊 ……………………… 54, **58**, 59, 91, 153

国際獣疫事務局 (WOAH：World Organisation for
Animal Health) …………………………………… 31

国際女性会議WAW！(WAW!：World Assembly for
Women) ……………………………………………… **82**

国際水路機関 (IHO：International Hydrographic
Organization) …………………………………… 54

国際赤十字・赤新月社連盟 (IFRC：International
Federation of Red Cross and Red Crescent
Societies) …………………………… 49, 116, 117

国際通貨基金 (IMF：International Monetary Fund)
……………………………… 6, 8, 26, 44, 46, 107, 110

国際電気通信連合 (ITU：International
Telecommunication Union) …………………… 34

国際熱帯木材機関 (ITTO：International Tropical
Timber Organization) ………………………… 64

国際農業開発基金 (IFAD：International Fund for
Agricultural Development) ………………… 29, 31

国際農業研究協議グループ (CGIAR：Consultative
Group on International Agricultural Research)
……………………………………………………… 31, 32

国際農林水産業研究センター (JIRCAS：Japan
International Research Center for Agricultural
Sciences) ……………………………………… 32, 95

国際貿易センター (ITC：International Trade Centre)
……………………………………………………… 25

国際連合アジア極東犯罪防止研修所 (UNAFEI：United
Nations Asia and Far East Institute for the
Prevention of Crime and the Treatment of
Offenders) ……………………………………… 56, 57

国際連合宇宙部 (UNOOSA：United Nations Office for
Outer Space Affairs) ………………………… 54, 55

国際連合開発計画 (UNDP：United Nations
Development Programme) ……37, 57, 61, 62, 67,
69, 77, 96, 102, 106, 107, 110, 116, 121, 130,
132

国際連合環境計画 (UNEP：United Nations
Environment Programme) ……………… 64, 65, 67

国際連合教育科学文化機関 (UNESCO：United Nations
Educational, Scientific and Cultural Organization)
……………………………………………… 79, 81, 86, 87

国際連合訓練調査研究所 (UNITAR：United Nations
Institute for Training and Research) …………… 77

国際連合児童基金 (UNICEF：United Nations
Children's Fund) … 29, 34, 48, 50, 67, 73, 74, 84,
85, 106, 111, 117, 119, 130, 132, 149

国際連合食糧農業機関 (FAO：Food and Agriculture
Organization) ………………… 29, 31, 110, 116, 150

国際連合女性機関 (UN Women：United Nations
Entity for Gender Equality and the Empowerment
of Women) ………………………… 45, 82, 108

国際連合地雷対策サービス部 (UNMAS：United Nations
Mine Action Service) ………………………… 48, 51

国際連合人口基金 (UNFPA：United Nations
Population Fund) ……………………… 50, 67, 70, 83

国際連合世界食糧計画 (WFP：World Food
Programme) … 29, 30, 31, 46, 47, 97, 102, 103,
106, 111, 116

国際連合難民高等弁務官事務所 (UNHCR：The Office of
the United Nations High Commissioner for
Refugees) ……… 46, 47, 49, 51, 85, 97, 103, 106,
111, 115, 132

国際連合人間居住計画 (UN-Habitat：United Nations
Human Settlements Programme) ……… 66, 67, 77

国際連合パレスチナ難民救済事業機関 (UNRWA：United
Nations Relief and Works Agency for Palestine
Refugees in the Near East) ……47, 116, 117, 132

国際連合プロジェクト・サービス機関 (UNOPS：United
Nations Office for Project Services) ……… 50, 51,
106, 110

国際連合平和維持活動 (PKO：United Nations
Peacekeeping Operations) ………… 46, 120, 121

国際連合平和構築委員会 (PBC：Peacebuilding
Commission) ………………………………… 46, **48**

国際連合平和構築基金 (PBF：Peacebuilding Fund)
　…………………………………………… 46, **48**

国際連合防災世界会議 ………………………… 76

国際連合南スーダン共和国ミッション (UNMISS：United
　Nations Mission in the Republic of South Sudan)
　…………………………………………… 121

国際連合薬物・犯罪事務所 (UNODC：United Nations
　Office on Drugs and Crime) ……… 52, 53, 55, 56

国際労働機関 (ILO：International Labour
　Organization) ……………………………… 28

国内資金動員 ………………………………… **26**

国民総所得 (GNI：Gross National Income) … 13, 16,
　17, 22, 31, 160

国連三角パートナーシップ・プログラム (TPP) ‥ 46, 120

国連水会議 2023 ……………………………… 75

さ

採算補填 (VGF：Viability Gap Funding) 円借款 … **144**

再生可能エネルギー ………… 8, 9, 29, 50, 62, 63, 130

サイバーセキュリティ …………………… 2, **35**, 91

債務救済 ………… 13, 19, 20, 41, 44, 126, 160, 161

債務持続可能性 ……………………… 38, 40, **41**, 44

債務支払猶予イニシアティブ (DSSI：Debt Service
　Suspension Initiative) …………………… 41, **44**, 131

サプライチェーン ‥ 2, 8, **24**, 25, 39, 91, 93, 101, 105

三角協力 ≫ 南南協力・三角協力

産業人材育成協力イニシアティブ 2.0 ……………… 92

し

ジェンダー ……………8, 46, 49, 50, 74, 78, **81**, 82, 83,

ジェンダー主流化 ……………………… 8, **81**, 82, 136

ジェンダー平等アドバイザリー評議会 (GEAC：Gender
　Equality Advisory Council) ………………… 82

資金洗浄 (マネーローンダリング) ………………… 53

持続可能な開発のための教育 (ESD：Education for
　Sustainable Development) ……………… **79, 81**

持続可能な開発のための 2030 アジェンダ (2030 アジェ
　ンダ) ……………………………… **32**, 37, 81, 118

持続可能な開発目標 (SDGs：Sustainable Development
　Goals) …… 2, 3, 6, 21, 26, 28, 29, **32**, 61, 67, 69,
　70, 71, 74, 75, 76, 78, 79, 81, 87, 88, 90, 92, 96,
　119, 130, 131, 142, 149, 152

質の高いインフラ …… 3, 9, 21, 34, 38, 39, **40**, 42, 90,
　91, 92, 101, 119, 131, 144

質の高いインフラ投資に関する G20 原則 …… 38, 39, **40**,
　41, 44, 91, 131

質の高い教育 …………………………… 78, 79, 120

質の高い成長 … 3, 23, 24, 26, **31**, 33, 38, 40, 55, 81,
　119

市民社会／市民社会組織 (CSO：Civil Society
　Organization) …… 2, 3, 4, 73, 81, 83, 88, 132, 134,
　147, 161

借款 ≫ 円借款 ……… 8, 20, 24, 29, 41, 44, 59, 60, 68,
　71, 96, 97, 98, 107, 114, 117, 129, 137, **144**,
　158

ジャパン・プラットフォーム (JPF：Japan Platform)
　…… 47, 48, 59, 93, 97, 116, 117, 133, 134, **137**,
　152, 153

重債務貧困国 (HIPC：Heavily Indebted Poor
　Countries) ………………………………… 41, **44**

自由で開かれたインド太平洋 (FOIP：Free and Open
　Indo-Pacific) …… 3, 39, **42, 43**, 52, 90, 94, 96, 97,
　131, 132

自由貿易協定 (FTA：Free Trade Agreement) ……… 31

ジュニア・プロフェッショナル・オフィサー (JPO：
　Junior Professional Officer) ……… 149, 150, **151**

障害と開発／障害者／障害児 (障害のあるこども)
　…………………………… 57, 78, **84**, 86, 133

情報通信技術 (ICT：Information and Communication
　Technology) ‥ 33, **34**, 35, 36, 37, 39, 52, 77, 119

小規模農家向け市場志向型農業振興 (SHEP) アプローチ
　…………………………………………… 30, **32**

職業技術教育訓練 (TVET：Technical and Vocational
　Education and Training) …………………… 26

食料安全保障 ……7, 9, **29**, 30, 31, 70, 116, 117, 118,
　119, 130, 131, 150

食糧援助 ……………… 18, 19, **29**, 103, 119, 121, 161

女性起業家資金イニシアティブ (We-Fi：Women
　Entrepreneurs Finance Initiative) ……………… **82**

女性の活躍推進のための開発戦略 ………………… **81**

女性・平和・安全保障 (WPS：Women, Peace and
　Security) ……………… 45, 49, 82, **83**, 108, 153

シリア平和への架け橋・人材育成プログラム (JISR)
　…………………………………………… **115**

新型コロナウイルス感染症 (新型コロナ／COVID-19)
　…… 7, 24, 29, 33, 34, 41, 44, 52, 56, 57, 67, 68,
　71, 73, 74, 76, 78, 80, 84, 88, 99, 100, 108, 109,
　113, 115, 118, 135, 136, 140

新型コロナ危機対応緊急支援円借款 ………………… 71

新興ドナー ……………………………………… **21**

人材育成 ‥‥3, 26, 30, 33, 34, 35, 37, 38, 42, 52, 53,
　54, 56, 57, 59, 62, 64, 65, 68, 70, 77, 78, 79, 80,
　87, 91, 92, 96, 97, 98, 99, 102, 103, 112, 113,
　114, 115, 118, 119, 120, 121, 136, 138, 144,

人材育成奨学計画 (JDS) ………… 26, 113, 137, 140

人身取引 …………………………………………… **53**

人道支援 ····· 3, 7, 18, 19, 45, 46, 49, 50, 51, 58, 59, 84, 85, 93, 103, 106, 107, 114, 115, 116, 117, 131, 132, 134, 153, 161

人道・開発・平和の連携（HDP ネクサス）···· **45**, 47, 49

人道と開発の連携 ·············· 45

信頼性のある自由なデータ流通（DFFT：Data Free Flow with Trust）················ 33

す

水銀に関する水俣条約 ··············· 65, 67

ストップ結核ジャパンアクションプラン ·············· 72

スポーツ・フォー・トゥモロー（SPORT FOR TOMORROW）················· 87

スマートフードチェーン（SFC：Smart Food Chain）················· 33

3R（Reduce ＝廃棄物の発生抑制、Reuse ＝再利用、Recycle ＝再資源化）················· 108

せ

税源浸食と利益移転（BEPS：Base Erosion and Profit Shifting）················ 26, **32**

性的搾取・虐待およびセクシャルハラスメント（SEAH：Sexual Exploitation, Abuse, and Harassment）················ 148

性的暴力 ················· 45, 82, 83, 85

生物多様性 ············ 8, 61, **63**, 64, 67, 96, 102, 161

生物多様性条約（CBD：Convention on Biological Diversity）·············· 8, 61, **63**, 67

世界銀行 ······· 6, 8, 9, 30, **32**, 35, 37, 40, 41, 44, 46, 67, 68, 70, 79, 81, 82, 101, 107, 110, 121, 130, 132, 138, 151

世界税関機構（WCO：World Customs Organization）··············· 25, 112, 119

世界津波の日 ·············· 77

世界の文化遺産及び自然遺産の保護に関する条約（世界遺産条約）·············· **86**

世界貿易機関（WTO：World Trade Organization）··············· 6, 25, 31

世界保健機関（WHO：World Health Organization）·············· 6, 29, 67, 68, 72, 73, 74, 132

赤十字国際委員会（ICRC：International Committee of the Red Cross）·············· 47, 48, 49, 116

仙台防災枠組 2015-2030 ·············· 76, 77

仙台防災枠組中間レビュー・ハイレベル会合 ·········· 77

そ

贈与相当額計上方式（Grant Equivalent System：GE方式）·················· 12, 15, 17, 18

その他の公的資金（OOF：Other Official Flows）·· 129, 130, 145

た

第14回国際連合犯罪防止刑事司法会議（京都コングレス）················· **55**

対人地雷 ·················· **47**

太平洋・島サミット（PALM：Pacific Islands Leaders Meeting）················· 99

太平洋諸島フォーラム（PIF：Pacific Islands Forum）················· 6, **99**

太平洋島嶼国協力推進会議 ················· 99

脱炭素 ·············· 8, 28, 29, 62, 63, 65, 67, 131

ち

地球環境ファシリティ（GEF：Global Environmental Facility）················· 61, **67**

地球規模課題対応国際科学技術協力プログラム（SATREPS：Science and Technology Research Partnership for Sustainable Development）····· 37, **38**, 95, 137

地上デジタル放送日本方式（ISDB-T：Integrated Services Digital Broadcasting-Terrestrial）············ **34**, 102

「中央アジア＋日本」対話　（"Central Asia plus Japan" Dialogue）················· 112

中堅・中小企業海外安全対策ネットワーク ············ **147**

中小企業・SDGs ビジネス支援事業 ···· 27, 36, 75, **128**, **129**, 130, 135

中東和平 ·················· **116**

中米統合機構（SICA：Sistema de la Integracion Centroamericana）················· 54, 103

チュニス宣言 ················· 70

て

低所得国（LICs：Low Income Countries）·· 22, 41, 44

ディーセント・ワーク ················· 28

低中所得国（LMICs：Lower Middle Income Countries）················· 22, 35

締約国会議（COP：Conference of Parties）·· 8, 61, 63

適応分野 ················· 61

デジタルトランスフォーメーション（DX）···· 4, **33**, 34, 119, 149

テロ対策 ·················· **52**

と

東京栄養サミット2021 ……………………………… 30
東京オリンピック・パラリンピック競技大会 ………… 87
東南アジア諸国連合 (ASEAN：Association of
　Southeast Asian Nations) … 6, 25, 26, 35, 39, 56,
　57, 59, 62, 64, 79, 83, 90, 91, 92, 93, 94, 123,
　137, 139

な

南南協力・三角協力 ……………………………… 47, **103**
難民/避難民/国内避難民 …2, 25, 45, **46**, 47, 49, 50,
　51, 53, 58, 59, 69, 78, 82, 83, 84, 85, 88, 97, 101,
　102, 107, 111, 113, 114, 115, 122, 133, 134,
　137, 153

に

二国間クレジット制度 (JCM：Joint Crediting
　Mechanism) ………………………………… **63**, **67**
2030年に向けたSDGsのための日メコンイニシアティ
　ブ ……………………………………………… 92
日ASEANサイバーセキュリティ能力構築センター
　(AJCCBC) …………………………………… 35
日・ASEAN統合基金 (JAIF：Japan-ASEAN Integration
　Fund) …………………………… 35, 64, **91**, 92
日ASEAN包括的連結性イニシアティブ …… 26, 39, 91
日・ウクライナ経済復興推進会議 ………… 9, 105, 106
日本ASEAN友好協力50周年 …………… 35, 90, 139
日本医療研究開発機構 (AMED：Japan Agency for
　Medical Research and Development) …… 38, 137
日本NGO連携無償資金協力 ……… 48, 70, 93, 97, 122,
　133, 134, 148
日本・メコン地域諸国首脳会議 (日メコン首脳会議) … 92
日本貿易振興機構 (JETRO：Japan External Trade
　Organization) ……………………………… 80, 145
日本貿易保険 (NEXI：Nippon Export and Investment
　Insurance) ………………………………… 130
人間の安全保障 … 2, 3, 6, 46, 50, 67, **69**, 70, 78, 81,
　84, 86, 88, 110, 119, 120, 149

ね

ネリカ (NERICA) ………………………………… 30, **32**

の

農業市場情報システム (AMIS) ……………… **31**, 131

は

ハイチ多国籍治安支援 (MSS) ミッション …………… 103
パリ協定 ……………………………………… 2, 61, 63
パリ協定に基づく成長戦略としての長期戦略 ………… 61
パリクラブ ……………………………………… **41**, 44

ひ

非政府組織 (NGO：Non-Governmental
　Organization) …4, 21, 47, 59, 70, 83, 84, 85, 87,
　93, 97, 105, 107, 111, 115, 116, 117, 119, **133**,
　134, **136**, 137, 142, 147, 149, 151, 153, 154
広島行動声明 ≫ 強靭なグローバル食料安全保障に関する
　広島行動声明
広島ビジョン ≫ 感染症危機対応医薬品等 (MCM) への公
　平なアクセスのための広島ビジョン

ふ

ファーストステップ ……………………………… 152, 153
フィージビリティ調査 …………………………………… 128
フードバリューチェーンの構築 ……………… 25, 30, **32**
福岡方式 ………………………………………………… 66
ブルーカーボン …………………………………… **63**
ブルー・ドット・ネットワーク (BDN) ……………… **39**
ブロードバンドネットワーク ………………………… 35
プログラム・アプローチ ……………………………… 142
文化無償資金協力 ……………………………… **87**
紛争関連の性的暴力生存者のためのグローバル基金
　(GSF) ………………………………………… 83, **85**

へ

米州開発銀行 (IDB：Inter-American Development
　Bank) ………………………………………… **32**
米州機構 (OAS：Organization of American States)
　………………………………………………… 103
平和構築 ……… 3, **45**, 46, 48, 49, 51, 82, 83, 91, 96,
平和構築・開発におけるグローバル人材育成事業 ……**46**,
　149
ベンガル湾産業成長地帯 (BIG-B：Bay of Bengal
　Industrial Growth Belt) 構想 ………………… 39, 96

ほ

貿易のための援助 (AfT：Aid for Trade) ………… 25, **31**
防災 … 3, 34, 37, 38, 54, 59, 60, 75, **76**, 77, 78, 91,
　97, 99, 101, 102, 103, 104, 108, 113, 131, 133,
　151, 152, 161
防災ICTシステム …………………………………… 77

防災の主流化 ……………………………………… **76**

法制度整備支援 ……………… 3, 33, 43, **55**, 56, 82, 96

包摂的ビジネス (Inclusive Business) ……………… **130**

保健システム …………… 68, 71, 72, 74, 118, 119

母子保健 ……………… 32, 70, 71, 72, 116, 120

ポリオ ……………………………………… **73**, 97, 98

ま

マラリア ……………………………………… **71**, 72

マリーン (MARINE)・イニシアティブ ………… 63, 65

み

緑の気候基金 (GCF：Green Climate Fund) …… 61, **62**, **67**, 150

ミレニアム開発目標 (MDGs：Millennium Development Goals) ……………………………… 32

みんなの学校プロジェクト …………………… **79**, 120

む

無税無枠措置 ……………………………………… 25, **31**

無償資金協力 … 4, 11, 13, 20, 29, 30, 45, 53, 59, 62, 68, 74, 76, 91, 97, 98, 99, 102, 104, 107, 110, 113, 114, 116, 117, 119, 123, 124, 125, 126, 129, 130, 138, 142, 143, 158, 160, 161

も

元兵士の武装解除、動員解除および社会復帰 (DDR：Disarmament, Demobilization and Reintegration) ………………………………………… 45

や

薬剤耐性 (AMR：Antimicrobial Resistance) ……… **72**

ゆ

ユニバーサル・ヘルス・カバレッジ (UHC：Universal Health Coverage) … 7, 8, **67**, **68**, 70, 71, 74, 119, 131

よ

予防・備え・対応 (PPR：Prevention, Preparedness and Rsponse) ……… 7, 8, 67, **68**, 70, 74, 119, 131

より良い復興 (Build Back Better) …… 76, 77, 98, 152

ら

ラスト・ワン・マイル支援 ……………………… **71**, 119

リプロダクティブ・ヘルス / 性と生殖の健康 …… 50, 51, 70, 161

わ

ワクチン …… 25, 67, 68, 70, 71, 73, 74, 97, 115, 119

ワンストップ・ボーダーポスト (OSBP) ……… 40, 119

A

ABE イニシアティブ ≫ アフリカの若者のための産業人材育成イニシアティブ

ACCP ≫ アフリカのきれいな街プラットフォーム

ADB ≫ アジア開発銀行

AfDB ≫ アフリカ開発銀行

AfT ≫ 貿易のための援助

AJCCBC ≫ 日 ASEAN サイバーセキュリティ能力構築センター

AMED ≫ 日本医療研究開発機構

AMR ≫ 薬剤耐性

AOIP ≫ インド太平洋に関する ASEAN アウトルック

APMED2030 ≫ アジア太平洋地域教育 2030 会合

APT ≫ アジア・太平洋電気通信共同体

ASEAN ≫ 東南アジア諸国連合

ASEAN 感染症対策センター ……………………… 92

ASEAN 共同体 ……………………………… 90, 91, 94

ASEAN 連結性マスタープラン 2025 ………… 91, **94**

AU ≫ アフリカ連合

AUN/SEED-Net ≫ アセアン工学系高等教育ネットワーク

AZEC ≫ アジア・ゼロエミッション共同体 (AZEC) 構想

B

BEPS ≫ 税源浸食と利益移転

BHN ≫ 基礎生活分野

BIG-B ≫ ベンガル湾産業成長地帯 (BIG-B) 構想

BOP ビジネス (開発途上国・地域の低所得者層 (Base of the Economic Pyramid) ビジネス) ……………… 130

Build Back Better ≫ より良い復興

C

CAF(Capital Adequacy Framework) レビュー …132, **133**

CARD ≫ アフリカ稲作振興のための共同体

CARICOM ≫ カリブ共同体 / カリコム

CBD ≫ 生物多様性条約

CFE ≫ 緊急対応基金

CGIAR ≫ 国際農業研究協議グループ

CMAC ≫ カンボジア地雷対策センター

Connect2Recover (C2R) ·················· 34

COP ≫ 締約国会議

COP28 ≫ 気候変動枠組条約第28回締約国会議

COVAXファシリティ (COVID-19 Vaccine Global
Access Facility) ··········· 71, **73**, 119

COVID-19 ≫ 新型コロナウイルス感染症

CSO ≫ 市民社会組織

D

DAC ≫ 経済協力開発機構開発援助委員会

DDR ≫ 元兵士の武装解除、動員解除および社会復帰

DFFT ≫ 信頼性のある自由なデータ流通

DSSI ≫ 債務支払猶予イニシアティブ

DSSI後の債務措置に係る共通枠組 ·········· 41, **44**, 131

DX ≫ デジタルトランスフォーメーション

E

EBF ≫ エクイティバックファイナンス円借款

EBRD ≫ 欧州復興開発銀行

ECW ≫ 教育を後回しにはできない基金

EPA ≫ 経済連携協定

EPSA ≫ アフリカの民間セクター開発のための共同イニシアティブ

ESD ≫ 持続可能な開発のための教育

F

FAO ≫ 国際連合食糧農業機関

FATF ≫ 金融活動作業部会

FOIP ≫ 自由で開かれたインド太平洋

FTA ≫ 自由貿易協定

G

Gaviワクチンアライアンス (Gavi、the Vaccine
Alliance) ························ 70, **73**

GCF ≫ 緑の気候基金

GCFF ≫ グローバル譲許的資金ファシリティ

GE方式 ≫ 贈与相当額計上方式

GEAC ≫ ジェンダー平等アドバイザリー評議会

GEF ≫ 地球環境ファシリティ

GFF ≫ グローバル・ファイナンシング・ファシリティ

GHA ≫ グローバルヘルス・アーキテクチャー

GHIT ≫ グローバルヘルス技術振興基金

GNI ≫ 国民総所得

GPE ≫ 教育のためのグローバル・パートナーシップ

GPEDC ≫ 効果的な開発協力に関するグローバル・パートナーシップ

GRF ≫ グローバル難民フォーラム

GSP ≫ 一般特恵関税制度

G7 ··2, **6**, 7, 8, 9, 18, 21, 24, 31, 39, 52, 61, 68, 71,
77, 82, 83, 103, 105, 106, 107, 110, 115, **131**,
132

G7アルシュ・サミット ························ 53

G7伊勢志摩サミット ························ 38

G7エルマウ・サミット ···················· 39, 62

G7コーンウォール・サミット ··················· 61

G7広島サミット ·······2, **6**, 7, 8, 9, 21, 24, 31, 39, 61,
64, 68, 69, 71, 72, 105, 118, 130, 131, 132, 148

G7WPS ······································ 83

G8九州・沖縄サミット ······················ 71

G20 ····6, 21, 31, 33, 38, 41, 44, 68, **131**, 132, 133

G20大阪サミット ··················· 33, 38, 40, 63, 72

G20ニューデリー・サミット ··· 21, 39, 131, 132, 133

G20ハンブルク・サミット ··················· 82

GX ≫ グリーントランスフォーメーション

H

HDPネクサス ≫ 人道・開発・平和の連携

HIPC ≫ 重債務貧困国

HIV/エイズ ························ **71**, 72, 81, 102

I

ICRC ≫ 赤十字国際委員会

ICT ≫ 情報通信技術

IDA ≫ 国際開発協会

IDB ≫ 米州開発銀行

IFAD ≫ 国際農業開発基金

IFRC ≫ 国際赤十字・赤新月社連盟

IHO ≫ 国際水路機関

ILO ≫ 国際労働機関

IMF ≫ 国際通貨基金

IMO ≫ 国際海事機関

Inclusive Business ≫ 包摂的ビジネス

IOM ≫ 国際移住機関

IPPF ≫ 国際家族計画連盟

ISDB-T ≫ 地上デジタル放送日本方式

ITC ≫ 国際貿易センター

ITTO ≫ 国際熱帯木材機関

ITU ≫ 国際電気通信連合

IUU ≫ 違法・無報告・無規制

J

JAIF ≫ 日・ASEAN統合基金
JAXA ≫ 宇宙航空研究開発機構
JBIC ≫ 国際協力銀行
JCM ≫ 二国間クレジット制度
JDS ≫ 人材育成奨学計画
JETP ≫ 公正なエネルギー移行パートナーシップ
JETRO ≫ 日本貿易振興機構
JICA ≫ 国際協力機構
JICA海外協力隊 …… 23, 30, 72, 79, 84, 87, 102, 119, 127, **129**, 139, 141, **145**, 146, 151, 154
JICA青年研修 …………………………………… 139
JICA専門家／日本人専門家 …… 25, 26, 30, 32, 40, 44, 45, 47, 52, 53, 58, 62, 64, 65, 66, 71, 72, 73, 75, 82, 84, 85, 87, 92, 97, 98, 99, 102, 113, 117, 137, 138, 143, 144
JICT ≫ 海外通信・放送・郵便事業支援機構
JISR ≫ シリア平和への架け橋・人材育成プログラム
JOIN ≫ 海外交通・都市開発事業支援機構
JPF ≫ ジャパン・プラットフォーム
JPO ≫ ジュニア・プロフェッショナル・オフィサー
JST ≫ 科学技術振興機構

L

LDCs ≫ 後発開発途上国
LICs ≫ 低所得国
LMICs ≫ 低中所得国

M

MCM ≫ 感染症危機対応医薬品等
MDBs ≫ 国際開発金融機関
MDGs ≫ ミレニアム開発目標

N

NAPSA ≫ アフリカの平和と安定に向けた新たなアプローチ
NATO ≫ 北大西洋条約機構
NDC ≫ 国が決定する貢献
NERICA ≫ ネリカ
NEXI ≫ 日本貿易保険
NGO ≫ 非政府組織
NGOインターン・プログラム …………………… 136
NGO・外務省定期協議会 ……………… **136, 137**, 148
NGO研究会 ………………………………………… **136**
NGO事業補助金 ………………………………… **134**
NGOスタディ・プログラム …………………… **136**
NGO相談員制度 ………………………………… **136**

NGO-JICA協議会 ……………………………… **136**
NTDs ≫ 顧みられない熱帯病

O

OAS ≫ 米州機構
ODA対象国・地域に関するDACリスト …… 12, 13, **22**
ODA出前講座 …………………………………… 154
ODAに関する有識者懇談会 …………………… 149
ODA評価 ………………………………… 143, **154**
ODA見える化サイト …………………………… **154**
OECD ≫ 経済協力開発機構
OECD／G20 BEPSプロジェクト …………… 26, **32**
OOF ≫ その他の公的資金
OSBP ≫ ワンストップ・ボーダーポスト

P

PALM ≫ 太平洋・島サミット
PARTNER ≫ 国際協力キャリア総合情報サイト
PBC ≫ 国際連合平和構築委員会
PBF ≫ 国際連合平和構築基金
PDCAサイクル (PDCA cycle：plan-do-check-act cycle) ……………………………… 142, **143**
PGII ≫ グローバル・インフラ投資パートナーシップ
PIF ≫ 太平洋諸島フォーラム
PKO ≫ 国際連合平和維持活動
PPP ≫ 官民連携／官民パートナーシップ
PPR ≫ 予防・備え・対応
Project NINJA (Next Innovation with Japan) … 119, 130, 141, **144**

R

ReCAAP ≫ アジア海賊対策地域協力協定
RICE(Resilience, Industrialization, Competitiveness, Empowerment) アプローチ ………………… 30, **32**
RISE(強靱で包摂的なサプライチェーン) の強化に向けたパートナーシップ ……………………………… 8

S

SATREPS ≫ 地球規模課題対応国際科学技術協力プログラム
SDGサミット ………………………………… 21, **88**
SDGs ≫ 持続可能な開発目標
SDGs実施指針 …………………………………… 88
SDGs推進本部 …………………………………… 88
SDGs達成のための科学技術イノベーション (STI for SDGs) …………………………………………… 37

SEAH ≫ 性的搾取・虐待およびセクシャルハラスメント

SFC ≫ スマートフードチェーン

SHEPアプローチ ≫ 小規模農家向け市場志向型農業振興 (SHEP) アプローチ

SICA ≫ 中米統合機構

SPORT FOR TOMORROW ≫ スポーツ・フォー・トゥモロー

STEM教育 …………………………………………… 120

STI ≫ 科学技術イノベーション

STI for SDGs ≫ SDGs達成のための科学技術イノベーション

T

TICAD ≫ アフリカ開発会議

TPP ≫ 国連三角パートナーシップ・プログラム

Triple I ≫ グローバルヘルスのためのインパクト投資イニシアティブ (トリプル・アイ)

TVET ≫ 職業技術教育訓練

U

UHC ≫ ユニバーサル・ヘルス・カバレッジ

UNAFEI ≫ 国際連合アジア極東犯罪防止研修所

UNDP ≫ 国際連合開発計画

UNEP ≫ 国際連合環境計画

UNESCO ≫ 国際連合教育科学文化機関

UNFCCC ≫ 気候変動枠組条約

UNFPA ≫ 国際連合人口基金

UN-Habitat ≫ 国際連合人間居住計画

UNHCR ≫ 国際連合難民高等弁務官事務所

UNICEF ≫ 国際連合児童基金

UNITAR ≫ 国際連合訓練調査研究所

UNMAS ≫ 国際連合地雷対策サービス部

UNMISS ≫ 国際連合南スーダン共和国ミッション

UNODC ≫ 国際連合薬物・犯罪事務所

UNOOSA ≫ 国際連合宇宙部

UNOPS ≫ 国際連合プロジェクト・サービス機関

UNRWA ≫ 国際連合パレスチナ難民救済事業機関

UN Women ≫ 国際連合女性機関

V

VGF円借款 ≫ 採算補填円借款

W

WAW! ≫ 国際女性会議WAW！

WCO ≫ 世界税関機構

We-Fi ≫ 女性起業家資金イニシアティブ

WFP ≫ 国際連合世界食糧計画

WHO ≫ 世界保健機関

WOAH ≫ 国際獣疫事務局

WPS ≫ 女性・平和・安全保障

WPSタスクフォース ……………………………………… 83

WTO ≫ 世界貿易機関

資料編

巻末資料 索引

2023年版開発協力白書　日本の国際協力

令和6年3月29日 発行　　　　　定価は表紙に表示してあります。

編　集　外　務　省
〒100-8919
東京都千代田区霞が関2-2-1
電　話（03）3580-3311（代表）
http://www.mofa.go.jp/mofaj/

発　行　日経印刷株式会社
〒102-0072
東京都千代田区飯田橋2-15-5
電　話（03）6758-1011

発　売　全国官報販売協同組合
〒100-0013
東京都千代田区霞が関1-4-1
電　話（03）5512-7400

ISBN978-4-86579-406-9